EL ABC PARA SALIR DE DEUDAS

EL ABC PARA SALIR DE DEUDAS

*Convierte las deudas malas en deudas buenas
y fortalece tu crédito*

GARRETT SUTTON

El papel utilizado para la impresión de este libro ha sido fabricado a partir de madera procedente de bosques y plantaciones gestionadas con los más altos estándares ambientales, garantizando una explotación de los recursos sostenible con el medio ambiente y beneficiosa para las personas.

El ABC para salir de deudas
Convierte las deudas malas en deudas buenas y fortalece tu crédito

Título original: *The ABCs of Getting Out of Debt. Turn Bad Debt into Good Debt and Bad Credit into Good Credit*

Primera edición: octubre, 2021

D. R. © 2004, 2012, Garret Sutton
Esta edición fue publicada por acuerdo con Rich Dad Operating Company, LLC.

D. R. © 2021, derechos de edición mundiales en lengua castellana:
Penguin Random House Grupo Editorial, S. A. de C. V.
Blvd. Miguel de Cervantes Saavedra núm. 301, 1er piso,
colonia Granada, alcaldía Miguel Hidalgo, C. P. 11520,
Ciudad de México

penguinlibros.com

D. R. © 2020, Alejandra Ramos, por la traducción

ISBN: 978-607-380-363-2

Impreso en México – *Printed in Mexico*

Lee el libro que dio inicio a todo

Robert Kiyosaki ha desafiado y cambiado la forma en que piensan sobre el dinero decenas de millones de personas alrededor del mundo. Debido a opiniones que a menudo contradicen la sabiduría tradicional, Robert se ha ganado la reputación de autor candoroso, irreverente y valeroso. Es considerado en el mundo entero como un defensor apasionado de la educación financiera.

Padre Rico, Padre Pobre…

Destruirá el mito de que para volverte rico debes tener ingresos elevados

Desafiará la creencia de que tu casa es un activo

Les mostrará a los padres por qué no pueden confiar en que el sistema escolar les enseñará a sus hijos lo necesario sobre el dinero

Definirá de una vez por todas lo que es un activo y lo que es un pasivo

Te dirá qué enseñarles a tus hijos sobre el dinero para que alcancen el éxito financiero en el futuro

Padre Rico, Padre Pobre, ¡el libro número 1 de finanzas personales de todos los tiempos!

¡Ordena tu ejemplar hoy mismo en *richdad.com*!
RICH DAD

Agradecimientos

Antes que nada, me gustaría agradecerle a Gerri Detweiler, nuestra editora colaboradora, por sus valiosas aportaciones, su ayuda y su conocimiento especializado. Todo esto sirvió para mejorar el contenido de este libro de forma significativa. Me gustaría agradecerle a Brandi MacLeod todos sus esfuerzos para dar forma, revisar y ayudar a que el manuscrito avanzara. Asimismo, quiero agradecer a Robert y Kim Kiyosaki, Scott Bilker y Tom Quinn por sus útiles opiniones y anécdotas. Aprecio profundamente las contribuciones de todos.

Finalmente, me gustaría agradecer a los productores, directores y el equipo de utilería de la película *Wanted* de Universal Pictures con Angelina Jolie y Morgan Freeman. Elegir este libro para darle forma al personaje de James McAvoy fue una idea genial.

Índice

Prólogo
de Robert Kiyosaki

Adoro mis tarjetas de crédito

A finales de la década de los ochenta asistí a un seminario para alcanzar el éxito financiero. El instructor era un joven y carismático orador que no dejaba de hablar de los peligros de la deuda ni de repetir: "La deuda es mala. La deuda es tu enemiga. Sal de deudas en cuanto puedas". Al mirar alrededor vi que en el salón había aproximadamente 50 personas y que la mayoría asentía con la cabeza.

Poco antes del descanso, el joven orador dijo: "De acuerdo, ¿están listos para cortar sus lazos con la esclavitud de la deuda?" Casi todos asintieron. "Si están listos para cortar los lazos, pónganse de pie, saquen sus tarjetas de crédito y levántenlas para que todos puedan verlas." La mayoría de los asistentes se puso de pie de inmediato, pero varios, incluyéndome, sólo miramos alrededor preguntándonos si deberíamos hacer lo mismo o no. Poco a poco, los que estábamos sentados nos fuimos poniendo de pie. Pensé que, como había pagado por el seminario e invertido tanto tiempo, tal vez debería continuar con el proceso para ver qué podía aprender. Sostuve mi tarjeta de crédito nivel oro frente a mí y una asistente con una sonrisa en el rostro me entregó unas tijeras. "Muy bien, alumnos, corten sus tarjetas por la mitad", indicó el instructor. Entonces escuché el sonido de las tijeras cortando el plástico y, al mismo tiempo, varias personas dieron alaridos conmocionadas, otras gruñeron y otras incluso lloraron. Yo corté mi tarjeta y me quedé en silencio, atontado, a la espera de que algún tipo de iluminación me embargara. Pero no sucedió nada, sólo continué como anestesiado. Aunque había tenido problemas con las tarjetas de crédito a finales de los setenta, cuando mi negocio de carteras de nailon y Velcro se empezó a desmoronar, tiempo después saldé mi deuda y empecé a usar mis tarjetas de una forma más responsable. Por eso no tuve la misma reacción catártica que algunas de las otras personas que cortaron las suyas por la mitad.

Menos de una semana después llegó por correo el remplazo de mi tarjeta de crédito oro y yo, muy feliz, volví a usarla. A pesar de que después de cortar la otra tarjeta en el seminario no tuve una epifanía, este ejercicio me concientizó más respecto al gran problema que puede representar el uso y el abuso del crédito en la vida de una persona. Hoy en día veo con frecuencia a muchos mal llamados expertos financieros que proclaman lo mismo que aquel instructor dijo hace años: "Sal de deudas", "Corta tus tarjetas de crédito por la mitad", "Mete tus tarjetas al congelador". Estos consejos me causan problema porque, en buena parte, tienden a echarle la culpa a la tarjeta en lugar de a la falta de control y de educación financiera del usuario de la misma. Culpar a una tarjeta de crédito por las dificultades económicas de alguien es como decir que mis palos de golf son la razón de mi buen puntaje.

El crédito y la deuda son temas muy importantes en la vida de toda persona. Hoy en día las empresas de tarjetas de crédito buscan con insistencia a los jóvenes que todavía estudian, y esto hace que me pregunte: ¿Por qué no les enseñan a los chicos sobre el dinero en la escuela? ¿Por qué todavía tenemos que esperar a que estén fuertemente endeudados por culpa de los préstamos estudiantiles para comprender que hay un problema? Si le preguntas a la mayoría de los jóvenes cuál es la diferencia entre el *crédito* y la *deuda*, dudo que puedan responder correctamente, y a pesar de todo permitimos que los usureros profesionales eduquen a nuestra juventud.

La deuda o crédito al consumo se ha expandido en Estados Unidos y en otros países del mundo. En 1990 el consumidor estadounidense tenía una deuda de 200 000 millones de dólares en tarjetas de crédito. En 2008 la deuda aumentó a más de 957 000 millones, pero sufrió un ajuste y descendió a 800 000 millones, cifra que sigue siendo abrumadora. Esto, sin embargo, no incluye la deuda nacional —Estados Unidos es el país más endeudado del planeta— ni la deuda a la que están expuestas muchas instituciones financieras en todo el mundo. Y todos sabemos que uno no puede extender el crédito fácil por siempre. Cuando los países solicitan que les paguen sus préstamos a pesar de que ni la gente ni las organizaciones pueden saldar sus deudas y el crédito se restringe, surgen problemas financieros inmensos que terminan afectando el saldo de nuestra tarjeta de crédito personal.

Pero entonces, la deuda y el crédito ¿son tan malos como aseguran muchos expertos financieros? En absoluto. La deuda y el crédito son poderosas herramientas financieras que le han permitido a mucha gente en todo el mundo disfrutar del nivel de vida más elevado de la historia. Si no hubiera deuda y crédito, no tendríamos grandes ciudades, industrias colosales, aerolíneas llevándonos a todos los países, complejos vacacionales donde relajarnos, excelentes alimentos en restaurantes de primera, automóviles nuevos, hogares cómodos ni tantas opciones de entretenimiento.

Y entonces, si la deuda y el crédito no son negativos, ¿dónde está lo malo? En mi opinión, lo malo es la falta de educación financiera y de responsabilidad fiscal. Creo que es una tragedia que la generación de mis padres, la de la Segunda Guerra Mundial, le haya dejado una deuda masiva a mi generación, y que mi generación, la de la Guerra de Vietnam, les haya hecho lo mismo a sus hijos. Dicho de otra forma, aunque abusar de las tarjetas de crédito personales es una irresponsabilidad, la enorme factura que cada generación le pasa a la siguiente es una desvergüenza todavía mayor.

¿Cómo van a pagar los jóvenes nacidos en el nuevo milenio por la irresponsabilidad fiscal de varias generaciones? No tengo idea. Una forma de continuar pagando toda esta deuda consiste en seguir expandiendo el crédito y alentando a la gente a gastar más y más. En la edición del 28 de junio de 2008 de la revista *Time* se publicó un artículo sobre las escuelas que ahora envían a los alumnos a excursiones en centros comerciales, distribuidoras automotrices, supermercados y puntos de venta de comida rápida. ¿Por qué? Bien, la primera razón es que, como a nuestras escuelas las han despojado de recursos, no pueden darse el lujo de enviar a los niños a zoológicos, museos o eventos culturales. En cambio, muchos negocios tienen recursos y están dispuestos a pagar las excursiones para empezar a entrenar a sus nuevos clientes cuando aún están en la escuela. En otras palabras, mientras todos sigamos consumiendo y usando el crédito para adquirir más deuda, la economía crecerá y se podrán pagar las facturas de las generaciones pasadas. Aunque quizá esto sea bueno para los negocios y mantenga la economía del crédito y la deuda a flote, a mí me parece riesgoso e irresponsable desde la perspectiva financiera.

La buena noticia es que a pesar de que no podemos controlar nuestra insensatez a nivel nacional, sí podemos asumir el control de nuestras finanzas personales. Una de las lecciones más importantes que recibí de padre rico fue el conocimiento profundo de la existencia de la deuda buena y la deuda mala. Dicho llanamente, padre rico decía: "La deuda buena te vuelve rico y la deuda mala te vuelve pobre". Por desgracia, la mayoría de la gente que cortó sus tarjetas de crédito en el seminario al que asistí sólo tenía deuda mala. Y lo peor es que el instructor que dirigía el seminario sólo conocía este tipo de deuda y no tenía idea de que también hay deuda buena. Para él, todo compromiso era desfavorable, pero la verdadera causa de la administración deficiente es la falta de educación financiera.

Este libro es sumamente importante porque es necesario ser responsable en el aspecto financiero y aprovechar el poder del crédito y de la deuda con astucia. Antes de dejar que te pierdas en su lectura, me gustaría compartir contigo tres lecciones que me enseñó mi padre rico hace años:

1. *Es más fácil hacerse de una deuda mala que de una buena.* Si alguna vez has intentado obtener un préstamo para comprar un inmueble y rentarlo, o para echar a andar un negocio, ya sabes lo difícil que es que alguien te preste dinero para invertir. Sin embargo, si quieres un préstamo para comprar un automóvil o necesitas una nueva tarjeta de crédito, te será muy sencillo conseguir crédito y dinero, o endeudarte, aun si tu historial es pésimo.

2. *La deuda mala dificulta conseguir deuda buena.* Si tienes demasiada deuda mala y quieres empezar a aprovechar el poder de la deuda y del crédito de una forma más inteligente, como para iniciar un negocio o invertir en un inmueble y rentarlo, la deuda mala te dificultará conseguir deuda buena y, por lo tanto, generar riqueza. Este libro es importante porque deshacerte de la deuda mala es un paso esencial hacia la generación de riqueza y la libertad económica.

3. *Los deudores se pueden volver ricos más rápido que los ahorradores.* Mucha gente cree que ahorrar es mejor que pedir prestado. De hecho, conozco a muchos que trabajan arduamente para ahorrar y salir de deudas, pero la verdad es que quienes hacen esto se quedan rezagados y no alcanzan a quienes piden prestado y se endeudan.

Permíteme ilustrar esta afirmación con un ejemplo. En 2002 Kim, mi esposa, compró un edificio comercial en aproximadamente ocho millones de dólares. Dio un enganche de un millón y pidió prestados siete. El enganche venía de ganancias acumuladas gracias a sus otras inversiones, así que, técnicamente, esta compra de ocho millones fue una inversión de cero o "de saliva".

Por sí sola, esta inversión lleva aproximadamente 30 000 dólares mensuales al bolsillo de mi esposa. Mucha gente no gana esta cantidad en un año, pero la empresa privada de Kim lo genera en un mes.

A menudo le pregunto a la gente que ahorra y que está en contra de la deuda: "¿Cuánto tiempo te tomaría ahorrar siete millones de dólares?" Pero para muchos esta cifra es completamente irreal. Luego le pregunto a Kim cuánto tiempo le tomó pedir prestados siete millones y su respuesta es: "Me tomó dos semanas. Como era una inversión fabulosa en bienes raíces, varios banqueros querían darme el dinero".

Este ejemplo explica por qué un deudor se puede volver rico más rápido que un ahorrador. Pero además, mientras el deudor se enriquece, el ahorrador es cada vez más pobre porque debido a la inflación y a la irresponsable impresión de más y más billetes, los dólares ahorrados se devalúan cada año. El valor de los bienes raíces del deudor, en cambio, suele aumentar. El ahorrador pierde mientras los inversionistas en bienes raíces ganan.

El libro de Garrett Sutton es notable porque, te guste o no, la deuda es una poderosa fuerza en la actualidad. Las personas sagaces en el aspecto financiero la están aprovechando para volverse ricas, mientras que quienes carecen de educación en este ámbito o son irresponsables la usan para destruir su propia vida. En este mundo hay deuda buena y deuda mala. Es fundamental que la gente aprenda la lección primordial sobre cómo minimizar esta última y aprovechar la deuda buena a su favor, en especial en este planeta en que la situación económica cambia constantemente.

Después de cortar por la mitad mi tarjeta de crédito hace años, comprendí cuán relevantes habían sido las enseñanzas de mi padre rico sobre la deuda y el crédito. Ese día en el seminario comprendí que muchos de los participantes necesitaban destruir sus tarjetas, pero cortar tarjetas de crédito no necesariamente te volverá más rico. Una tarjeta es una herramienta muy poderosa y por eso yo adoro la mía y prefiero contar con su fuerza que quedarme desprotegido, pero estoy consciente de que para tener una vida más plena es necesario aprender a respetar y aprovechar el poder de la deuda y el crédito.

PRIMERA PARTE
EL CRÉDITO Y LA DEUDA

Capítulo 1

INTRODUCCIÓN AL SISTEMA CREDITICIO

La lucha por una oportunidad

Donny protegía a su país. Era bombero y estaba entrenado para luchar contra grandes incendios forestales; su trabajo consistía en viajar por el país para proteger a la gente y los inmuebles de los embates de la naturaleza. Los estadounidenses podían ocuparse de sus asuntos cotidianos y dormir tranquilos con sus familias por la noche porque Donny y su unidad de bomberos, expertos en incendios forestales, protegían los bosques y los hogares. Evidentemente, Donny se sentía orgulloso de saber que lo que hacía era importante.

El joven se acababa de graduar de la universidad y, al igual que la tercera parte de todos los recién graduados, tenía deudas por un préstamo estudiantil: debía más de 20 000 dólares. Asimismo, como sucede con más de la mitad de todos los estudiantes universitarios, tenía más de dos tarjetas de crédito con un saldo por pagar de más de 2 000 dólares en cada una. En el caso de Donny, el total ascendía a 4 500 dólares. La primera tarjeta tenía fuertes cargos que Donny aprobó para impresionar a una chica, una destacada compañera de la universidad. La relación no duró, pero la deuda sí. Su segunda tarjeta era de una cadena nacional de tiendas departamentales. Cuando la solicitó, le dieron un descuento de 10% en todo lo que comprara en la tienda, así que seguía pagando varias camisas que ya ni siquiera usaba.

Recientemente Donny había solicitado financiamiento para la compra de una Ford F150 nueva porque era una camioneta genial y necesitaba tenerla. Estaba seguro de que podría cumplir con todas las mensualidades porque el departamento de incendios local le pagaba con la eficiencia de un reloj.

Un día Donny fue enviado a luchar contra un inmenso incendio de verano en Oregón: una misión más, otro trabajo por hacer. Hasta ese momento, a pesar de tener que atender un incendio, el joven bombero siempre había recibido sus facturas y realizado sus pagos a tiempo. En esta ocasión, sin embargo, se encontró polvo blanco en un sobre de la oficina postal local: era ántrax. La oficina postal tuvo que cerrar tres semanas para que se investigara la situación concienzudamente, y el correo no se movió durante seis semanas más.

Donny no recibió sus facturas. Mientras tanto, el incendio de Oregón continuaba amenazando los pueblos y los inmuebles en todas direcciones. El joven estuvo en la línea de fuego durante prácticamente todo el verano y, al igual que todos los otros bomberos de su unidad, dio por hecho que los acreedores estarían al tanto de la situación y le darían un periodo de gracia para realizar sus pagos porque, después de todo, estaba sirviéndole al país.

Sin embargo, a los acreedores no les importó lo que estaba haciendo Donny y ahora tenía dos mensualidades retrasadas en sus facturas, eso era lo único que importaba. Las explicaciones, fueran razonables, justificadas o válidas, sólo eran excusas, y las excusas no sirven.

La tarjeta de crédito de Donny tenía la Cláusula de Incumplimiento Universal (Universal Default Clause), una de las trampas de crédito más odiosas que existen. Tiempo después, esta cláusula fue restringida por la Ley de Tarjetas de Crédito (Credit CARD Act), pero fue demasiado tarde para Donny. Por el hecho de retrasarse un solo día en cualquier pago, para cualquier acreedor, la empresa emisora de las tarjetas de crédito podía cobrarle una multa por incumplimiento de hasta 29.99% sobre el saldo existente. En el caso del bombero, esto significó pagar 2 500 dólares adicionales al año por retrasarse un mes con la factura de un acreedor distinto al emisor.

Como Donny dejó de realizar dos pagos de su financiamiento mientras luchaba contra el abrumador incendio de Oregón, su F-150 fue embargada, y como acababa de adquirirla, la deuda excedía por mucho el bajo valor generado de forma artificial que se le asignó en la subasta.

Finalmente los bomberos lograron controlar el horrendo incendio forestal de Oregón. Donny y muchos otros volvieron a sus lugares de origen tras cumplir una difícil misión, y para agradecerles, el sistema institucional financiero desató un torrente de tiburones recaudadores de deuda que atacaron a los héroes que regresaban a sus hogares.

Los bomberos estaban indignados. Habían ido a servir a su país y el correo se retrasó por razones ajenas a ellos; lo más apropiado habría sido que el sistema fuera un poco más flexible. Si hubieran sido militares, la Ley de Ayuda Civil para Militares en Servicio (Servicemembers Civil Relief Act) los habría protegido de los tiburones del crédito. ¿Por qué no amparar a los bomberos de la misma manera? Pero no, a los acreedores no les importó, tenían reglas y estándares, y además ganaban muchísimo dinero cuando la gente se tardaba en pagarles. Algunos de los bomberos se vieron forzados a declararse en quiebra, otros perdieron sus hogares, para muchos, el futuro se retrasó fuertemente. Varios les escribieron a sus congresistas y solicitaron ayuda para protegerse de la ingratitud de las instituciones de crédito de la nación, pero no fueron atendidos porque los bomberos no contribuían individualmente con el Congreso. Al menos no de la manera que lo hacen las empresas de tarjetas de crédito, las arrendadoras, los bancos y otros prestadores que invierten millones y millones de dólares para influir en esta institución. Los bomberos no tenían forma de competir.

Donny se vio obligado a declararse en quiebra y los siguientes siete años fueron una especie de infierno financiero. En el historial crediticio del bombero había una mancha negra que le preocupaba y a la que todos los días trataba de sobreponerse. Empezó a tener problemas para que le aprobaran más crédito, y cuando llegaban a otorgárselo, tenía que pagar intereses muy elevados.

Y todo por el privilegio de servirle a su país.

Para jugar el juego del crédito

A Dewey le gustaba jugar para beneficiarse. Si surgía una oportunidad para sacar provecho de una situación o de alguien más, la tomaba, en especial si se trataba de dinero fácil y nada de trabajo.

Recientemente Dewey se empezó a dedicar a los tratos con tarjetas de crédito y cuentas bancarias nuevas. Es a lo que el FBI llama robo de identidad, uno de los crímenes con mayor crecimiento en Estados Unidos. Dewey, sin embargo, prefería llamarlo "solicitud selectiva de préstamos". Era una actividad tan sencilla y lucrativa, que habría deseado enterarse de ella antes.

Dewey se enteró de que bastaba conseguir el número de seguridad social y cierta información personal básica de alguien para abrir una cuenta bancaria y obtener una tarjeta de crédito a su nombre. Es decir, las cuentas se abrían a nombre de alguien que no tenía la menor idea de lo que sucedía, y a quien realmente le servían y beneficiaban era a Dewey, quien iba de ciudad en ciudad haciendo uso de su especial talento.

Dewey acababa de obtener la información personal de un señor mayor llamado John Logan. Fue muy sencillo. Le llamó al señor y fingió ser representante de una empresa de servicios, le dijo que necesitaba la información para actualizar los archivos de la empresa. El señor Logan fue demasiado amable, abierto y comunicativo.

Un amigo de Dewey falsificaba licencias de conducir a la perfección y tenía un negocio cuya clientela la conformaban los adolescentes menores de edad que querían ir de bar en bar. Ahora, sin embargo, su mercado eran los pillos como Dewey. La licencia de conducir tenía la información de John Logan, pero la fotografía de Dewey, además de una dirección, controlada también por el estafador. Este documento bastó para que Dewey pusiera su plan en acción. Abrió una cuenta a nombre de John Logan, pagó algunas facturas de poca importancia y conservó un buen crédito durante algún tiempo; luego sacó una tarjeta, también con el nombre del señor Logan, y todo estuvo listo para encender la mecha de la bomba de crédito.

Dewey usó la tarjeta para comprar todos los aparatos electrónicos que el límite de crédito le permitió. Televisiones, estéreos y computadoras, todo lo que podría traficar rápidamente y que le daría dinero en efectivo a cambio. No sintió ningún remordimiento. Las empresas de tarjetas de crédito y la cadena nacional de ventas de electrónicos al menudeo ganaban más que suficiente, así que soportarían el embate. Y si ellos soportaban, también el viejo señor Logan lo haría.

El estafador usó la cuenta bancaria para hacer una gran cantidad de cheques a nombre de varios comercios pequeños de la ciudad. Lo hizo en fin de semana porque los bancos están cerrados y las tienditas no tienen la posibilidad de verificar la disponibilidad de recursos. En todos los comercios registraron la información de la licencia de conducir de John Logan y, mientras tanto, Dewey llenaba un camión de mudanzas rentado, con todos los artículos que compró a nombre del anciano.

Para cuando los cheques empezaron a rebotar, él ya estaba a cientos de kilómetros de distancia preparándose para su siguiente "solicitud de préstamo selectiva".

Las empresas de tarjetas de crédito absorbieron los cargos y se los cobraron a otros consumidores en todo el mundo a través de un aumento de precios, pero los pequeños comercios defraudados no tuvieron tanta suerte: en cuanto le entregaron los artículos a Dewey, perdieron el dinero pagado a los proveedores.

A John Logan también le salió carísimo el fraude. Incluso cuando uno es inocente, la cantidad de llamadas de los acreedores y las agencias de cobranza siempre te pasan la factura. El estrés financiero y emocional provocado por el robo de identidad puede abrumar a muchos y el señor Logan no fue la excepción: sufrió un ataque cardiaco y murió poco después.

Las historias de Donny y Dewey ilustran los extremos y la ironía de los problemas de crédito y débito que enfrentan muchos estadounidenses.

La industria crediticia trabaja de manera activa para atraer con su promesa de crédito a todo tipo de clientes nuevos, en especial a los jóvenes y a quienes carecen de experiencia. Los críticos de esta industria afirman que sus agresivas prácticas son casi una forma de usura predatoria y que se aprovecha de forma injusta de quienes no deberían solicitar préstamos. Independientemente de cuál sea el caso, la amplia disponibilidad de crédito alienta a dos tipos de personas a solicitarlo: quienes son como Donny y quienes son como Dewey.

Donny acaba de salir de la universidad cargando una deuda por varios préstamos estudiantiles, dos tarjetas de crédito y los pagos de una camioneta. Apenas comienza su carrera y ya está al borde del abismo crediticio. Si deja de trabajar un instante, se mete en problemas. Dewey, en cambio, siempre trata de sacar ventaja, ya encontró una carrera en la que puede aprovechar la disposición de la industria del crédito para prestar dinero, y de esta forma puede seguir causando problemas. Para combatir a los Dewey del mundo, la industria del crédito responde con las reglas y la inflexibilidad que empujan a los Donny hacia el abismo. Dejas de pagar una sola vez, por cualquier razón, ya sea ántrax o las vacas que se atraviesan en la carretera y retrasan al correo, y la maquinaria del crédito negativo empieza a molerte. Luego sobreviene la caída libre que termina arruinando la vida de muchos.

La mayor ironía de este esquema es la manera en que la industria del crédito trata a cada individuo. Los actos de Dewey representan un costo más del negocio, la industria conoce su fraude y lo toma en cuenta en su presupuesto como un gasto. Este costo, a su vez, se extiende a toda la industria, y millones y millones de consumidores tienen que pagar por él a través de tarifas más elevadas.

Donny, en cambio, es un individuo digno y tiene un comportamiento ético, pero resulta la víctima de las circunstancias, es una víctima de la actividad de negocios crediticia. Según los expertos, le dieron una oportunidad, un día no pagó a tiempo, y por eso merece ser castigado hasta que la industria del crédito pueda volver a confiar en él.

Así pues, si se quiere ganar el juego del crédito en este mundo de cabeza, en el que el fraude es sólo un costo y la distracción se convierte en delito, es importante conocer las reglas, las motivaciones y el mapa del camino.

Antes que nada, veamos qué es lo que nos motiva a endeudarnos.

Capítulo 2
LA PSICOLOGÍA DE LA DEUDA

Antes de abordar las reglas de la deuda y de cómo ganar en el juego del crédito es necesario entender la psicología de la deuda. ¿Cuáles son las motivaciones para endeudarse? ¿Por qué algunas personas son incapaces de manejar la deuda? ¿Cuál es la relación entre la deuda y la autoestima?

Si la deuda, o crédito al consumo, asciende a casi billones de dólares; si anualmente un millón de hogares se declara en quiebra (más o menos, depende del año), y si la tasa para el ahorro es tan baja, ¿por qué acumulamos deudas como si el mañana no existiera?

Por experiencia sé que hay cinco perfiles de prestatarios:

Los que desean
Los que desperdician
Los que quieren
Los que se quejan
Los ganadores

Más adelante verás que los tres primeros perfiles suelen empalmarse. Los ganadores, el quinto perfil, son quienes sobrevivieron y dejaron atrás las dificultades de las primeras cuatro categorías, o quienes fueron ganadores desde el principio. Este libro te enseñará a ser un ganador en el juego del crédito.

Los que desean

Los que desean son los optimistas del juego. Tienen la gozosa idea de que merecen cosas buenas y tienen que ser como los vecinos de enfrente. Creen que será fácil pagar lo que se les antoje. En su feliz mundo de ensueño prevalece el optimismo crediticio, y esto les permite enfocarse en los pagos mensuales en lugar de en la deuda total. Les parece que un pago de 20 dólares aquí y otro de 75 por allá es algo fácil de cumplir. No se enfocan en la deuda completa en que incurrieron, la cual asciende a miles de dólares y tiene tasas de interés abrumadoras. Están convencidos de que podrán cubrir sin problema las facturas cuando llegue la fecha de pago.

Estas falsas percepciones sobre lo que es manejable se vuelven extremadamente problemáticas en la época de gastos navideños, en especial porque uno tiene la sensación de que las facturas se deberán pagar hasta el año siguiente. Los que desean son optimistas y se ven a sí mismos en un mejor empleo y recibiendo mayores ingresos el próximo año; imaginan un futuro en el que todas las dificultades económicas se resolverán.

Pero desafortunadamente no todos los deseos se vuelven realidad.

Los que desperdician

Los que desperdician gastan dinero como una forma de escape. Tienen problemas de autoestima y usan sus recursos para comprar cosas para sentirse mejor, mitigar su estrés y huir de sus dificultades. En una sociedad en la que nuestra masiva y penetrante publicidad manipula con facilidad el comportamiento, no hay nada como la sensación de poseer algo nuevo. O al menos eso es lo que nos hacen creer los anunciantes. Un automóvil, una camioneta, una televisión o unas vacaciones pueden dar fin a la vacuidad interior... por un tiempo. Pero cuando la sensación de vacuidad regresa, todavía hay facturas por pagar.

Los que desperdician seguirán gastando a pesar de todo. La industria de las tarjetas de crédito alienta a la gente, o más bien la programa, para que compre ahora (y a los que desperdician para que *sientan* ahora) y pague después, y por eso muchos continuarán firmando para recibir más crédito. De pronto, quienes desperdician se encuentran atrapados en una vida de deuda revolvente. Como tienen baja autoestima, lo más común es que se declaren en quiebra y regresen a sus desafortunadas técnicas de administración económica, las cuales consisten en el alivio que proveen las compras al menudeo a corto plazo y la aflicción de sus deudas a largo plazo.

Los que quieren

Uno de los estudios más interesantes publicados en los anuarios de psicología es el del Malvavisco de Stanford. Este estudio dio inicio en la década de los sesenta y fue conducido por Walter Mischel, un investigador de psicología de la Universidad Stanford. El estudio se centra en la importancia de la autodisciplina para el éxito en el futuro.

En el estudio se le ofrecieron opciones a un grupo de niños hambrientos de cuatro años. Podían recibir un malvavisco en ese momento, pero si esperaban 15 o 20 minutos mientras el investigador hacía un mandado, podrían recibir dos.

Un tercio de los niños se comió el malvavisco de inmediato. Otros esperaron un poco más, y otro tercio esperó los 15 o 20 minutos completos que tardó el adulto en regresar.

Tiempo después, cuando los niños salieron de la preparatoria, se realizó un estudio de seguimiento que arrojó información muy interesante. Los que pidieron el primer malvavisco y lo comieron al instante tenían menos confianza en sí mismos y les costaba trabajo posponer la satisfacción inmediata a cambio de alcanzar metas a largo plazo. Sus impulsos eran incontrolables y los habían conducido a matrimonios fallidos, poca satisfacción laboral e ingresos menores.

Quienes resistieron y postergaron la satisfacción inmediata para recibir dos malvaviscos eran más productivos y positivos en la vida. La capacidad de postergar la satisfacción a cambio de alcanzar metas les había permitido obtener mayores ingresos, matrimonios más duraderos y mejor salud.

El problema en nuestra sociedad es el fomento activo de la satisfacción inmediata. "Hágalo a su manera." "Lentes —o el producto que sea— en menos de una hora." "Compre ahora y pague después." Éstos son algunos de los mensajes que recibimos constantemente. ¿Acaso te sorprende que quienes tienen mala disciplina se sientan atraídos a la indulgencia de la satisfacción inmediata?

Los que quieren, lo quieren ahora, y la industria crediticia atiende ese deseo. Pero luego, el asunto de pagar todo después se vuelve un problema inevitablemente.

Los que se quejan

Los que se quejan empezarán a leer este libro y luego lo dejarán porque les parecerá demasiado difícil, porque sentirán que no va a funcionar o porque creen que la suerte está echada en su contra. Tal vez lean montañas de información sobre el crédito y las finanzas personales, pero en lugar de actuar, seguirán enfocados en lo negativo. Cuando alguien les presente una respuesta o una solución, la analizarán en detalle para encontrar lo que no funciona.

Los que se quejan tal vez despotriquen contra la calificadora FICO, contra los acreedores, los bancos… o contra los tres. Aunque quizá tengan preocupaciones legítimas respecto a la imparcialidad del sistema crediticio, invierten todo su tiempo en luchar contra él en lugar de buscar una solución.

Los ganadores

Lo creas o no, a pesar de lo mucho que hemos criticado la industria del crédito, existe la posibilidad de obtener enormes ganancias si aprendes a usarla en tu beneficio.

Los ganadores saben esto o tal vez lo aprendieron gracias a la forma en que los educaron. Es posible que sus padres les hayan enseñado, o quizá leyeron *Padre Rico, Padre Pobre, El cuadrante de flujo del dinero* u otros libros similares. Independientemente de la forma en que hayan obtenido ese conocimiento, la fórmula puede ser muy satisfactoria. Pero primero mencionemos algunas verdades evidentes:

1. Los bancos hacen dinero al prestar dinero, ése es su negocio y todos lo sabemos.
2. Los bancos pueden perder dinero si les prestan dinero a gente o a proyectos que no les pagarán y por eso tienen que ser cuidadosos. La crisis financiera que inició en 2008 nos dejó algunas lecciones importantes. Como les sucede a todos, si se endeudan demasiado, tendrán dificultades.
3. A los bancos les gusta hacer préstamos cuando tienen una garantía o colateral porque quieren echarle la mano encima a algo tangible y real para garantizar el pago en caso de que el prestatario no cumpla. Al igual que todos nosotros, deben ser cuidadosos y evaluar con detenimiento la prenda en garantía.

Pero además de estas verdades evidentes, hay otra realidad que rara vez se menciona:

4. En el caso de ciertos préstamos, los bancos no se quedan con la mayor tajada. Los ganadores en el juego del crédito que entienden el sistema y lo usan a su favor obtienen mucho más dinero de lo que los bancos podrían imaginar. En especial con algunos préstamos para la adquisición de bienes raíces.

Comprender esta verdad evidente tan poco discutida puede ayudarte a ganar mucho dinero también. Los bancos se llevan su tajada al prestar dinero, pero tú puedes obtener una cantidad muchísimo mayor si solicitas préstamos para proyectos adecuados y por las razones correctas.

Tal vez en este momento pienses que los bienes raíces y los préstamos garantizados de los bancos son algo totalmente distinto a las ofertas de las tarjetas de crédito, pero no es así.

Hace algunos años, un socio y yo encontramos un terreno de poco más de 4 000 metros cuadrados de tierra baldía con vista a la autopista, en Silver Springs, Nevada. El dueño necesitaba 5 000 dólares con urgencia y no tenía tiempo para solicitar un financiamiento bancario típico. Entonces las tarjetas de crédito llegaron al rescate. Mi socio y yo sabíamos que ambos podíamos enfrentar un cargo adicional de 200 dólares mensuales para pagar el préstamo en un periodo razonable, así que cada uno dispuso de 2 500 en efectivo con la tarjeta y compramos el terreno.

En este caso, la empresa de las tarjetas de crédito obtuvo una cantidad razonable de dinero porque nos cobró sus típicas altas tasas de interés, pero nosotros ya pagamos la cantidad principal. Además, compramos el terreno a un precio aceptable y luego lo vendimos y obtuvimos muy buenas ganancias. Dicho de otra forma, usamos nuestras tarjetas para generar mucho más dinero del que ganó la empresa que las emitió.

Eso es lo que hacen los ganadores del juego del crédito, y también es el propósito de este libro. Deshacerse de los hábitos negativos, limpiar tu historial crediticio y empezar a usar las tarjetas de una forma positiva que te favorezca.

Pero antes de empezar a ganar, pensemos en tu salud.

Capítulo 3

LOS EFECTOS DE LA DEUDA EN LA SALUD

Enfermo por la deuda

La gente endeudada sabe que deber dinero te puede enfermar porque todo lo relacionas con ello. Planeas de acuerdo con la deuda, piensas en ella y no dejas de preocuparte. Si rastreamos nuestro alto nivel de estrés, muchos llegamos directo a un fuerte endeudamiento. Gracias a un estudio de la Universidad del Estado de Ohio se descubrió que la gente con niveles altos de estrés relacionados con deudas elevadas tenía muchos más problemas de salud que quienes debían menos. Asimismo, el estudio demostró que el nivel de deuda en tarjeta de crédito y su relación con los ingresos también jugaba un papel importante: quienes debían mucho más de lo que ganaban, mostraban problemas de salud más exacerbados.

La deuda tiene un impacto en la salud física y mental, así como en nuestras relaciones personales. A menudo se dice que el índice de divorcio es de más de 50% y que la razón más común para divorciarse son las dificultades financieras. Las parejas pelean más por el dinero que por cualquier otra causa.

El estrés, la ansiedad y la depresión son comunes entre la gente que debe cantidades de dinero bastante incómodas. Los sentimientos de culpa, vergüenza y fracaso tienen un impacto en la autoestima y hacen que la gente se sienta impotente, incapaz de controlar la situación. A esto se suma el miedo de lo que sucederá si no se puede pagar el adeudo, la agresividad de muchos acreedores y recaudadores, y la presión constante de seguir gastando. No resulta sorprendente que algunos estadounidenses terminen suicidándose para dar fin a esa sensación de caída libre en espiral.

El estrés provocado por las deudas también puede tener como resultado el abuso de sustancias y los problemas de salud que lo acompañan, por ejemplo, aumento del riesgo de desarrollar el comportamiento violento relacionado con esta actividad. Asimismo, mucha gente reacciona frente al estrés con un abuso indiscriminado de alcohol o de medicamentos recetados.

El gasto se ha convertido en un problema enorme para algunas personas, y la industria farmacéutica ya se dio cuenta. Desde hace mucho se considera que comprar es una adicción en el caso de las personas cuyo gasto interfiere de manera significativa en su vida. De hecho, se calcula que 8% de los adultos estadounidenses (y 90% de este grupo son mujeres) sufre de esta adicción. Las investigaciones han demostrado que el consumo compulsivo tiene que ver con bajos niveles de serotonina en el cerebro. El medicamento Celexa aumenta la serotonina y actualmente se utiliza para el tratamiento del consumo compulsivo. De hecho, en un estudio reciente se descubrió que 80% de los adictos a las compras que recibieron tratamiento con Celexa pudo controlar sus deseos impulsivos de gastar.

Otra seria preocupación de salud relacionada con los problemas financieros es el hecho de que con frecuencia la gente se abstiene de someterse a un tratamiento necesario para controlar una enfermedad física o mental porque no quiere aumentar sus deudas. Esto suele conducir a enfermedades más serias e incluso a la muerte. Asimismo, quienes enfrentan fuertes dificultades financieras son más propensos a no obedecer las órdenes del médico y a regresar a trabajar antes de lo recomendado para poder pagar sus facturas, incluyendo las médicas. Esto, naturalmente, aumenta las probabilidades de una recaída.

Todos conocemos el vínculo entre el estrés y la enfermedad. Si te estresas, te enfermas. Cualquier persona que alguna vez se haya enfermado justo después de presentar un examen importante o de la fecha límite para la entrega de un proyecto colosal sabe que la angustia nos desgasta. Se dice que cuando el sexo es bueno, sólo representa 10% de la salud en el matrimonio, y que cuando es malo representa cerca de 90%. Se puede decir lo mismo respecto al dinero y a la tensión que provoca en el trabajo y en el hogar. Cuando hay buen dinero, sólo se soluciona 10% de los problemas de una persona, pero cuando no lo hay, provoca 90% de los mismos.

En la década pasada los investigadores demostraron la relación entre el estrés financiero y la salud, así como su vínculo con la productividad en el lugar de trabajo.

De acuerdo con el blog Financial Fitness, por ejemplo, la preocupación por las situaciones financieras contribuye a la irritabilidad, el enojo, la fatiga y la falta de sueño de más de 52% de los estadounidenses. Entre las personas que dijeron tener altos niveles de estrés debidos a su endeudamiento, se encontraron las siguientes enfermedades:

- Tres veces más úlceras o problemas del tracto digestivo (27% en el grupo de estrés elevado y 8% en el grupo de menor estrés).
- En el grupo de estrés elevado, 44% de la gente afirma tener migraña, en tanto que en el grupo de menor estrés la cifra asciende a 15 por ciento.
- Aumento de 500% en la aparición de casos de ansiedad severa y depresión.
- Duplicación del índice de ataques al corazón.
- Aumento en las perturbaciones del sueño y falta de concentración.

Asimismo, de acuerdo con un estudio publicado en *Diabetes Care*, "el estrés financiero aumenta el riesgo de desarrollar síndrome metabólico, lo cual puede conducir a serios problemas médicos como diabetes, enfermedades cardiacas, colesterol alto y obesidad".

Pero a la mayoría de la gente no le hace falta un académico que le diga que cuando uno lidia con problemas financieros se siente fatal.

Desafortunadamente, muchos no saben a quién recurrir cuando tienen problemas de crédito. Este libro se escribió con el objetivo de ayudarte a entender tus opciones para que puedas asumir el control de tu vida financiera.

Ahora veamos cómo lo logró una pareja inteligente y decidida.

Capítulo 4

VENCE A LOS PRESTAMISTAS EN SU PROPIO JUEGO

Cómo salimos de deudas: la historia de Robert y Kim Kiyosaki

Robert y Kim Kiyosaki gozan de un tremendo éxito financiero hoy en día, pero también atravesaron periodos difíciles. Ésta es su historia, contada por Kim.

En 1985 Robert y yo teníamos una fuerte deuda mala, y a pesar de que hacíamos pagos cada mes, daba la impresión de que la cantidad que debíamos no disminuía ni un poco. Pagábamos mensualmente un poco más del mínimo de cada una de nuestras tarjetas de crédito y del crédito automotriz. Nos parecía evidente que tenía que haber una mejor manera de librarnos de nuestros acreedores, y estábamos en lo cierto.

Ésta es la fórmula que aplicamos Robert y yo para pagar nuestra deuda. Si la aplicas, podrás salir de tu endeudamiento mucho más rápido de lo que imaginas. La mayoría de la gente logra librarse de su "mala" deuda en unos cinco o siete años, la clave radica en apegarse a la fórmula. Si un día dices "me voy a saltar este mes" y luego te saltas dos o tres, no avanzarás. Si te apegas a las reglas, en cambio, la fórmula se convertirá en un hábito que conservarás por el resto de tu vida.

Ésta es la fórmula:

Paso 1. Deja de acumular deuda mala. Independientemente de lo que compres con las tarjetas de crédito, tienes que pagarlo en su totalidad a fin de mes. Sin excepciones.

Paso 2. Haz una lista de todas tus deudas de consumo (deudas malas). Esto incluye todas las tarjetas, créditos automotrices, préstamos escolares, préstamos para renovaciones en el hogar o tu residencia personal, y otros adeudos en los que hayas incurrido. (En nuestro caso, la lista incluía una deuda pendiente que teníamos con uno de los antiguos socios de negocios de Robert.) También puedes incluir en la lista la hipoteca de tu casa.

Paso 3. Junto a cada punto de la lista marca tres columnas:

- Cantidad que debo
- Pago mensual mínimo
- Número de meses

Escribe las cantidades precisas en cada columna. Para calcular el número de meses divide la cantidad que debes entre la cantidad del pago mínimo.

Paso 4. Basándote exclusivamente en el número de meses, empieza a calificar las deudas. Escribe "1" junto a la que tenga el número de meses más bajo, "2" junto a la que tenga el segundo número más bajo, y continúa así hasta llegar al número más elevado de meses. Éste será el orden en que pagarás tus deudas.

Tienes que empezar por la deuda con el menor número de meses porque es necesario que tu primer "logro" o éxito en este programa lo alcances lo más pronto posible. En cuanto pagues esa primera tarjeta de crédito (o deuda) empezarás a ver la luz al final del túnel.

Paso 5. Encuentra la manera de ganar entre 150 y 200 dólares más al mes. Si en verdad eres serio respecto a salir de deudas y, lo más importante, respecto a alcanzar la libertad financiera, no te será difícil generar esta cantidad. Para ser honestos, si no puedes obtener 150 dólares más al mes, tus posibilidades de llegar a ser independiente económicamente son escasas. Quizá necesites algunos de los recursos que se mencionan en el siguiente capítulo para volver a encarrilarte.

Paso 6. Haz el pago mínimo de cada una de las deudas de tu lista, excepto de la que marcaste con el número "1". Para liquidar esta deuda, paga el mínimo y entre 150 y 200 dólares adicionales. Continúa así cada mes hasta que saldes la primera deuda. Bórrala de la lista.

Paso 7. ¡Felicítate!

Paso 8. Haz el pago mínimo de todas las deudas que enlistaste, excepto la marcada con el número "2". Para liquidar esta deuda, haz el pago mínimo obligatorio más la cantidad completa que habías estado pagando para la deuda 1. Por ejemplo, en la deuda 1 el pago mínimo era 40 dólares y a eso le añadiste los 150. Esto significa que habías estado pagando 190 dólares mensuales en total. Si el pago mínimo de la deuda 2 es 50 dólares, ahora pagarás esos 50 más 190, es decir, 240 dólares mensuales.

Cada vez que saldes una deuda, toma el total que estabas pagando por ella y súmalo al pago mínimo de la siguiente. Ése será tu nuevo pago mensual. Te sorprenderá ver la rapidez con que crece esta cantidad y con que liquidarás tus deudas en tarjetas de crédito, créditos automotrices, etcétera.

Continúa con este proceso hasta liquidar todas las deudas de tu lista.

Paso 9. Felicítate de nuevo.

Paso 10. Para este momento, lo más probable es que el pago mensual que estabas efectuando para la última deuda sea bastante sustancioso. Ahora continuarás pagando esa cantidad mensualmente, pero no a tus acreedores, sino a ti mismo. De esta forma tendrás un fondo de ahorro de emergencia y, más adelante, comenzarás a invertir. ¡Ya estás en camino hacia la generación de riqueza!

El método que describen Robert y Kim es increíblemente eficaz. De hecho, podrías recortar de forma dramática la cantidad de tiempo y dinero que te tomará saldar tu deuda. Digamos, por ejemplo, que éstas son tus deudas:

PRESTAMISTA	TASA DE PORCENTAJE ANUAL (APR)	SALDO ACTUAL	PAGO MENSUAL
VISA	15.9%	4 150 dólares	58 dólares
MasterCard	12.9%	3 645 dólares	73 dólares
Tarjeta de minorista	18.9%	4 595 dólares	115 dólares
Préstamo en exhibiciones	17.5%	1 990 dólares	50 dólares
Total		14 380 dólares	296 dólares

Adivina cuánto te tomará pagar esos 14 380 dólares si nada más depositas los pagos mínimos.

Sólo 182 años y un mes.

Además, pagarás más de 72 000 dólares de intereses. En los tiempos bíblicos, a los prestamistas los habrían apedreado hasta matarlos por este tipo de usura.

¿Cómo es posible que las cifras sean tan elevadas? Te lo explicaré de forma rápida. Se debe a los diminutos pagos mínimos que van bajando conforme tu saldo disminuye. A diferencia de un crédito automotriz en el que tienes una mensualidad fija que irá pagando el préstamo en, digamos, unos cuatro o cinco años, los emisores de tarjetas de crédito calculan tus pagos mensuales de acuerdo con un porcentaje de la cantidad que debes. El pago mínimo ya es pequeño, lo cual es genial si no puedes hacer un pago oneroso, pero cuando ya no puedes pagar más, se vuelve una pesadilla. A medida que vas cubriendo el saldo, el pago mensual disminuye pero la deuda se e-s-t-i-r-a-a-a.

La estrategia de reducción de deudas que usaron Robert y Kim tiene varios elementos eficaces, pero yo añadí una recomendación a la mezcla para ayudarte a lograrlo incluso más pronto. Funciona de la siguiente manera:

1. **Mantienes fijo tu pago mensual total.** Ésta es la primera estrategia para vencer a los emisores de tarjetas en su propio juego. En nuestro ejemplo, el pago mensual total es de 296 dólares. A medida que vayas saldando las deudas, la cantidad que los emisores de tarjetas te exigirán pagar se irá reduciendo, pero tú no caerás en la trampa, tú vas a seguir pagando por lo menos 296 dólares mensuales hasta cubrir todas las deudas. Tan sólo con eso recortas el periodo de repago de 182 años y un mes, a solamente 15 años, y ahorras 63 000 dólares de intereses. Tranquilo, ya no necesitarás esas piedras bíblicas.

2. **Dejas de hacer cargos.** Si es necesario que tengas una tarjeta de crédito para negocios exclusivamente, mantenla fuera del plan. Deja que tu negocio pague con prontitud ese saldo. Para las compras personales no uses tarjetas de crédito, porque ya conoces el dicho: si estás en un agujero, deja de cavar.

3. **Pagas una cantidad adicional si te es posible.** Si puedes pagar 50 dólares adicionales como en nuestro ejemplo, te librarás del endeudamiento en sólo cinco años y ahorrarás más de 65 000 dólares por concepto de intereses. ¡Vaya!

4. **Te enfocas en una sola deuda a la vez.** Si tratas de hacer muchas cosas al mismo tiempo, pierdes el enfoque y no llegas

47

a ningún lado. Si te concentras en pagar una sola deuda a la vez, te será mucho más fácil lograrlo. Para ahorrar al máximo deberás centrarte en principio en la tasa más elevada, pero si eres como Kim y Robert y quieres ver resultados pronto, enfócate en el saldo más bajo.

5. **Tienes un plan.** De acuerdo con investigaciones de la Consumer Federation of America y del Bank of America, la gente que ganaba solamente 10 000 dólares al año pero que tenía un plan escrito podía ahorrar e invertir dos veces más que quienes no contaban con ninguna estrategia.

Tener un plan escrito te da la disciplina y motivación que necesitas.

A continuación te presento varias estrategias para reducir tu endeudamiento de acuerdo con el Reporte de reducción de deuda:

Reporte de reducción de deuda

Resumen completo de deuda

Número de deudas	4
Mes de inicio	Abril de 2010
Plan de pago	Inmediato
Estrategia	Tasa de porcentaje anual (APR)
Saldo	14 380 dólares
Pagos mensuales	296 dólares
Cantidad de compromiso	50 dólares
Pagos + compromiso	346 dólares

Pago mínimo del estado de cuenta

Fecha de fin de deuda	Abril de 2192
Meses necesarios	2 185
Total de intereses pagados	72 333
Total de dinero pagado	86 713

Pago mínimo constante

Fecha de fin de deuda	Diciembre de 2028
Meses necesarios	225
Total de intereses pagados	14 209
Total de dinero pagado	28 589

Dinero ahorrado
58 124 dólares
Tiempo ahorrado
163 años y 4 meses

Ejemplo de Debt Blaster sin pago de compromiso

Fecha de fin de deuda	Noviembre de 2016
Meses necesarios	80
Total de intereses pagados	9 169
Total de dinero pagado	23 549

Dinero ahorrado	**63 164 dólares**
Tiempo ahorrado	**175 años y 5 meses**

Ejemplo de Debt Blaster con pago de compromiso

Fecha de fin de deuda	Abril de 2015
Meses necesarios	61
Total de intereses pagados	6 645
Total de dinero pagado	21 025
Dinero ahorrado	**65 688** dólares
Tiempo ahorrado	**177 años y 0 meses**

Debt Blaster® Copyright 1991-2012 por Michael J. Riley. Revisa la sección de Fuentes.

Ésta es una explicación breve de las distintas estrategias de repago descritas en el Reporte de reducción de deuda:

Pago mínimo del estado de cuenta: Este ejemplo muestra lo que pagarías y cuánto tiempo te tomaría salir de la deuda si sólo cubrieras el mínimo requerido por el emisor cada mes. Como lo expliqué anteriormente, tus pagos mínimos disminuyen a medida que baja tu saldo, pero esto prolonga la deuda durante mucho tiempo.

Pago mínimo constante: Aquí se muestra el tiempo que te tomaría liquidar la deuda si continuaras haciendo los pagos mínimos que exige tu estado de cuenta actualmente. Corresponde a lo que dicen Robert y Kim Kiyosaki respecto a dividir el saldo entre el pago mínimo actual. Es más rápido que hacer los pagos mínimos que van disminuyendo y, a la larga, también te ahorrará dinero.

Ejemplo de Debt Blaster con pago de compromiso: Describe el tiempo que te tomaría liquidar la deuda si "turbocargaras" tu plan de pago como lo describimos. Te apegas al mismo pago mensual total que haces actualmente, pero a medida que vayas saldando algunas deudas añadirás la cantidad "extra" al pago mínimo de la deuda que te está exigiendo más hasta cubrirla, y así sucesivamente.

Ejemplo de Debt Blaster sin pago de compromiso: Si puedes añadir recursos adicionales a tu pago mensual total podrás salir de deudas aún más rápido. En este ejemplo añadimos 50 dólares al mes, pero ahorramos mucho más que eso en intereses.

De esta manera estás provocando un efecto tsunami. Al principio parecerá muy lento, pero en cuanto saldes una deuda o dos, tu plan cobrará velocidad y comenzarás a ver cambios dramáticos.

Si alguna vez has tenido una hipoteca, probablemente notaste que en los primeros años la mayor parte de tu pago se va en los intereses, no en el capital, que en realidad es la cantidad principal que pediste prestada. No obstante, después de varios años el préstamo empieza a cambiar y, hacia el final, el pago sirve para cubrir el capital, no los intereses. ¿Por qué se tiene que cubrir la mayor parte de los intereses primero? Porque demasiada gente refinancia la hipoteca mucho antes de que se cubra el préstamo y actualmente los prestamistas quieren ganar el mayor interés posible durante los primeros años. Ellos no obtienen dinero cuando pagas el capital, por eso los pagos para cubrirlo son muy bajos al principio y empiezan a aumentar sólo cuando ya se cubrió la mayor parte de los intereses, es decir, de sus ganancias.

"Turbocarga" tu plan para liberarte de la deuda

Entre más baja sea tu tasa de interés, más pronto saldrás de deudas. Mucha gente continúa atrapada en compromisos con tarjetas de crédito que la obligan a pagar una tasa demasiado elevada, que va de 19.98 a 29.99% o incluso más.

Si tratas de obtener las tasas más bajas posibles cuanto antes, podrás "turbocargar" tu plan. Mientras vayas saldando tus deudas, trata de buscar constantemente maneras distintas de disminuir las tasas de interés.

Sal de tus deudas conversando

Scott Bilker es el autor de *Talk Your Way Out of Credit Card Debt* (Sal de tus deudas conversando). La dirección de su sitio de internet es debtsmart.com. Scott ha realizado y grabado cientos de llamadas con ejecutivos bancarios para tratar de disminuir las tasas de interés de sus deudas personales y de las deudas de familiares y amigos. En su libro describe la siguiente situación sacada de la vida real.

Scott hizo 52 llamadas telefónicas que le tomaron 403 minutos (seis horas, 43 minutos) y le ahorraron 43 147.68 dólares. Es un promedio de ahorro de 107.07 dólares por minuto. ¿No te gustaría ahorrarte poco más de 100 dólares en un minuto? Incluso ahorrarse 100 dólares en una hora es ganancia.

Scott tiene más de 50 tarjetas de crédito y en los últimos 15 años ha pagado 0% de interés sobre sus saldos. También ha mantenido una excelente calificación crediticia y con frecuencia recibe todo tipo de recompensas. Evidentemente, es un ganador en el juego del crédito.

A continuación encontrarás un fragmento de una entrevista en la que Gerri Detweiler, nuestra editora colaboradora y anfitriona de Talk Credit Radio, le preguntó a Scott respecto a sus estrategias para obtener tasas más bajas en las tarjetas de crédito.

Gerri: ¿Sabes, Scott?, me parece que hoy en día la gente a veces se siente afortunada de siquiera tener una tarjeta y una línea de crédito. Entonces, ¿qué están realmente dispuestos a hacer los emisores al negociar con los clientes?

Scott: Bien, ya sabes, sigue siendo cierto que los bancos necesitan clientes rentables para poder ganar, así que, como consumidores, conservamos las tarjetas porque decidimos dónde gastar nuestro dinero. E incluso si las tasas de interés no son las mejores para los bancos, de todas formas ganan dinero con los cargos que les imponen a los comercios.

Gerri: Tomando en cuenta que estos bancos prácticamente no pagan nada para prestar el dinero, mucha gente sigue pagando tasas de interés considerables.

Scott: Sí, tienes toda la razón. Los bancos no van a disminuir las tasas de interés sólo porque consiguieron un mejor trato. Los únicos a los que les dan tasas verdaderamente competitivas es a los tarjetahabientes con calificaciones excelentes con quienes han tenido una relación de años.

Gerri: Durante mucho tiempo, solicitar una tasa de interés menor no presentó ningún inconveniente. Sin embargo, luego atravesamos un periodo, yo diría en 2009, en el que se volvió un poco riesgoso porque a veces esta solicitud desencadenaba la revisión de la cuenta y tu emisor decía: "Pero vaya, tiene usted tantas deudas en su tarjeta de crédito que nos gustaría bajar el límite de su crédito". Esto disminuye tu calificación y, cuando eso sucede, tus otras líneas de crédito también pueden verse afectadas. Ahora dime, ¿en dónde hemos estado y en qué punto del proceso nos encontramos?

Scott: Tienes toda la razón. Antes tal vez era un poco más riesgoso, pero si estás pagando tasas altas de interés y te están sacando dinero a través de diversas cuotas y servicios bancarios, es importante que pongas un alto. Por eso siempre es importante llamar al banco y tratar de negociar para conseguir mejores tasas o que te dejen de cobrar algunas tarifas. Como sabes, actualmente los bancos se enfocan en hacerte usar tus tarjetas más, sobre todo en los últimos meses y, sin duda, más durante la época de fin de año. Te reitero que tienen que decidir si van a ofrecerle buenos tratos a la gente o si van a permitir que sus clientes transfieran sus saldos a otros bancos o usen otras tarjetas en esta temporada.

Gerri: Hablemos sobre qué se debe hacer si sientes que la tasa de tu tarjeta de crédito es demasiado alta. ¿Qué consideras elevado en la actualidad?

Scott: ¿Sabes? Cualquier pago que estés haciendo ya es demasiado elevado.

Gerri: ¿En serio?

Scott: Sí, a menos que sea cero. Mira el estado de cuenta de tu tarjeta en este momento y, sea la cifra que sea, si no es igual a cero, tienes que esforzarte por no pagar nada. Es decir, cero es perfecto. Te lo digo en serio, yo no he pagado intereses como en unos 15 años. Si digo cero, significa no pagar absolutamente nada.

Gerri: ¿Qué calificación tiene tu crédito? Debe de ser muy buena.

Scott: Es 790, pero ha llegado a ser más alta. Ayer era 790, sin embargo, la mejor que he tenido fue 819.

Gerri: Estamos hablando de 850 puntos de la calificación FICO, o sea que sigue siendo una calificación excelente.

Scott: Sí, es buena calificación. Cualquier cosa por encima de 720 es bastante encomiable y, como sabes, yo tengo 50 tarjetas de crédito.

Gerri: ¿Todavía tienes 50?

Scott: Sí. Solía tener como 60, pero varias se perdieron durante la crisis de crédito.

Gerri: De acuerdo, me gustaría hablar sobre eso en el programa un poco más adelante, pero empecemos por lo que deberás hacer cuando hables con la empresa de las tarjetas. Ya mencionamos que si estás pagando más de 0%, necesitas negociar, así que, digamos que estás en el teléfono y te sientes un poco nervioso. ¿Qué les dices?

Scott: Ésa es precisamente la razón por la que escribí mi libro, lo mencionaré sólo un instante porque me parece un punto delicado. Lo hice justo por esta razón. La gente está nerviosa y no sabe qué decir, por eso grabé las conversaciones con los bancos. Ya sabes que ellos graban sus conversaciones con los clientes y luego las usan para entrenar a los empleados, ¿no? Bien, pues yo grabé mis conversaciones con ellos para entrenar a toda la gente y enseñarle a lidiar con las instituciones bancarias. Por eso el libro contiene una gran cantidad de llamadas, es decir, las transcripciones de las mismas.

Gerri: Así se llama el libro, *Talk Your Way Out of Credit Card Debt*, ¿correcto?

Scott: Así es. De esta manera la gente puede leer las llamadas y darse una idea de lo que va a suceder.

Gerri: Sólo déjame añadir algo rápidamente, hiciste muchísimas llamadas, ¿cierto?

Scott: Sí. En el libro presento 52, pero hice cientos. Elegí las que representan el resultado promedio que tendrías. Por eso diría que, ya sabes, si estás nervioso, hay muchas cosas que puedes hacer, pero lo importante es que llames. No tienes por qué inquietarte, sólo levanta el auricular, marca y habla con la primera persona que conteste. Digamos, por ejemplo, que vamos a hacer algo sencillo como tratar de evitar una cuota por pago retrasado. Es bastante fácil. Si tienes una penalización por pago retrasado y estás escuchando este programa ahora, en cuanto termine llama a tu banco y trata de que la eliminen, en especial si es tu primera vez. Sólo marca, habla con la primera persona y di: "Disculpe, estaba viendo mi estado de cuenta y noté esta penalización por pago retrasado, ¿cree que podría eliminarlo?" Nunca he sabido de alguien a quien no le hayan anulado la penalización por ser la primera vez. Siempre la anulan, no importa lo que pase. Lo he visto por años, siempre lo hacen.

Gerri: ¿Entonces no necesitas una buena excusa o una razón por haber pagado tardíamente? ¿Nada más solicitas que anulen el cobro?

Scott: Así es. Puedes dar una excusa si quieres, pero no es necesario, lo van a anular. No conozco a nadie a quien no le hayan perdonado la penalización por ser la primera vez. Además, yo he hecho docenas y docenas de llamadas sólo para eso, exclusivamente con ese propósito: que anulen el cobro por pago retrasado. Incluso si te ha pasado una o dos veces, lo pueden anular. Tal vez no te perdonen todo si tienes, no sé, seis pagos retrasados. Eso es más complicado. Ya sabes, tal vez tengas que llamarles y decirles que les vas a pagar, pero en resumen, si haces algo así, sólo marca, habla con quien te conteste y probablemente podrá hacer algo al respecto. Ahora bien, cuando se trate de bajar tus tasas de interés o algo más complejo como eliminar las penalizaciones por varios pagos retrasados, lo más probable es que quien te conteste no pueda ayudarte. Entonces vas a tener que pedirle que te comunique con su superior. "Disculpe, ¿podría hablar con su supervisor?" Quizá te salgan con: "Mi supervisor le dirá lo mismo", pero tú tienes que insistir. "Perfecto, pero de todas formas me gustaría hablar con él o con ella." Te comunicarán con el supervisor y vas a tener que volver a explicar todo y averiguar qué hará esta persona. Si sólo preguntas, será difícil. Tienes que decir cosas como, no sé, algo que impulse la negociación, como lo que harás si no bajan la tasa. Deberás decirles: "Escuche, tengo varias ofertas de crédito y creo que voy a transferir mi saldo a otra tarjeta, ¿qué hacemos? ¿Quiere bajar mi tasa o anular la penalización? ¿O me voy a otro banco y cierro la cuenta que tengo con ustedes?" Ahora bien, antes de, no sé, 2009 como mencionaste, esto funcionaba muy bien. Después, he escuchado de casos en que la gente dijo que no le importaba, que estaba bien, que cerraran la cuenta. Incluso tuve esa misma experiencia antes de usar mis tarjetas corporativas en este periodo. Me dijeron que no usaba mi tarjeta, pero el mes anterior había comprado un boleto de avión, ¡como de 1 000 dólares! "Sí, pero antes de eso no la usaba", me dijeron. Y yo contesté: "¿Está bromeando?" Cerraron mi cuenta por eso, por falta de actividad. El mes anterior le cargué 1 000 dólares, ¡y en los últimos 10 años había gastado casi 25 000!

Gerri: De acuerdo, entonces si la primera persona dice que no, hablas con un supervisor, pero luego, ¿en qué momento dejas de insistir?

Scott: Bueno, podría ser cuando, no sé, cuando hayas pasado por todo el proceso. Cuando ya les dijiste que vas a cerrar la cuenta y fuiste persistente. Como yo uso Quicken, otra cosa que me gusta hacer es hablar de cifras. Les digo cuánto gasté, como en el caso de la tarjeta corporativa. Les digo que gasté 10 000 dólares en los últimos cinco años y que de intereses fue tanto, sólo que en mi caso es cero, y por eso más bien les cobran a los comercios. Pero bueno, les cobran a los comercios y además cobran intereses, así que les pregunto si en verdad quieren dejar ir este negocio. Como no son muy inteligentes, a veces te dirán "ajá". Pero si ése es el problema, si te llega a suceder, tienes muchas opciones. En Credit.com hay un montón de tarjetas de crédito que puedes usar para tener tasas de interés más bajas. Yo empezaría por ahí y buscaría un banco nuevo si todavía no tienes uno. En caso de que tengas y los bancos no cedan a tus peticiones, lo mejor que puedes hacer es transferir tu saldo a otras tarjetas que ya tengas, que hayas manejado por algún tiempo. Como ya lo mencioné, yo tengo 50 tarjetas y sí, sé que a algunas personas les parece ridículo, pero te diré algo, Gerri, si las usara todas, el tema del programa de hoy sería la quiebra y cómo salir de ella. Porque, claro, no puedo usar 50 tarjetas y pagarlas todas. Lo que sucede es que tengo muchas tarjetas con un saldo de cero porque de esa manera, cuando alguna me dé problemas y ese banco no haga lo que quiero —si le llamo y trato de negociar una mejor tasa o un trato más favorable—, podré llamar a todos los demás y hacer el mismo tipo de negociación. Es decir, si quiero ver mis opciones para obtener otra tasa, tengo muchas tarjetas y puedo llamar a todos esos bancos. Puedo marcar a uno y decir: "Oiga, quiero transferir mi saldo a su banco, son 10 000 dólares que puedo mover en este momento, pero tendrá que darme una tasa de cero o de 1%, o cualquiera que supere lo que me están ofreciendo ahora". Puedo llamarles a absolutamente todos hasta que encuentre a alguien que acepte, tengo muchas opciones. Por eso me agrada tener tantas líneas de crédito abiertas.

Durante la entrevista Scott también explica la manera en que aprovecha los programas de recompensas de las tarjetas de crédito. Por ejemplo, además de no pagar intereses durante años, tampoco ha pagado boletos para ir al cine a pesar de que tiene tres niños. "Eso exige muchas palomitas de maíz y boletos de cine", explica. En GerriDetweiler.com puedes escuchar la entrevista que le hizo Gerri a Scott.

Como lo señala este especialista, si quieres que la empresa de tu tarjeta de crédito baje la tasa de interés, tendrás que solicitárselo.

Tal vez lo haga o tal vez no, pero si no lo intentas, no lo sabrás nunca. Mi padre (y probablemente el tuyo también) solía decir: "No pierdes nada con preguntar". Entonces, lánzate con la cabeza en alto y solicita que reduzcan tu tasa de interés.

La razón principal por la que es posible que los emisores de tarjetas de crédito negocien contigo es porque les interesa conservar a los tarjetahabientes con saldos. Después de todo, ésa es la forma en que hacen su ganancia. En muchas ocasiones preferirán disminuir tu tasa de interés que perderte como cliente. Naturalmente, esto no significa que les vayas a marcar para decirles que no liquidarás la deuda a menos que disminuyan tu tasa, porque ¿entonces qué incentivo tienen para conservarte? Ninguno. Lo mejor es que les digas que si bajan la tasa te será más sencillo realizar los pagos mensuales porque eso es justo lo que quieren escuchar. Luego, cuando disminuyan la tasa, organízate para saldar la deuda.

A mucha gente le intimida la idea de negociar con la empresa emisora de sus tarjetas de crédito, pero no hay razón para sentirse así. Sólo recuerda otra de las cosas que también solía decir mi padre: "Al que le importe menos, gana".

De algo puedes estar seguro: a la empresa de las tarjetas de crédito en realidad no le importas como individuo y tampoco le interesan tus preocupaciones y dificultades específicas. Eres una unidad de cobro, una más entre millones de unidades de cobro indistinguibles. Existes exclusivamente para generar ganancias y, seamos honestos, si tú dirigieras la empresa, también verías las cosas de esa manera.

Entonces, si les importas tan poco (y sí, les importas, pero poquito), ¿entonces por qué tendría que inquietarte lo que ellos piensen de ti?

Ten por seguro que, una hora después, el representante de servicio al cliente con que hables ya no te recordará. Son empleados que hablan con cientos y cientos de personas todos los días, ¿en verdad crees que regresan a casa y chismean sobre los vergonzosos problemas de crédito por los que está atravesando un tal John que vive en Des Moines? No te des tanta importancia. El hecho es que, actualmente, lo más probable es que el representante de servicio al cliente viva en la India y regrese a casa por la noche a preocuparse por sus propios problemas económicos, no por los tuyos. Lo que les inquieta es llevar comida a su hogar. ¿Qué tan alto calificas en su escala de preocupaciones? ¿Llevar comida a casa… o pensar en John de Des Moines? Créeme, tus insignificantes problemas ni siquiera quedan registrados en su conciencia.

Bien, ahora que ya establecimos el contexto, deja de angustiarte por lo que estas personas, cuya indiferencia resulta comprensible, piensen de ti, y empieza a negociar a tu favor. Solicita las tasas más bajas y hazlo sin que te dé pena. No te van a morder ni a considerar menos por preguntar. No les importa y a ti tampoco. Y si te importa menos, si no te preocupa, y si dejas a un lado la cautela y las dudas, tú serás quien gane.

Otra forma de vencer es simplemente transfiriendo tu saldo a tarjetas más económicas. Si todavía tienes bastante crédito disponible, podrías ahorrarte una gran cantidad de dinero. Llama a cada uno de los emisores y diles que tienes saldos en tarjetas y estás buscando la tasa más baja para consolidarlos. Pregúntales qué pueden hacer por ti. En este momento te será útil anotar lo que te ofrezca cada uno. Si las deudas no te abruman todavía y si tu historial crediticio no es terrible, tendrían que hacerte algunas ofertas muy interesantes.

Cuando hagas las llamadas, ten cuidado con lo siguiente:

- Las tarifas por transferencia de saldos pueden sumarse. Algunos emisores te pueden cobrar una tarifa por transferencia de entre 2 y 4% sobre la cantidad que piensas mover. Anteriormente estas tarifas tenían un tope al llegar a los 50 o 75 dólares, pero ahora suelen ser ilimitadas. Pregunta por esta tarifa y, si es elevada, trata de evitar que te la cobren.

- Tarifas estratificadas. Si ya tienes un saldo de 2 000 dólares en una tarjeta a, digamos, 18%, y transfieres un nuevo saldo de, no sé, 1 000 dólares a 4.9%, los emisores por lo general aplicarán tus pagos para cubrir primero la parte del 4.9%. Es exactamente lo opuesto a lo que recomiendo si estás tratando de salir de deudas. No obstante, gracias a la Ley de Tarjetas de Crédito ahora existe una manera de pagar el saldo con tasa mayor sin que sea necesario cubrir primero el saldo de tasa menor. Éste es el truco: de acuerdo con la Ley de Tarjetas, cualquier pago que hagas por encima del mínimo deberá aplicarse a la porción de tu saldo sobre la que te cobran la tasa mayor, así que trata de pagar lo más posible por encima del mínimo para reducir esa porción del saldo tan pronto como puedas.

- Si los emisores de tus tarjetas no quieren negociar, tal vez tengas que jugar a la mala con ellos o solicitarle a un profesional que te ayude. Más adelante te explicaré cómo hacerlo.

Pero antes, analicemos lo que implica la consolidación.

Capítulo 5

CONSOLIDACIÓN DE LA DEUDA

¿Debería solicitar un préstamo de consolidación?

La situación ideal para alguien endeudado es obtener un préstamo de consolidación con una tasa baja de interés y pagarlo en unos tres o cuatro años. Pero claro, decirlo es más fácil que hacerlo. Los verdaderos préstamos de consolidación suelen ser préstamos personales sin garantías (en un momento hablaremos acerca de otros tipos), y el problema es que los prestamistas saben que si ya estás bastante endeudado y luego consolidas, lo más probable es que en un año o dos estés todavía más enterrado en deudas.

Recuerda los cinco tipos de prestatarios:

Los que desean
Los que desperdician
Los que quieren
Los que se quejan
Los ganadores

Los que desean, los que desperdician, los que quieren y los que se quejan corren riesgos al solicitar este tipo de créditos porque, con frecuencia:

- Obtienen un préstamo de consolidación basado exclusivamente en el pago mensual. En cuanto consolidan, suponen que podrán liquidar la deuda pronto, pero no tienen un plan específico para hacerlo.
- Poco después, ya acumularon una nueva deuda porque, después de todo, necesitan un automóvil nuevo, ropa, el celular más reciente, etcétera.
- Como están enfocados sólo en su situación actual y no tienen un plan a largo plazo para salir de deudas, pueden caer en un préstamo de consolidación con una tasa de interés elevada.
- Se quejan sobre su situación pero no dan los pasos necesarios para remediarla.
- Para los ganadores, en cambio, un préstamo de consolidación es sólo una manera de disminuir los costos para salir de deudas lo antes posible. Solicitan uno sólo si les parece lógico, y no caen en la trampa de los préstamos con tasas de interés elevadas.

Los prestamistas saben que hay mucha gente que desea, quiere, desperdicia y se queja; es la manera en que hacen dinero. También saben que esto pone sus préstamos en riesgo, en especial porque no hay nada como garantía que puedan tomar en caso de que no pagues.

Todo esto dificulta conseguir un préstamo de consolidación, en especial si ya estás bastante endeudado en tarjetas de crédito. Puedes tratar de conseguir uno, pero lo más probable es que sólo encuentres ofertas en las que el blanco sea el valor neto de tu casa, es decir, una situación en la que el prestamista por lo menos pueda rematarla en caso de que se vea forzado a tomar medidas; u ofertas para asesoría crediticia y acuerdos de deudas, de los que hablaremos en el próximo capítulo.

Préstamos de particular a particular (P2P)

Si tu empresa emisora de tarjeta de crédito te está cobrando una tasa elevada y no quiere negociar, tal vez tengas que considerar el servicio de préstamo de particular a particular, también llamado servicio de "préstamo social". A pesar de que su premisa es similar a la de los bancos —recibir dinero y luego prestarlo a una tasa más elevada—, estos servicios no los ofrecen instituciones bancarias. Son servicios que les permiten a los individuos prestar dinero a otros con la esperanza de obtener rendimientos más elevados sobre su inversión. Los dos servicios más populares de este tipo son Prosper.com y LendingClub.com.

Para obtener un crédito P2P no necesitas tener un crédito perfecto, pero en general te solicitan un historial crediticio decente. Los requisitos respecto a las calificaciones mínimas los puedes encontrar en sus sitios de internet. La tasa de interés que pagarás dependerá del nivel de riesgo que los prestamistas crean que van a correr al prestarte el dinero. Entre mejores calificaciones tengas, más bajas serán las tasas.

Además de la posibilidad de obtener tasas de interés más bajas y, quizá, estándares de crédito más fáciles de cumplir, estos créditos tienen otras ventajas sobre las tarjetas de crédito. Como los préstamos deberán pagarse en un número específico de meses, tu deuda no se extenderá por muchos años. Por otra parte, estos préstamos se reportan como préstamos por exhibiciones, no como préstamos revolventes, lo cual podría ser útil para tu calificación de crédito.

Préstamos sobre casas para consolidación de deuda

Las segundas hipotecas fueron una de las maneras más populares de consolidación de la última década. Desafortunadamente, conforme el valor de los bienes raíces disminuyó, muchos propietarios de inmuebles se metieron en problemas hipotecarios y quedaron debiendo más de lo que valían sus casas. Si tú no solicitaste dinero durante el boom hipotecario y actualmente tu casa vale algo, considérate afortunado. Por otra parte, si tus finanzas se vieron afectadas en la recesión, tal vez te sientas tentado a aprovechar el valor neto de tu inmueble para pagar otras deudas. Hay dos maneras de hacerlo:

- Solicita una segunda hipoteca o una línea de crédito sobre el valor neto de tu casa.
- Refinancia tu préstamo actual y consigue "liquidez" para saldar las deudas.

Siempre existe el riesgo de que pierdas tu casa si no logras pagar la segunda hipoteca o línea de crédito. Es un riesgo real. En tiempos recientes hemos visto que la cantidad de remates llega a su punto más alto. En el caso de la deuda en tarjetas de crédito, lo peor que te puede pasar si llegas a un periodo difícil es que cierren la cuenta y la envíen al departamento de cobranza. Más adelante podrían demandarte, pero a diferencia de lo que sucede con las segundas hipotecas y los préstamos sobre el valor neto de tu casa, no pagar la factura de tu tarjeta no provocará que pierdas tu hogar de inmediato.

Las segundas hipotecas pueden ser engañosas porque hacen parecer que estás transformando una deuda mala en una deuda buena. Sin embargo, cuando intercambias la deuda de la tarjeta por la deuda de una segunda hipoteca estás renunciando a la oportunidad de tomar el valor neto de tu casa y transformarlo en una deuda favorable, lo cual podrías hacer si lo apalancaras y compraras una propiedad como inversión. En este caso sólo estás drenando el valor neto del inmueble para pagar gastos y tasas de interés elevadas en los que tal vez incurriste hace mucho tiempo. Desafortunadamente, mucha gente consolida su deuda con su casa y luego, un año o dos después, termina con nuevas deudas en las tarjetas, y entonces ya es imposible actuar porque se agotó la posibilidad de aprovechar el inmueble para solicitar un préstamo más. A menos que tu situación económica en verdad esté mejorando, tal vez lo más recomendable sea que evites poner en riesgo tu casa.

Segundas hipotecas

Estos préstamos vienen en dos presentaciones. La primera es la de la segunda hipoteca solicitada por una cantidad fija y con un periodo de pago también fijo. La segunda es la de la línea de crédito sobre el valor neto de la casa, lo cual en realidad se parece más a una tarjeta de crédito que te permite solicitar dinero hasta cierta cantidad y pagarlo con mayor flexibilidad.

Muchas segundas hipotecas establecen un periodo fijo durante el cual puedes solicitar dinero. Al final de este periodo de "retiro", que puede ser de 10 años, por ejemplo, ya no podrás pedir más. Tal vez tengas que pagar el saldo en ese momento o quizá te otorguen otro periodo de posiblemente otros 10 años, en el cual tendrás que pagar el préstamo. Algunos planes podrían exigirte que retires una cantidad mínima al solicitar el préstamo, o podrían imponerte una penalización por prepago si llegas a liquidar la deuda en el primer o el segundo año.

Lo mejor respecto a las segundas hipotecas es que por lo general tienen tasas de interés bajas; los intereses que tienes que pagar suelen ser deducibles de impuestos si los detallas en tu declaración, y las mensualidades son relativamente bajas. Muchas líneas de crédito sobre el valor neto de tu casa, por ejemplo, te permiten pagar sólo intereses cada mes.

También es bastante sencillo obtenerlas si tu crédito es bueno y si tu casa tiene suficiente valor neto. Y lo mejor de todo es que, en general, los costos de cierre son bajos o simplemente no hay. Quizá tengas que pagar por un avalúo, pero fuera de eso, no hay muchos gastos más.

¡Advertencia! Si actualmente estás pagando una segunda hipoteca, es probable que tus mensualidades sólo estén cubriendo los intereses. Éstas podrían aumentar dramáticamente cuando entres al periodo de pago total. Asegúrate de averiguar en la institución que te prestó el dinero qué sucederá en ese momento, y haz un plan conforme con la situación.

Refinanciamiento

El refinanciamiento es otra manera de aprovechar el valor neto de tu casa. Es una estrategia particularmente atractiva si tu hipoteca actual tiene una tasa de interés alta o si quieres empezar de nuevo con una hipoteca más prolongada.

Un refinanciamiento de "liquidez" te permite refinanciar tu hipoteca, pagar un préstamo actual y quedarte con algo de efectivo para liquidar tus deudas. Con este tipo de refinanciamiento podrías pedir prestado hasta 80% del valor de tu casa, pero eso dependerá de tu calificación de crédito y de si eres autoempleado. El hecho de tener una calificación baja o de no estar contratado por una empresa podría impedir que te autoricen ese porcentaje.

¿Y por qué querrías obtener una hipoteca más larga? Sencillo: porque si las mensualidades de tu casa bajan, tendrás más dinero cada mes para cumplir con tus otros compromisos financieros. Pero por favor no seas como esos millones de personas que refinanciaron antes de la Gran Recesión y sólo usaron el dinero para comprar tonterías y activos inútiles, y que más adelante, cuando se desplomó el mercado, perdieron sus hogares. Si vas a refinanciar, continúa pagando tus otras deudas con todo el dinero que logres liberar al mes.

En general, el refinanciamiento tiene un costo. Los costos de clausura suelen sumar hasta 4% de la cantidad de la hipoteca. Algunos prestamistas ofrecen refinanciamiento sin costo, pero entonces tendrás que pagar una tasa de interés más elevada. Analiza el préstamo y las cifras para asegurarte de estar tomando la decisión correcta.

Préstamos de retiro para consolidación de deuda

Edgar tenía varias tarjetas de crédito y un total de aproximadamente 35 000 dólares en saldos. Un emisor en particular había elevado su tasa de interés a 29.99% y no quería negociar. Como esto le molestó bastante, Edgar decidió cobrar su plan IRA para el retiro y usar los fondos para liquidar la deuda. Sin embargo, su decisión le salió cara. Como había elegido una deducción fiscal al hacer las aportaciones del IRA, el dinero que sacó estaba sujeto a impuestos por ingresos. Además, tuvo que pagar una multa de 10% por retiro anticipado. Todo esto hizo que su estrategia resultara costosa.

Pedir dinero prestado de tu plan para el retiro podría ser mejor opción que hacer un retiro anticipado. También podrías pedir prestado de tu plan 401(k), del 403(b) o de una cuenta de pensiones, pero no del IRA.

La mayoría de los planes te permite solicitar préstamos de hasta 50% del valor de la cuenta y pagarlos en cinco años. Este préstamo te cobra intereses, pero en general la tasa es baja y, en realidad, te la estás pagando a ti mismo, no a un prestamista. Otro beneficio es que, como no se realiza una verificación crediticia, no necesitas tener un buen historial para solicitar el préstamo. Claro, también hay desventajas. El gran riesgo de solicitar uno de estos préstamos a través del plan patrocinado por tu empleador es que, si dejas o pierdes tu empleo, tal vez tengas que pagar el préstamo de manera inmediata o pagar los impuestos y las penalizaciones como si se tratara de un retiro anticipado. ¡Auch!

Aquí hay otro gran riesgo: existe la posibilidad de que el préstamo no resuelva tu problema y de todas formas termines en quiebra. Digamos que te endeudaste muchísimo debido a los recortes a los salarios en tu trabajo o porque tu negocio se vino abajo. Entonces empiezas a drenar tu fondo para el retiro. Luego, recuperarte te toma más tiempo de lo esperado, no puedes pagar el préstamo de tu jubilación y te ves forzado a manejarlo como un retiro anticipado y a pagar impuestos y una penalización de 10%. De todas formas terminas en quiebra. Ahora, tu fondo para el retiro que seguramente habría estado protegido a pesar de la quiebra desapareció, y tú tienes que empezar de cero. Literalmente.

Amigos y familiares

Los amigos y la familia podrían estar dispuestos a ayudarte si te encuentras en una situación difícil, pero por favor, antes de pedirles que lo hagan, piénsalo dos veces. ¿Estás completamente seguro de que podrás pagar el préstamo? ¿De verdad, de verdad estás seguro? Si no es así, sólo estarás arrastrando a la gente a tus problemas financieros.

No importa si se trata de tus padres, tu hermano mayor que tiene más recursos, o de cualquier otro amigo o pariente que no te "deba" nada, incluso si gana mucho más dinero que tú. El hecho de permitir que alguien te rescate podría aliviar la situación temporalmente, pero a menos que tus problemas en verdad sean extraordinarios, su ayuda no durará. ¿Por qué? Porque necesitas aprender a dejar de incurrir en deuda mala y empezar a generar riqueza.

Si tú, o ellos, están decididos a solicitar uno de estos préstamos, entonces por lo menos hay que hacerlo de manera profesional. Redacta un pagaré, establece un programa de pagos estricto y velo como si se tratara de un préstamo cualquiera: no es un obsequio. Para más información, visita la sección de Fuentes.

Paga tu hipoteca antes del plazo establecido

Algunas personas consideran que una hipoteca es una "buena deuda" porque están usando principalmente el dinero del banco para adquirir un activo cuyo valor quizá incremente con el tiempo. A esto se le llama "apalancamiento".

Aunque pagar tus tarjetas de crédito y saldar tus otras deudas malas debería ser tu mayor prioridad, a veces tal vez tenga sentido pagar tu hipoteca en menos de los 30 o 15 años que contempla el préstamo que solicitaste.

Ventajas de pagar antes del plazo establecido

- Conservarás más dinero en tu bolsillo. Los intereses de una hipoteca típica equivalen a entre dos y tres veces la cantidad original del préstamo solicitado. Si terminas de pagar antes, ese dinero será tuyo, no de tu banquero.
- Serás dueño de tu casa y ésta quedará liberada antes, lo cual le da una tremenda tranquilidad a mucha gente. Sólo asegúrate de proteger todo el valor neto a través de una exención por la ley de asentamientos rurales u otra estrategia de protección de bienes.
- Fortalecer el valor neto de tu casa te dará más flexibilidad en caso de que necesites mudarte o incluso usarla como garantía para realizar otras inversiones o tal vez un negocio. Si la situación se pone difícil, una casa demasiado apalancada con una hipoteca se puede convertir en una enorme carga.

Desventajas de pagar antes del plazo establecido

- Cuando las tasas de interés de los préstamos hipotecarios son bajas, pagar antes no te ofrece una enorme ganancia. No obstante, aun así puedes "ganar" el equivalente a un rendimiento más elevado que la cantidad irrisoria que te paga una cuenta de ahorros.

- Tal vez pierdas algunas de las ventajas fiscales que ofrecen los intereses deducibles de las hipotecas. Sin embargo, recuerda que si el costo de los intereses y de otros gastos detallados no excede la deducción estándar, de todas formas no te están deduciendo nada.
- El valor neto de una casa no es muy líquido. Si tu situación financiera es buena, usar tu casa para pedir dinero prestado no será difícil, pero si llegas a tener dificultades, tratar de calificar para un préstamo podría ser una pesadilla. Por eso es bueno solicitar dinero sobre el valor neto de tu inmueble antes de que realmente lo necesites.

En resumen, primero paga tus deudas malas. Luego asegúrate de tener un buen fondo de ahorros para emergencias y una sólida cobertura de seguros (salud, vida, automóvil y póliza tipo paraguas). Después, si te queda algo de dinero y quieres usarlo para adelantar los pagos de tu hipoteca, adelante. No olvides enfocarte continuamente en generar riqueza en lugar de sólo reducir deudas. Si pagar anticipadamente tu hipoteca coincide con este plan, no dudes en hacerlo.

Cómo ganar en el juego de la consolidación de deuda

¿Has notado algo en común en las opciones de las que hemos hablado en este capítulo? Todas podrían ayudarte a reducir costos o pagos en tu proceso para salir de deudas, pero de todas formas necesitas generar ingresos para cubrirlas. Existen varias maneras de hacerlo:

Recorta gastos. Empieza a rastrear en qué gastas dinero y busca maneras de recortar estas salidas. Tal vez no sea divertido, pero piensa que es algo temporal. Una de las mejores maneras de hacerlo es empezar a prestar atención a lo que gastas y ver si encuentras la manera de disminuirlo. Cada dólar que liberes podría ayudarte a salir de deudas más pronto. En el apéndice encontrarás una hoja de trabajo para presupuesto que te ayudará a averiguar adónde se va tu dinero.

Genera más ingresos. Una de las mejores maneras de hacer esto podría ser teniendo tu propio negocio. Así podrías ahorrar dinero en impuestos, generar algo de efectivo adicional y tener acceso a otros beneficios.

Pero ahora, busquemos un poco más de ayuda.

Capítulo 6
OBTÉN AYUDA

A veces, para salir de deudas necesitas algo más que un calendario de pagos. Si constantemente estás haciendo malabares con tus mensualidades, sacando de aquí para poner allá o usando las tarjetas de crédito para llenar los huecos de tu presupuesto, quizá necesites más ayuda. Éstas son tus opciones para cuando la deuda empieza a abrumarte.

Al analizarlas, por favor recuerda que los que desean van a echarles un vistazo con la esperanza de que alguien o algo (un aumento de sueldo, esa gran inversión) llegue e impida que tengan que lidiar realmente con su deuda. Los que desperdician van a evitar estas opciones porque podrían recortar por un tiempo la línea de gasto de la que depende su vida, es decir, sus tarjetas de crédito; los que se quejan, por su parte, sólo se enfocarán en todas las desventajas, en especial el posible daño a la calificación de su crédito. Los ganadores, en cambio, evaluarán minuciosamente las opciones y las verán como una herramienta en potencia que les ayudará a alcanzar su meta: liberarse de una onerosa deuda de consumo y empezar a generar riqueza.

Asesoría crediticia

Seguramente has visto los anuncios de las empresas que prometen "consolidar tu deuda". A menudo se trata de agencias de asesoría crediticia. Estas agencias han existido desde hace muchos años y fueron creadas para ayudarles a los deudores a encontrar alternativas a la quiebra. Ahora te diré lo que sucede cuando te inscribes en uno de estos programas.

La agencia recaudará la información sobre tus deudas y tu situación financiera. Si parece que tienes la capacidad de liquidarlas en entre tres y cinco años, en la mayoría de los casos redactarán una propuesta para cada uno de tus acreedores y les solicitarán que te permitan participar en un programa de pagos con tasas de interés o tarifas reducidas. Sin embargo, algunos acreedores no participarán o no te ofrecerán condiciones más atractivas. Si todo sale bien, te ofrecerán un Plan de Manejo de Deuda (DMP, por sus siglas en inglés) con el que, usualmente, te ayudarán a salir de la situación en entre tres y cinco años.

Cuando te inscribes en un programa de asesoría, lo usual es que le pagues las mensualidades a la agencia, y que luego ésta les pague a los acreedores participantes. Como verás, no se trata de una consolidación legítima porque sigues enganchado en todas tus deudas originales, y si la agencia no hace los pagos, ¿quién seguirá siendo el responsable?

Por otra parte, hay algunos tipos de deudas que no se pueden incluir como los préstamos estudiantiles, las deudas con el fisco, las hipotecas, los créditos automotrices y otros. Es posible que la agencia tenga otros programas para ayudarte con esto, pero en general no pueden formar parte del Plan de Manejo de Deuda.

En nuestro país hay cientos de agencias de asesoría. Algunos prestamistas trabajan con casi 1 000 agencias, lo cual significa que no puedes esperar que éstas lleguen a "negociar" todos tus planes de pago individuales con tus acreedores. De hecho, el prestamista tiene políticas respecto a lo que les ofrece a los consumidores inscritos en planes de manejo de deuda. Algunos emisores importantes de tarjetas de crédito, por ejemplo, les ofrecen a estos consumidores una reducción a cero de las tasas de interés, pero hay otros que no hacen ningún cambio. Todo depende del acreedor.

En general, para cuando termines el programa habrás pagado entre 1.2 y 1.5 veces la deuda original, así que si empiezas debiendo 10 000 dólares, quizá pagues entre 12 000 y 15 000 cuando concluyas. Esta cantidad podría ser una ganga en comparación con lo que habrías pagado si no hubieras tomado este camino y si sólo hubieras continuado con los pagos mínimos. Te repito que todo dependerá de las tasas de interés aplicables en cada una de tus deudas y de cuánto tiempo te tome terminar el programa.

Hay toda una serie de razones por las que la asesoría crediticia podría no funcionar para los consumidores.

A través de sus investigaciones y escritos, la experta en crédito Gerri Detweiler descubrió que algunos consumidores no son realistas respecto a su situación de deuda. Se inscriben en un programa de asesoría y aceptan realizar un pago mensual que les deja un presupuesto demasiado constrictivo para respirar. Después tienen un par de emergencias y ya no pueden cumplir con el plan. Recuerda que completar el programa generalmente toma entre tres y cinco años, y que mientras participes en él no tendrás acceso a nuevos créditos, así que no podrás recurrir a ellos como quizá lo hiciste en el pasado para enfrentarte a situaciones inesperadas.

Otro problema potencial es que los consumidores pueden caer en la trampa de una agencia que cobre tarifas elevadas o que no realice los pagos a los acreedores a tiempo. Si alguna de estas situaciones se llegara a presentar, quedarías aún más enterrado en deuda de lo que ya estás. Hoy en día no sucede tanto como hace algunos años, pero de todas formas asegúrate de trabajar con una agencia de buena reputación.

¿De qué manera afecta la asesoría tus reportes de crédito?

Ésta es posiblemente la pregunta que más hacen los consumidores que están a punto de inscribirse en un programa de asesoría. Si has estado pagando tus facturas a tiempo, quizá te preocupe que tu buen historial sufra un golpe. Éstos son algunos de los aspectos que debes entender:

1. Incluso si pagas todas tus facturas a tiempo, tu crédito podría no ser tan maravilloso como imaginas.

   De acuerdo con un estudio realizado por Experian Consumer Direct[sm]:

   a. Más de 16% de la población de Estados Unidos usa por lo menos 50% del crédito que tiene disponible.

   b. La calificación promedio para quienes utilizan tarjeta de crédito por lo menos 50%, es 631, en tanto que el promedio nacional total es 678.

   En la segunda mitad de este libro aprenderá más sobre cómo funcionan los puntajes de crédito, pero basta con decir que si sobregiraste tus tarjetas de crédito, tu puntaje de crédito se verá afectado como resultado. Reducir tu deuda puede ayudarte a mejorar tu crédito. Y una vez que estés libre de deudas, probablemente será mucho más fácil reconstruir tu crédito de lo que imaginaste.

2. Al momento de evaluar tu crédito, las famosas calificaciones FICO no actúan específicamente en tu contra sólo por estar inscrito en un programa de asesoría. Más adelante hablaremos con detalle de estas calificaciones.

3. Una vez que hayas realizado tres pagos exitosos y puntuales a través de la agencia de asesoría, la mayoría de los acreedores hará "borrón y cuenta nueva". Esto significa que eliminarán los pagos retrasados que se reportaron justo antes de que te inscribieras al programa.

Las agencias de asesoría causaron la furia de la gente porque cobraban tarifas excesivas, abusaron de su estatus de organizaciones sin fines de lucro, canalizaron dinero a afiliadas comerciales; y porque engañaron a los consumidores respecto a sus programas. De hecho, en 2003 la Comisión Federal de Comercio (Federal Trade Commission) demandó a una de las agencias de asesoría más grandes por estas mismas razones, y en 2004 el Senado de Estados Unidos realizó audiencias de agencias abusivas. Así descubrieron que algunas de ellas abusaban tanto de su estatus de exención fiscal como de la confianza de los consumidores.

De ese tiempo para acá, a muchos de estos delincuentes se les revocó el estatus de exención fiscal, otros fracasaron en el negocio, y a otros más les sucedieron ambas cosas. A pesar de toda esta terrible publicidad, debes recordar que ¡no todas las agencias de asesoría son malas! De hecho, muchas han estado realizando discretamente una labor encomiable durante muchos años. Una buena agencia de asesoría podría ayudarte a evitar la quiebra y otros problemas, pero es necesario que elijas con cuidado. Visita la sección de Fuentes para conocer más información sobre cómo encontrar una agencia respetable.

Llega a un acuerdo de liquidación de deuda

Cuando la economía se desplomó, millones de personas ya no pudieron pagar sus facturas. Las agencias de acuerdos de deuda vieron esto como una oportunidad y empezaron a publicitar agresivamente entre los consumidores soluciones para mitigar los problemas provocados por las deudas. ¿Cuál era la promesa más frecuente? Pague su deuda por una fracción de lo que debe y evite la quiebra. Pase usted…

Los acuerdos pueden ser una opción apropiada para quienes se enfrenten a una deuda en tarjetas de crédito demasiado abrumadora. Puede ser específicamente útil para dueños de negocios y para quienes poseen bienes —como en el caso de los bienes raíces—

y no quieren perderlos por declararse en quiebra. Sin embargo, es esencial que también entiendas lo que puedes y lo que no puedes hacer.

Esto es lo que implica:

Vas a dejar de hacerles pagos a los acreedores que te hicieron préstamos sin garantía, y empezarás a realizar pagos mensuales a una cuenta de ahorros. Estos pagos suelen ser más bajos que los pagos mínimos que tal vez tendrías que hacerles a los acreedores, pero entre más ahorres, más pronto podrás dejar tus deudas atrás. Después de algunos meses en los que no pagarás deudas, los acreedores te llamarán o te escribirán con una oferta para actualizar tus cuentas. En algunos casos podrían ofrecerte un programa para enfrentar dificultades con el que bajarán la tasa de interés, a veces la bajan a 0% durante un año. Si no aceptas, tal vez te ofrezcan llegar a un acuerdo: tú pagas x cantidad de dólares y ellos considerarán que pagaste la deuda completa. Si no puedes llegar a un acuerdo, lo más usual es que el prestamista se rinda; por lo general esto sucede cuando no has realizado ningún pago en seis meses y significa que el prestamista considerará que se trata de una deuda mala y la declarará como una pérdida en su presupuesto. Pero presta atención: eso no quiere decir que no tratará de cobrarte.

Mientras todo esto sucede, tú estás fortaleciendo tu cuenta de ahorros. En cualquier momento, antes o después de declarar la cuenta como pérdida porque es incobrable, tú o la agencia de negociación que contrataste pueden tratar de llegar a un acuerdo respecto a tu deuda. A veces los acuerdos son muy bajos, entre 10 y 25 centavos por cada dólar, pero lo más común es que estén en el rango del 50%. Los acreedores, sin embargo, no están obligados a llegar a un acuerdo. En la mayoría de los programas podrás liberarte por completo de la deuda (o al menos de cualquier deuda por la que no hayas ofrecido garantía) en entre 12 y 36 meses, dependiendo del total de lo que debas y de la cantidad que logres ahorrar para llegar al acuerdo. Una vez que el proceso llegue a su fin, habrás pagado entre 50 y 60% de la cantidad total con la que ingresaste al programa, y esto incluirá los honorarios de la agencia de acuerdos, en caso de que hayas contratado una.

Así pues, si debes 20 000 dólares, podrías entrar a un programa de acuerdos con un pago mensual de 500 dólares durante dos años y llegar a un acuerdo por un total de 12 000 dólares, honorarios incluidos. Evidentemente, las cifras finales dependerán de tu situación individual.

A finales de 2010 la Comisión Federal de Comercio anunció las nuevas reglas que deben seguir las agencias de asesoría crediticia sin fines de lucro y las agencias privadas comerciales de acuerdos de deuda. Estas reglas se establecieron como respuesta a las numerosas denuncias presentadas contra agencias que solicitaban el pago anticipado de tarifas elevadas por realizar los procesos, pero que no ayudaban a sus clientes a solucionar sus problemas crediticios.

De acuerdo con las nuevas reglas, las agencias de acuerdos:

- No pueden solicitar pagos anticipados. De hecho, no pueden cobrar sino hasta que se haya llegado a un acuerdo respecto a la deuda. Asimismo, tienes derecho a que te den un cálculo estimado de lo que te cobrarán.
- Deben garantizar que el dinero que los clientes ahorren en la cuenta bancaria abierta con ese propósito quedará bajo el control del consumidor, no de la agencia. Es necesario que tú, como cliente, puedas retirar tu dinero en cualquier momento sin penalización alguna.
- Deben ofrecer información específica a sus clientes, incluyendo el hecho de que el acuerdo podría tener un impacto negativo sobre su calificación de crédito y que la deuda condonada podría generar impuestos.

Uno de los temores más comunes entre la gente que está considerando llegar a un acuerdo para pagar su deuda es el de estarse zafando, hasta cierto punto de una manera inmoral, de un compromiso legítimo. Pero no seas tan duro contigo mismo.

En primer lugar, no hay nada inmoral en pagar tanto como puedas. La vida es difícil y la gente tiene problemas inesperadamente, las empresas de las tarjetas saben que si otorgan líneas de crédito y aumentan las tasas de interés hasta 25% o más, algunas personas no podrán pagarles, y aun así siguen siendo abrumadoramente rentables.

En segundo lugar, si estás en una situación desafortunada y no das este paso, muy probablemente tu siguiente opción será la quiebra, y en ese caso tus acreedores no obtendrán nada.

Entonces, haz lo que sea necesario, paga lo que puedas. Luego continúa con tu vida y enfócate en generar riqueza: esto beneficiará a toda la economía, incluyendo a las empresas de tarjetas de crédito.

Otra pregunta que debes hacerte es si en verdad necesitas contratar a una empresa para que te ayude. ¿No podrías tú mismo llegar a un acuerdo de liquidación de tus deudas? Las empresas de tarjetas de crédito dicen que los consumidores nunca deberían contratar agencias de negociación de deuda, pero eso no resulta sorprendente en absoluto porque es mucho más sencillo intimidar a un tarjetahabiente sin experiencia alguna para negociar con acreedores y hacerlo pagar lo más posible, que negociar con alguien que cuenta con el conocimiento y la experiencia de una agencia respetable de acuerdos de liquidación de deuda.

A pesar de que muchas empresas de tarjetas de crédito no lo admitirían en público, todas negocian acuerdos a través de estas agencias cotidianamente. Si eres tímido, si te sientes abrumado o si sólo estás demasiado ocupado para negociar de manera eficaz con todos tus acreedores, quizá te resulte útil contar con asesoría profesional. Los consumidores que desean negociar por sí mismos tienen la opción de contratar a una agencia para que los entrene y asesore a lo largo de todo el proceso, pero también existen agencias que manejan la mayor parte posible de la negociación. Al momento de elegir, todo dependerá de tu tiempo, tu energía y de la confianza que tengas en que vas a obtener el mejor acuerdo posible.

Liquidación de la deuda

Rick tenía el sueño de abrir un restaurante y lo cumplió a los 27 años. Su buen gusto y su noción de la oportunidad ayudaron a que se convirtiera en un éxito instantáneo. El joven se dio la gran vida durante un par de años, tuvo mucho dinero, prestigio en su comunidad y lo que, al parecer, se convertiría en un futuro pleno de éxito.

Rick conoció a su novia en el restaurante y seis meses después ya estaban casados. Medio año más tarde ya esperaban a su primer hijo.

Mientras tanto, el negocio empezó a desacelerar. Los proyectos de construcción a lo largo de la avenida donde estaba su local les dificultaban a los clientes estacionarse, por lo que muchos dejaron de ir. Otros emigraron a los lugares de moda. A pesar de que no paró en seco, el restaurante empezó a perder dinero a un paso cada vez más peligroso. Además, la pareja llegó a la conclusión de que la cantidad de horas que le exigía a Rick la administración del restaurante no les dejaba tiempo para estar con su bebé.

Aunque renuente, Rick decidió cerrar el negocio. Vendió el restaurante, pero debido a la deuda en que había incurrido recibió muy poco dinero y esto lo dejó en una situación en la que tendría que empezar de nuevo con una deuda personal de casi 50 000 dólares en tarjetas de crédito que había acumulado en el último año.

Los numerosos contactos de Rick le ayudaron a conseguir pronto un buen empleo en ventas, pero con su salario no podía disminuir su deuda ni un poquito. Como quería evitar la quiebra a toda costa, buscó una agencia y ésta le ofreció negociar la liquidación de todas sus deudas. El joven se inscribió al programa, y en dos años liquidó todo lo que debía en las tarjetas de crédito. Para ese momento ya estaba recibiendo ingresos estables, lo cual le permitió empezar a ahorrar dinero para el enganche de una casa nueva. La pareja necesitaba un lugar más grande porque ya venía otro bebé en camino.

Como puedes ver en este caso, los acuerdos de liquidación de deuda llegan a funcionar, sin embargo, hay casos en que las cosas pueden ser muy distintas.

Eliminación de deuda

¿Has visto los anuncios en que se argumenta que nuestro sistema crediticio/bancario es ilegal? ¿Los que aseguran que gracias a esta ilegalidad tú puedes anular todas tus deudas? ¿Te has sentido tentado?

Deuda de la nada

Bernice y Bill empezaron a tener problemas de dinero. Aunque podían alimentar a sus niños, se estaban retrasando con la hipoteca. Bill manejaba un tráiler, pero con el aumento en los precios de la gasolina y el descenso en la demanda de transporte de carga, apenas se las arreglaba económicamente.

A Gladys, la madre de Bernice, le entristecía la situación, siempre había deseado lo mejor para su hija y sus nietos. Trataba de conseguir algo de dinero para ayudar a Bernice cada vez que podía, pero como a ella también le costaba trabajo llegar a fin de mes, no podía darse el lujo de rescatar a su hija y a su yerno de forma constante.

George, el padre de Bill, también estaba preocupado por las dificultades económicas de la pareja, pero en lugar de cooperar con dinero, trataba de asesorarlos. Le sugirió a Bill que buscara a alguien que pudiera vivir en la casa y realizar los pagos. Bill y su familia tendrían que mudarse a un lugar más pequeño que pudieran pagar, pero el inquilino de la casa podría pagar la hipoteca y, en unos cuantos años, cuando él estuviera en mejores condiciones financieras, podría regresar a su casa sin perder el valor neto que había estado construyendo.

Bill no estaba de humor para recibir ni el dinero ni los consejos de nadie. De hecho, estaba enojado consigo mismo, pero sobre todo, su resentimiento contra el sistema económico crecía cada vez más.

Le molestaba que los impuestos que él pagaba se desperdiciaran en trabajadores flojos y en programas estúpidos; le indignaba que las empresas petroleras manipularan los precios; le molestaba que los impuestos sobre nómina que tenía que pagar se usaran en seguridad social y en Medicare. La gente del país sabía que nunca recibiría los beneficios de ese dinero, entonces ¿por qué todos seguían pagándole ciegamente al sistema?

Bill se convencía cada vez más de que el sistema estaba en su contra, pero luego Joe, un amigo del trabajo, le contó sobre la eliminación de deuda.

Joe le comentó que había varios sitios de internet en los que se contaba la verdad sobre el sistema bancario estadounidense. También le explicó que haciendo una búsqueda con las palabras eliminación de deuda y eliminación de hipoteca encontraría los sitios donde se revelaban esas oscuras verdades.

Bill pasó varias horas en internet confirmando lo que ya intuía: el sistema bancario estadounidense era un fraude, generaba dinero de la nada.

En el sitio Sentinel Counselors for American Mortgages, Bill se enteró de que no tenía que pagar su hipoteca porque no se trataba de un préstamo sino de un intercambio. Bill le había firmado al banco un pagaré en el que se comprometía a pagar 100 000 dólares y el banco lo depositó como un activo. Como el banco está tratando la promesa de pago de Bill como un activo en sus registros contables, entonces ellos son quienes le deben a él los 100 000 dólares.

Bill se emocionó mucho al conocer esta información y le dijo a Bernice con aire triunfante que no tenían por qué pagar la hipoteca.

Bernice estaba confundida. Los 100 000 que solicitaron en préstamo al banco les fueron entregados a los dueños anteriores de la propiedad. ¿Cómo podrían zafarse de pagarlos?

Porque, según le explicó Bill, el banco nunca generó un préstamo. Su pagaré era una entrada en los registros contables que le permitía al banco hacer parecer que se trataba de un préstamo, pero de hecho no se había usado dinero real. Todo era una ilusión.

Bernice seguía sin comprender. Incluso si su pagaré era sólo una simulación por cuestiones contables, ella y su esposo recibieron una casa tangible a cambio. Tenía tres recámaras, dos baños y una cocina agradable. Para ella no era una simulación.

Bill se agitó, dijo que pagar intereses sobre préstamos simulados, sobre préstamos sacados de la nada, era usura. El préstamo que él solicitó no tenía nada que ver con dinero respaldado por oro, plata o algo real. Lo único que lo mantenía de pie era la fe sin valor que la gente tenía en el sistema.

Bernice seguía confundida. Si la gente tenía fe en el sistema, ese hecho por sí, y en sí mismo, ¿no creaba valor? Si todo mundo está de acuerdo en pagar el dinero que solicita, ¿no se benefician todos de la posibilidad de pedir prestado?

Bill se enojó porque su esposa no lograba entender el manipulador sistema que convertía a los ciudadanos en esclavos de los bancos estadounidenses y volvió a visitar el sitio de Sentinel Counselors of American Mortgages para inscribirse en su programa de eliminación de deuda. Con su pago de 1 500 dólares tendría acceso exclusivo a un asesor capacitado en eliminación de deuda. Le enseñarían a llenar los formularios necesarios para eliminar la suya.

El asesor del otro lado de la línea felicitó a Bill por su decisión y le repitió que no se había generado una deuda legítima. El banco tomó su promesa de pagar 100 000 dólares y la convirtió en un activo, el cual tendría que devolver. Como no se generó un crédito sino sólo un intercambio con el banco, los formularios que debía de llenar negarían el intercambio y lo librarían de una deuda falsa.

Poco después de que dejaron de pagar la primera mensualidad de la hipoteca, Bernice recibió una llamada del banco. No habían cubierto el pago correspondiente y debían hacerlo pronto. Ella masculló una excusa y le contó a Bill de inmediato lo sucedido.

Su esposo le dijo que no se preocupara, que estaba en proceso de eliminar la deuda.

Bernice empezó a sollozar. ¿Por qué había hecho eso su esposo? De entrada, no era lógico, y ahora iban a perder su hogar.

Bill levantó la voz. No, no iban a perder nada. En cuanto procesaran los documentos la hipoteca quedaría cancelada y la deuda se eliminaría. Los fraudulentos banqueros estadounidenses dejarían de molestarlos muy pronto.

Bernice le rogó que entendiera. ¿Cómo era posible que les dieran una casa de 100 000 dólares sin pagar nada a cambio? Utilizar un argumento retorcido para zafarse de una obligación a la que se habían comprometido libremente dos años antes no era ni justo ni correcto. Si tenían que estafar gente para tener la casa, entonces no la quería.

Bill le dijo a gritos que iban a tener la casa libre de la fraudulenta deuda y salió de ahí encolerizado. Tenía que hacer un largo viaje y ya se le había hecho tarde.

Cuando volvió, Bernice se estaba preparando para mudarse. El banco amenazaba con rematar la propiedad y ella no tenía dinero propio para hacer los pagos. Le dijo a Bill que él podía empacar sus pertenencias y que vivirían en lugares distintos.

Bill estaba furioso. Llamó a la empresa de eliminación de deuda y exigió que le dijeran por qué su deuda no había sido eliminada.

El representante que contestó su llamada tenía mucha labia. La deuda sí había sido eliminada porque, para empezar, nunca existió.

Pero entonces, ¿por qué iba a perder su casa?, le preguntó Bill.

El representante le explicó con calma que el sistema bancario tenía un control ilegal sobre las cortes y el sistema judicial. Aunque la deuda no era real, los bancos tenían la capacidad de ejercer su fraude por medio de un uso corrupto del Poder Judicial.

Bill estaba enojadísimo. Era una buena respuesta, pero no le devolvería su casa. Pagó 1 500 dólares para eliminar la deuda, no quería pretextos.

El representante insistió en que no tenían control sobre el sistema judicial, que sólo ayudaban a llevar a cabo el papeleo necesario. Lidiar con el corrupto uso del Poder Judicial y con la ilegalidad que permitía que despojaran a la gente de sus hogares iba más allá del alcance de los servicios que ofrecían.

El transportista exigió que le devolvieran los 1 500 dólares, pero el representante le dijo que era imposible porque le habían ayudado a llenar los dos formularios de una página cada uno. Los ejecutivos de Sentinel Counselors of American Mortgages se habían ganado sus honorarios.

Bill estaba desconsolado, había perdido a su esposa y ahora perdería también su hogar. Le llamó a su padre y le contó toda la historia.

Aunque trató de apoyarlo y tranquilizarlo, George le dijo que era de esperarse.

Bill le preguntó por qué.

Su padre le pidió que repitiera el nombre de la empresa y que encontrara el acrónimo. Efectivamente, en inglés SCAM significa estafa.

La moraleja de esta historia es que hay que mantenerse alejados de los programas de eliminación de deuda y eliminación de hipotecas. La única ayuda que proveen es la que se dan a sí mismos para hacerse de tu dinero y la que te dan a ti para meterte en aún más dificultades.

Quiebra

Por sí sola, la palabra quiebra puede evocar toda una serie de emociones como vergüenza, desaprobación y miedo. Cuando te declaras en quiebra, deseas que jamás hubiera sucedido. Si nunca has estado en esta situación, es posible que juzgues a quienes, simplemente, han sido irresponsables con sus finanzas, pero la verdad es que algunos sucesos de la vida ordinaria como el divorcio, el declive de un pequeño negocio, una demanda o una enfermedad inesperada pueden provocar que las finanzas de cualquiera salgan disparadas en picada y enviarlo directo a un tribunal de insolvencia.

De acuerdo con investigaciones sobre las familias y la quiebra, realizadas por la entonces profesora de la Escuela de Derecho de Harvard, Elizabeth Warren, nadie es inmune a la posibilidad de caer en la insolvencia. La quiebra se presenta en todos los estratos sociales y niveles económicos. "La información obtenida demuestra que las familias que se declararon insolventes [...] eran una franja representativa de la clase media estadounidense", explica la especialista. De acuerdo con la profesora Warren, los deudores en quiebra:

- Tienen un nivel de educación ligeramente más elevado que el promedio estadounidense.
- Son una mezcla 50/50 de dueños de casas y gente que sólo renta el inmueble.
- Son empleados en campos que reflejan la gama de ocupaciones del mercado laboral estadounidense.

Asimismo:

Cerca de 90% de estos deudores podría clasificarse como "anclado firmemente en el rango de la clase media".

- Dos de cada tres deudores perdieron su empleo en algún momento, poco antes de declararse en quiebra.
- Casi la mitad tenía problemas de salud.
- Una quinta parte de los deudores había atravesado un proceso de divorcio recientemente.

De hecho, la profesora Warren afirma que 80% de las declaraciones de quiebra se explica por situaciones como pérdida del empleo, problemas médicos y divorcio.

Pero de acuerdo con las estadísticas, la conclusión más atemorizante a la que llegó la especialista es que el mayor indicador de que una mujer se declarará en quiebra es el hecho de tener hijos.

¿Qué sucede en la quiebra?

Actualmente, la mayoría de la gente lleva a cabo su declaración de quiebra bajo lo indicado en el Capítulo 7 del Código de Insolvencia. Es a lo que con frecuencia se le llama "quiebra directa". En una declaración del Capítulo 7, pueden cancelarse o condonarse una o varias deudas. A cambio, el deudor podría perder propiedades no "exentas" de un proceso de quiebra.

El proceso suele tomar entre 60 y 90 días naturales, y una vez que llega a su fin, los deudores pueden empezar a reconstruir el aspecto financiero de su vida. Aunque dichos consumidores tendrán que pagar tasas más elevadas de intereses cuando soliciten crédito, y que les costará más trabajo restablecer la confianza para que les vuelvan a prestar, cuando el proceso de quiebra llegue a su fin serán perfectamente capaces de empezar de nuevo.

Un porcentaje menor de consumidores declara su quiebra bajo el Capítulo 13 del Código de Insolvencia. Es a lo que se le llama "plan de asalariados". En una declaración de quiebra de este tipo, el consumidor acepta pagar una parte de su deuda de acuerdo con un plan asignado por el tribunal y administrado por un fideicomisario de insolvencia. El Capítulo 13 se elige cuando el consumidor desea hacer un esfuerzo de buena fe para liquidar sus deudas y no califica para el Capítulo 7, o cuando quiere conservar algunos activos que perdería en el marco de un plan Capítulo 7.

En general, los deudores no pueden empezar a reconstruir su crédito sino hasta que se complete el plan de insolvencia, pero también hay un aspecto positivo: las declaraciones de quiebra bajo el Capítulo 13 se eliminan de forma voluntaria de los reportes de crédito siete años después de la declaración, en tanto que las del Capítulo 7 se reportan durante 10 años a partir de la misma.

Éstos son algunos aspectos de la insolvencia que es necesario comprender:

1. La quiebra puede dar fin a la labor de cobranza, lo cual te da tiempo para lidiar con las deudas. Sin embargo, ni siquiera el Capítulo 7 puede eliminar todas las deudas. Por ejemplo, de todas formas tendrás que lidiar con los pagos de los préstamos estudiantiles, la mayoría de las deudas fiscales y las pensiones alimenticias y de ayuda conyugal. Aunque podría posponerse el remate del inmueble, si quieres conservar tu casa de todas formas tienes que pagar tu hipoteca y ponerte al día con las mensualidades.

2. Tendrás que cubrir los honorarios de abogados y las tarifas del registro de la declaración, lo cual podría sumarse y llegar a costarte algunos miles de dólares. Algunas empresas te ofrecerán hacerlo tú mismo, pero como se trata de un proceso que se va volviendo cada vez más complejo, lo

más recomendable es que contrates un abogado si te es posible.

3. Si tienes deudas compartidas con alguien más y sólo tú te declaras en quiebra, la otra persona quedará como responsable de toda la deuda.

Si te parece que la quiebra podría ser inevitable, lo mejor será que no dejes pasar más tiempo y te reúnas con un abogado para hablar lo antes posible. Mucha gente comete costosos errores que habría evitado si hubiera comprendido bien los hechos. Anteriormente di un ejemplo muy claro de esto: saquear tu fondo de retiro para pagar tus facturas pendientes y luego terminar en quiebra de todas maneras. Como los recursos de tu fondo estarían protegidos de los acreedores, lo mejor es declararse en quiebra. De esta manera, cuando termine el proceso de insolvencia tu cuenta para el retiro seguirá ahí.

La deuda y el estrés

De acuerdo con una encuesta realizada por Myvesta, casi la mitad de la gente que tiene problemas de deuda sufre de depresión. De esas personas, poco menos de 40% reporta síntomas de depresión severa. Para ponerlo en perspectiva, te diré que hay estudios que demuestran que 9.5% de la población general sufre depresión clínica.

Esto significa que si estás batallando con las deudas, tal vez lo primero que debas hacer sea solicitar una cita con un asesor de salud mental o con tu médico para tratar de controlar la depresión clínica, en caso de que la haya. Cuando llegar al final del día es ya de por sí un desafío, tratar de hacerte cargo de los aspectos financieros de tu vida puede ser muy difícil. Toma en cuenta que, como lo mencioné en el primer capítulo, gracias a algunos estudios se ha descubierto que hay medicamentos que pueden ayudar a quienes tienen problemas con su forma de comprar.

El costoso error

El mayor error que comete la gente cuando está profundamente endeudada es postergar. Se trata del síndrome del "venado en los faros delanteros del auto", un fenómeno que los asesores de crédito y los abogados especializados en quiebra encuentran con mucha frecuencia. Excepto por la persona endeudada, a todos los demás les resulta dolorosamente evidente que es necesario tomar una decisión radical antes de que no quede ninguna otra opción.

Sin embargo, hay otra forma de reaccionar. Steve Rhode, experto financiero de GetOutofDebt.org, le llama "pensamiento mágico". Los estadounidenses somos, en muchos sentidos, un grupo de gente muy optimista. Compramos boletos de lotería y nos gastamos hoy los ingresos de mañana, mucho antes de que llegue nuestro barco al puerto. En lo referente a la deuda, esto podría ser un error muy costoso.

En su iluminador libro *The Two Income Trap* (La trampa de los dos ingresos) Elizabeth Warren explica: "Aunque pueden ser increíblemente molestos, el mayor peligro para una familia con problemas económicos no son los cobradores. El mayor peligro es el falso optimismo. Lo escuchamos una y otra vez en nuestras entrevistas (para su estudio sobre la quiebra): 'Pensamos que Mark volvería al trabajo de inmediato [...] No nos pareció que el abuelo seguiría así de enfermo mucho más tiempo'. Estas familias estaban conscientes de que la desgracia las había golpeado, pero no respondieron con suficiente rapidez porque pensaron que la situación pasaría pronto".

No permitas que el susto de la deuda te paralice, ya conoces tus opciones. Actúa ahora y obtén la ayuda que necesitas para poder enfocar tu tiempo y tu energía en diseñar un futuro financiero prometedor.

SEGUNDA PARTE

MEDIDAS DE EMERGENCIA PARA SITUACIONES CRÍTICAS DE DEUDA

Capítulo 7

PROBLEMAS CON CRÉDITOS AUTOMOTRICES

Los vehículos son costosos. No es raro que un vehículo nuevo cueste 30 000 dólares o más, y claro, los de lujo tienen precios mucho más elevados. Al solicitante promedio de un crédito automotriz le toma más de cinco años liquidar su deuda.

¿Qué significa esto en tu caso? Que al igual que mucha gente podrías terminar en un gran embrollo y debiendo más de lo que vale tu automóvil. Significa que si de pronto quieres deshacerte de él, no tendrás otra opción más que solicitar un préstamo mayor que alcance para pagar el nuevo automóvil y el saldo restante del anterior.

También podría significar que llegará un momento en que ya no te sea tan fácil pagar las mensualidades que anteriormente no te costaba tanto trabajo cubrir, en especial si tus ingresos disminuyen o si te ves forzado a pagar por costosas reparaciones automotrices. Y no olvidemos que el precio del litro de gasolina no deja de aumentar.

Si te está costando trabajo seguirles el paso a las elevadas mensualidades de tu crédito automotriz, considera las siguientes opciones:

Refináncialo: Mucha gente no se ha dado cuenta de que, al igual que los otros tipos de créditos, el automotriz también se puede refinanciar. El mejor momento para hacerlo es antes de que empieces a rezagarte con las mensualidades. Incluso si tu historial crediticio no es perfecto, es posible que encuentres un prestamista que te permita refinanciar.

Véndelo: Si todavía no estás en graves problemas, es decir, si debes menos de lo que vale tu auto, tal vez podrías venderlo y buscar algo más económico por el momento. Sin duda esta estrategia es mejor que esperar a que te lo embarguen y lo vendan en un remate por mucho menos de lo que tú podrías conseguir por tu cuenta. También puedes tratar de convencer al prestamista de que permita que un prestatario confiable se haga cargo del crédito, pero esto podría implicar un proceso de negociación. En caso de que hayas arrendado tu vehículo, podrías desembarazarte del arrendamiento a través de un sitio como LeaseTrader.com o Swapalease.com.

Negócialo: Si has tenido tu crédito automotriz durante seis meses por lo menos y has realizado los pagos a tiempo, tu prestamista podría estar dispuesto a negociar la modificación de tu programa de mensualidades. Hay varias maneras de hacer esto. El prestamista podría permitir que dejes de pagar una mensualidad o dos, y luego cobrártelas al final del periodo del crédito. También podría permitirte que pagues cantidades menores durante algunos meses y que después te vuelvas a encarrilar con los pagos completos. En algunos casos se puede modificar todo el crédito. Todo depende de tu situación y de las políticas del prestamista, pero si no preguntas, nunca te vas a enterar.

Es fundamental que cualquier acuerdo al que llegues lo pongas por escrito y que no des nada por hecho. Podrías, por ejemplo, dar por sentado que como el prestamista estuvo de acuerdo en disminuir tus mensualidades, no les reportará a las agencias de crédito tu impuntualidad en los pagos, pero tal vez estés equivocado, así que toma en cuenta esta advertencia y trata de negociar lo más posible.

Entrégalo: Un embargo voluntario te permite devolver el automóvil y ahorrarle a prestamista los gastos relacionados con la reposesión del vehículo. Esta situación de todas formas podría reflejarse en tu reporte de crédito, lo cual es sumamente negativo, pero también es negociable. Si ésta es tu única opción, habla con el prestamista. En caso de que puedas demostrar que estás en una situación verdaderamente difícil, tal vez esté dispuesto a colaborar contigo.

Obtén ayuda: ¿Qué pasa si no puedes solucionar la situación o si tus ingresos son inestables o demasiado bajos y no parece que las cosas vayan a mejorar? Si, por ejemplo, tu automóvil te es indispensable para ir a trabajar o para llevar a los niños a la escuela o a la guardería, podrías enfocarte en pagar primero el crédito automotriz y dejar pasar otras deudas (como las de tarjetas de crédito) hasta que puedas ponerte al día. También podrías, como se explicó en el capítulo anterior, trabajar con una agencia respetable de asesoría o de liquidación de deuda, y recortar el pago de tus otras facturas para cubrir las esenciales.

Quiebra: Ésta podría ser otra opción. Si te declaras en quiebra podrías conservar tu auto sin tener que cubrir los pagos pendientes. En algunas situaciones podrías sólo pagar el valor neto actual del automóvil en lugar de todo el crédito automotriz y alargar tus mensualidades. Si deseas más información, habla con un abogado especializado en insolvencia.

Embargo del vehículo

Si te rezagas en los pagos de tu crédito o arrendamiento automotriz, el prestamista o arrendador podría tener derecho a embargar tu vehículo. Cada estado tiene sus propias leyes, pero en muchos el embargo puede suceder pronto y sin necesidad de una notificación o permiso de un tribunal. Asimismo, el prestamista podría tener derecho a venderle el contrato de tu crédito a un tercero, quien también podría embargar el vehículo si te retrasaras o si incumplieras el contrato de alguna otra manera.

No obstante, los embargos tienen límites, y si el prestamista viola las reglas, tal vez tengas derecho a demandar por los daños causados.

Retraso en pagos

Por falta de información, mucha gente cree que, siempre y cuando continúe pagando, no le pueden embargar el vehículo si se retrasa en los pagos de su crédito o arrendamiento. También hay quienes piensan que el automóvil no puede ser embargado a menos que dejen de pagar 90 días, pero en general esto no es cierto.

El contrato que firmaste cuando aceptaste el crédito te puede aclarar lo que realmente significa "incumplimiento". Dejar de pagar a tiempo en una sola ocasión basta para ponerte en una situación de incumplimiento. Lo mismo podría suceder si dejaras de pagar el seguro. Además, el hecho de que dejes de pagar les puede permitir a algunos prestamistas "acelerar" tu crédito o solicitarte que liquides el saldo completo de inmediato. En algunos estados los prestamistas deben notificarte en cuanto dejas de pagar y darte la oportunidad de ponerte al día antes de poder embargar tu vehículo.

Aunque usualmente los prestamistas tienen derecho de ir a tu casa a recuperar el vehículo, no pueden cometer lo que se conoce como "desorden público", lo cual incluye:

- Sacar tu automóvil de un entorno cerrado o asegurado bajo llave, sin tu permiso.
- Hacer uso de la fuerza o de amenazas físicas para tomar tu automóvil.

No obstante, a veces es legal que el encargado del embargo vaya a tu casa a recuperar el vehículo, que lo eche a andar haciendo un puente o que use un duplicado de la llave para llevárselo.

Si dejaste artículos dentro del vehículo y lo embargaron, por lo general tienes derecho a recuperarlos, pero deberás reclamarlos pronto, a veces en las primeras 24 horas. Particularmente si se trata de artículos valiosos y se quedaron en el automóvil embargado, no te tardes en solicitar que te los devuelvan.

La oficina del procurador general puede proveerte información sobre la legislación respecto al embargo de vehículos de tu estado. Visita el sitio de naag.org para referirte a la oficina que te corresponde. A los prestamistas que incurran en desorden público al embargar tu auto se les podría exigir que te compensen en caso de que te dañen a ti o a tu propiedad.

Ventas de embargos

En general, tu auto será vendido después del embargo. Aunque usualmente esto se hace en una subasta pública, algunos estados también permiten ventas privadas. Si liquidas el saldo completo, más todos los costos y tarifas relacionados con el proceso de embargo, siempre tienes derecho a rescatar tu automóvil antes de que lo vendan. Pero claro, si pudieras hacer esto no lo habrías perdido, para empezar.

En otros estados la legislación es más amable con los consumidores. Si puedes pagar la cantidad pendiente, más los intereses por morosidad, los costos y otros gastos relacionados con el embargo como los honorarios de los abogados, podrías restablecer el crédito. Si de por sí ya estas retrasado con tus pagos, este proceso también podría ser difícil, pero quizá llegues a un acuerdo temporal con un amigo o un pariente que esté dispuesto a prestarte el dinero para ponerte al día. Naturalmente, entonces tendrás que seguirles el ritmo a tus pagos porque, si no, te arriesgas a volver a perder el vehículo.

Si venden tu automóvil, el producto de la venta, menos los gastos permisibles por el embargo y la transacción, se aplicará contra el saldo pendiente de tu crédito. Usualmente en estas subastas públicas no se obtiene mucho dinero, así que es probable que te cobren la diferencia o incluso el déficit. Digamos, por ejemplo, que debes

15 000 dólares por tu automóvil y lo venden en una subasta por 10 000. Los costos del embargo ascendían a 1 500, así que queda pendiente un déficit de 6 500 dólares.

Si no puedes pagar la diferencia, es probable que el prestamista le pase el saldo a una agencia de cobranza o que demande para obtener una sentencia por el déficit. Esto significa que los dolores de cabeza no acaban cuando se llevan el vehículo. Tal vez ya no tengas automóvil y te hayas quedado con un historial crediticio dañado, pero de todas formas te seguirán molestando para que liquides el saldo.

Por otra parte, si no puedes pagar la diferencia y el prestamista tampoco logra cobrártela, él o ella, y el IRS, podrían enviarte un formulario fiscal 1099-C en el cual se reporte el saldo pendiente. El IRS considera que esta "deuda condonada" es un ingreso y espera que pagues impuestos por él a menos que puedas demostrar que no eres solvente. Más adelante hablaremos de todo el asunto de la condonación de deuda considerada como ingreso, pero ahora volvamos al embargo de vehículos.

Si tu automóvil se vende, deberá hacerse "de una manera razonablemente comercial". Te reitero que esto no significa que tenga que venderse a un precio muy elevado, pero tampoco puede venderse por una cantidad baja para que el vendedor llegue a un acuerdo paralelo y se quede con la diferencia. Muchos de los vehículos se venden en subastas de distribuidores, quienes ofrecerán un precio suficientemente bajo para poder revenderlos y tener al menos una ganancia.

Si te parece que tu vehículo embargado no se vendió de una manera comercialmente razonable, quizá sea buena idea que hables a la oficina de la procuraduría general y con un abogado especializado en legislación del consumidor de tu área.

Los cofirmantes deberán tener cuidado. Si eres cofirmante de un crédito automotriz y el otro prestatario deja de pagar, enfrentarás las mismas consecuencias que él o ella, y en la mayoría de los casos el prestamista ni siquiera tiene que notificarle al cofirmante que el crédito se encuentra en una situación de morosidad.

Ejemplo: John es cofirmante de un crédito automotriz solicitado por su suegro, quien necesitaba una camioneta para ir a trabajar. Su suegro se enfermó y no pudo mantener el ritmo de los pagos, así que el vehículo fue embargado. John no se enteró del problema y su suegro murió poco después.

Tres años más tarde, John empezó a recibir llamadas de una agencia de cobranza en relación con un saldo pendiente de 20 000 dólares por la camioneta. Aunque no pudo pagar el saldo, logró mantener a los cobradores al margen durante un par de años. Finalmente los cobradores se dieron por vencidos y le enviaron una notificación que decía que el saldo se le había reportado al IRS como "liquidación de ingreso de endeudamiento". Recuerda que cuando el cobrador liquida o cancela la deuda, es decir, cuando deja de insistir en cobrarla, es como si tú hubieras "ganado" la cantidad que te perdonaron. Como consecuencia, John se vio forzado a pagar impuestos como si hubiera recibido ingresos por 20 000 dólares.

Si te exigen el pago urgente de un vehículo del que eres cofirmante, trata de llegar a un acuerdo razonable con el prestamista y habla con tu asesor fiscal. Para más información visita la sección sobre cobro de deudas.

Ahora exploremos las deudas más fuertes en que incurrirás.

Capítulo 8

PROBLEMAS CON HIPOTECAS

En la primera década del siglo XXI muchos estadounidenses pensaban que sus casas eran una especie de cajero automático o inversión en la que "no había manera de perder". En la segunda década, estos hogares seguros se transformaron en prisiones que atraparon a los propietarios y, en ocasiones, en submarinos que todavía permanecen en el fondo del océano. ¿Qué pasa si ya tienes una hipoteca y te está costando trabajo seguirles el ritmo a las mensualidades? No es nada raro. De hecho, en 2012 se calculó que dos millones de inmuebles serían rematados y que una de cada cuatro casas con hipoteca tenía un valor neto negativo, lo que significa que éste era menor a lo que el propietario debía por ella. De acuerdo con algunos cálculos, se necesitarán varias décadas para despejar todos los casos actuales y futuros de remates inmobiliarios. Naturalmente, esto tendrá un peso sobre los precios de los bienes raíces durante muchos años por venir. Sabiendo todo lo anterior, debes ser realista respecto a tu situación.

Si te rezagas en el pago de las mensualidades de tu hipoteca, es fundamental que diseñes rápidamente un plan y que te apegues a él. Deberás tener dos objetivos:

1. Tomar una buena decisión respecto a lo que harás con tu casa. Esto podría ser más difícil de lo que imaginas porque

105

los prestamistas se han encargado de hacer que suene como una decisión moral en lugar de una de negocios. Reunir todos los hechos y solicitar asesoría adecuada podría ayudarte a tomar una mejor decisión.

2. Minimiza la caída financiera a partir de cualquier opción que elijas. Tu objetivo es tomar la mejor decisión posible, aceptar las consecuencias y continuar con tus planes de generación de riqueza sin que otro desastre financiero, como la amenaza de un problema fiscal o de una demanda, pendan sobre tu cabeza. Ésta es la manera en que abordan los problemas los ganadores en el juego del crédito.

Muchas personas buenas, trabajadoras y honestas pierden su casa en un remate, y una de las razones principales es que, sencillamente, se niegan a reconocer que están en dificultades. Siguen esperando que llegue una solución o algo que las rescate, y esto no sucede. Claro, es normal sentirse abrumado y temeroso, pero esperar que llegue una solución podría ser costoso y, además, reduce tus opciones. Si estás en problemas, empieza a trabajar en la solución hoy mismo.

El funcionamiento del remate depende del estado en que vivas, y puede tomar poco tiempo o hasta año y medio, e incluso más.

Si pierdes tu casa en un remate y el prestamista obtiene de la venta menos de lo que le debes (más gastos), habrá un déficit. Por ejemplo, si debías 100 000 dólares por tu hipoteca y el prestamista incurrió en gastos de remate y de venta de la propiedad por 7 000 dólares, y sólo recibió 90 000 por la venta, habrá un déficit de 17 000 dólares (100 000 + 7 000 − 90 000). En caso de déficit, podrías enfrentar dos sorpresas muy desagradables:

1. El prestamista quizá le reportó esta cantidad "condonada" al IRS en un formulario 1099-C, y ahora se supone que debes pagar impuestos como si hubieras recibido dicho monto

como un ingreso. En ese caso, asegúrate de hablar con un asesor fiscal que te ayude a eliminar este adeudo, si tienes lo necesario para calificar. Hablaremos de esto más adelante.

2. El prestamista podría demandarte por el déficit, es decir, por la diferencia entre lo que debes, más gastos y menos lo que recibió por la venta del inmueble. Esto significa que tal vez seguirá tratando de cobrarte incluso después del remate. En el momento que estoy escribiendo este libro, podría decirse que estas demandas no son increíblemente comunes, pero eso no quiere decir que la situación no cambie en el futuro, cuando los prestamistas empiecen a venderles los saldos pendientes a las agencias de cobranza. Si tuvieras un segundo préstamo u otros gravámenes sobre la propiedad y el prestamista de la primera hipoteca rematara, podrías quedarte todavía con dos prestamistas persiguiéndote para cobrar el déficit.

3. Antes de poder vender de nuevo una propiedad, se deben pagar los gravámenes.

Ocasionalmente, permitir que una casa se remate puede ser la mejor entre varias opciones malas, pero en muchos casos, buscar de forma activa una alternativa al remate te permite superar el desastre y dejarlo atrás. Aquí te presento algunas estrategias:

Ponte al día con tus pagos: En algunos estados es posible impedir el remate si pagas la cantidad que debes, más otras tarifas pendientes, pero en otros esto *no* impide que el prestador lleve a cabo el remate. Naturalmente, si pudieras hacer dichos pagos no estarías en dificultades, para empezar.

Vende: Si el mercado es fuerte y tu propiedad conserva suficiente valor neto para cubrir los costos de cierre por la venta, tal vez lo mejor sea que vendas el inmueble. El prestamista incluso podría suspender el remate durante un poco más de tiempo para permitirte realizar la transacción. En ese caso, asegúrate de que cualquier acuerdo con el prestamista se realice por escrito.

Si estás retrasado con tus pagos, piensa las cosas muy bien antes de tratar de vender tu casa "por propietario" o a través de un agente de medio tiempo para ahorrarte la comisión de un corredor profesional de bienes raíces. Si el tiempo apremia, lo mejor es que consigas un agente profesional de tiempo completo con antecedentes impecables que le asigne a tu casa un precio y la promueva agresivamente para concretar su venta pronto. También ten cuidado con los agentes de bienes raíces que asignan un valor de venta elevado sólo para conseguir que trabajes con ellos. Necesitas ser realista respecto a lo que podría suceder y tratar de vender la casa antes de perderla.

Permite que alguien más asuma el pago de las mensualidades: Si tus pagos son razonables de acuerdo con el área, pero no tienes suficiente valor neto para vender tu casa, tal vez podrías vendérsela a un comprador "sujeto a" la hipoteca actual. Dicho de otra forma, el comprador se hace cargo de los pagos de tu hipoteca y refinancia el préstamo para pagarte en un plazo acordado a futuro. Un trato así también podría proveerte un poco de liquidez para mudarte a otro lugar. Esto serviría para que eludas el remate y mantengas la hipoteca en una situación adecuada.

Debo hacerte dos advertencias, sin embargo. En primer lugar, actualmente muy pocos préstamos pueden ser asumidos por alguien más. Esto significa que en realidad no puedes permitir que una persona sólo llegue y se haga cargo de tu hipoteca. El contrato del préstamo suele contener una cláusula de aceleración que le permite al prestamista solicitar el pago de todo el préstamo si se llega a enterar de que la casa se vendió estando sujeta a la hipoteca. Mientras continúe recibiendo los pagos mensuales, la mayoría de los prestamistas no ejercerá ninguna acción por dicha cláusula, pero debes estar consciente del riesgo.

La segunda advertencia es que se trata de un riesgo muy serio. Hay gente que acecha a los propietarios de inmuebles en el periodo previo al remate y usa distintas tácticas para comprar tu casa a un precio muy bajo. Una de ellas consiste en ofrecerte un préstamo predatorio en el que el "comprador" dice que se hará cargo de tus problemas financieros. Para ello, lleva a alguien a vivir a tu casa. A menudo te pedirán que les cedas el inmueble y te prometen realizar los pagos de la hipoteca. Te cobran renta, pero no pagan las mensualidades, así que de todas formas tu casa termina siendo rematada.

Otra estrategia es el convenio fraudulento de venta/compraventa con reserva de usufructo. Aquí el inversionista está de acuerdo en comprar tu casa y rentártela. Te promete que en aproximadamente un año tu crédito quedará reparado y podrás comprar la casa de nuevo, pero los términos del convenio por lo general son tan onerosos que terminas perdiendo el inmueble a un precio ridículamente bajo.

Esto no significa que trabajar con un inversionista para que te ayude a encontrar la manera de eludir el remate siempre sea una mala opción. En algunos casos podría ser la mejor manera de evitarte este percance, pero como se trata de una transacción delicada que involucra emociones, debes ser cuidadoso. Elige un inversionista con experiencia.

Renta la casa: Si la mensualidad de tu hipoteca es atractiva, podrías encontrar un inquilino que cubra los pagos mientras tú solucionas tus dificultades financieras. Es arriesgado para ti porque si en algún momento el inquilino ya no puede pagar, tendrás que tratar de expulsarlo de la propiedad al mismo tiempo que estés luchando para conservar tu hogar. Si llegas a considerar esta opción, asegúrate de contratar a una agencia que haga toda la verificación de antecedentes de tu inquilino, solicita un nutrido depósito por anticipado y la renta del mes anterior. También considera contratar una empresa de administración para que se haga cargo de la propiedad a cambio de una cuota mensual.

Devuélvela: Con una "Escritura de impedimento de procedimiento ejecutivo" le puedes ahorrar al prestamista tiempo y dinero porque evitarás el proceso de remate. En pocas palabras, le devuelves o cedes tu casa al prestamista. Aunque este tipo de escritura puede aparecer en tu reporte de crédito y generar una calificación bastante negativa, podrías negociar con el prestamista para que no la reporte. Recuerda que si tienes una segunda hipoteca o una segunda línea de crédito sobre el valor neto de la propiedad, cederla o devolvérsela al prestamista no elimina el segundo préstamo. El hecho de que ya no tengas la casa no significa que los prestamistas no tratarán de cobrar el dinero que les debes por el segundo préstamo o hipoteca.

Nota: En las solicitudes de préstamo hipotecario que llenes en el futuro podrían preguntarte si alguna vez le transferiste de vuelta la titularidad a un prestamista para evitar el remate. Esto significa que, incluso si no aparece en tu reporte de crédito, de todas formas podría volver a surgir el antecedente.

También toma en cuenta que no puedes nada más devolverle las llaves al prestamista. En muchos casos los prestamistas tendrán en su inventario tantas propiedades en esta misma situación que no van a querer tu casa. Si quieres intentar esta estrategia, asegúrate de trabajar con un abogado que tenga experiencia ayudándoles a dueños de inmuebles en dificultades. El abogado te ayudará a negociar una escritura de impedimento y se asegurará de que se llenen todos los documentos para que la casa se le transfiera de vuelta oficialmente al banco.

Refinancia: Si tienes valor neto en tu casa, podrías refinanciarla y evitar que entre al periodo previo al remate. Esto, sin embargo, podría ser complicado, y lo último que deseas es perder tu tiempo con un prestamista hipotecario o con un corredor que te prometa la Luna y las estrellas, y luego no pueda obtener el préstamo. También ten cuidado con las tasas de interés demasiado elevadas y con las penalizaciones por prepago que te dificultarían la venta en caso de que la necesites. Cuando estás desesperado y te urge salvar tu hogar, estás dispuesto a hacer casi cualquier cosa, pero evita los préstamos predatorios que siempre empeoran la situación. Asegúrate de tratar con un corredor o prestamista que verdaderamente les haya ayudado a consumidores en dificultades, y no permitas que alarguen mucho el proceso.

Véndela al descubierto: Si debes casi lo mismo que vale la casa o incluso más, podrías tratar de convencer al prestamista de que te permita hacer una venta al descubierto. Vas a necesitar un comprador que no puede ser un pariente, y lo mejor será quizá que lleves a cabo el proceso con un profesional de bienes raíces con experiencia en ventas al descubierto o con un inversionista que ya haya realizado este tipo de transacción. ¿Por qué? Sencillamente porque estos profesionales sabrán negociar con el prestamista.

Ejemplo: Digamos que tu casa vale cerca de 80 000 y que debes 75 000. Incluso si vendieras por la cantidad total de 80 000, los costos del cierre y las comisiones de bienes raíces te dejarían en la calle, y no puedes darte ese lujo porque ya estás en dificultades. Asimismo, si ya te rezagaste con las mensualidades de la hipoteca, es probable que hayas dejado de hacer reparaciones y que la casa no esté en las mejores condiciones.

Un inversionista de bienes raíces avezado podría llegar a un acuerdo con un banco para pagarle 65 000 dólares y dejarte un poco de dinero para mudarte. De esta manera el banco obtiene más de lo que conseguiría en un remate, en tanto que tú evitas el remate y un posible juicio por el déficit, y luego te diriges al nuevo lugar donde vivirás.

Siempre asegúrate de que un abogado especializado en bienes raíces revise tus documentos antes de vender tu casa de esta manera.

111

Es necesario garantizar que el prestamista no pueda volver a buscarte años después por la existencia de un déficit.

Negocia el préstamo: El prestamista podría estar de acuerdo en modificar tu préstamo para permitirte ponerte al día. Algunas de las modificaciones incluirían, quizá:

- Cobrarte al final del periodo del préstamo las mensualidades que no hayas pagado.
- Permitirte ponerte al día con las mensualidades que no has pagado, cobrándotelas en lugar de los pagos corrientes durante algunos meses.
- Permitirte pagar sólo intereses durante un periodo, más cualquier depósito anticipado correspondiente a impuestos y seguros.
- Reducir tu tasa de interés y las penalizaciones.

Comprende que el prestamista tal vez quiera revisar los detalles de tu situación financiera para verificar que en verdad estás en dificultades y para ver si podrás ponerte al día y pagarle en el futuro. Tratar de llegar a un acuerdo no sería una opción realista si, por ejemplo, has dejado de cubrir varias mensualidades y no te has encargado de conseguir ingresos adicionales que te permitan continuar pagando tus facturas.

Las hipotecas y los miembros del ejército

Si formas parte del ejército tienes algunos derechos. La Ley de Ayuda Civil para Soldados y Marineros (Soldiers' and Sailors' Civil Relief Act o SCRA) de 1940 y otra más reciente de 2003, la Ley de Ayuda Civil para Miembros de las Fuerzas Armadas (Service Members Civil Relief Act) que actualiza y expande la anterior, ayudan a proteger del remate inmobiliario a los militares en activo y a sus familias. Aunque quizá de todas formas tengas que pagar tu préstamo, la SCRA ofrece el cese temporal del remate, así como de otras acciones de cobranza.

¿La SCRA te protegería? Sí. Siempre y cuando:

1. Te encuentres en activo o seas cofirmante o dependiente de un miembro en servicio del ejército.
2. Tú o tus dependientes todavía posean la propiedad.
3. La deuda se haya acordado antes del servicio activo y haya sido garantizada con una hipoteca o una escritura fiduciaria.
4. El prestamista haya dado inicio al proceso de remate.
5. Tu capacidad para pagar el préstamo se haya visto afectada por tu servicio militar.

Si calificas, puedes aprovechar la SCRA para reducir tus tasas de interés y, por lo tanto, tus mensualidades. Una vez que te llamen al servicio activo y estés, en teoría, generando menos dinero, deberás solicitar la reducción de la tasa de interés. No esperes hasta que surja un problema. Le puedes escribir a tu prestamista una carta para solicitarle la reducción. Envíala por correo certificado y pide que te entreguen el acuse de recibo.

Si el prestamista ignora tu solicitud y remata (o remata por cualquier otra razón), la SCRA te da derecho a dar fin al proceso. Notifícale al prestamista que estás en servicio activo. Como la mayoría de los prestamistas sabe que los tribunales los sancionarán asignándoles penalizaciones monetarias por rematar el inmueble de un propietario en servicio activo, abandonará el proceso. Si tu prestamista continúa con él, la SCRA te da derecho a entablar una demanda para impedir el remate.

Si necesitas un abogado que te ayude con estos asuntos, en la oficina del juez de unidad o en las instalaciones del oficial de asistencia jurídica encontrarás recursos disponibles. Más adelante hablaremos con detalle de los derechos adicionales que tienes bajo la protección de la SCRA.

Declárate en quiebra: Declararse en quiebra puede detener un remate, pero no eliminará la deuda de tu hipoteca. Dependiendo de la legislación de tu estado, de cuánto te hayas retrasado con las mensualidades y del tipo de quiebra que declares, de todas formas tendrás que trabajar en un acuerdo sobre las mensualidades para ponerte al día con la hipoteca, y luego tendrás que seguir haciendo los pagos para avanzar. En ocasiones, sin embargo, este respiro es suficiente para que vendas tu casa o para que consigas un inversionista que la compre en una transacción de venta al descubierto (en este caso necesitarás el permiso del tribunal). En otras situaciones, la declaración de quiebra puede anular otras deudas, lo cual te permitirá ponerte al día con las mensualidades de la hipoteca.

Ahora extendamos tu educación.

Capítulo 9
PRÉSTAMOS ESTUDIANTILES

Los estudiantes de la actualidad necesitan graduarse con títulos en manejo de deuda.

Aunque la deuda en tarjetas de crédito que tienen algunos estudiantes es un problema creciente, suele ser diminuto si se le compara con las dificultades de la deuda por préstamos estudiantiles. Los costos de la educación superior son tan elevados ahora que a muchos jóvenes no les queda otra opción más que pedir prestado. El problema es que solicitan lo más posible porque asumen que cuando empiecen a trabajar y tengan un salario no les será difícil devolver el dinero.

El estudiante promedio se gradúa con deudas por más de 20 000 dólares por concepto de préstamos estudiantiles. Después de la maestría algunos llegan a deber hasta 200 000 dólares. ¿Pero por qué son tan elevadas las cifras? En primer lugar, al igual que el gobierno federal, las universidades se han vuelto extremadamente derrochadoras. Emplean a demasiados burócratas que no aportan nada a la dinámica educativa. En segundo lugar, muchos estudiantes y sus padres también dan por hecho que, sin importar a qué área ingresen los jóvenes, la educación de nivel superior "pagará" la deuda porque necesariamente significará un salario mayor u otras ventajas. No es raro, por ejemplo, que quienes estudian para llegar a ser maestros o trabajadores sociales se gradúen con una deuda de

115

30 000 dólares o más, y que luego se enfrenten a salarios iniciales que apenas sobrepasan esa cantidad o, simplemente, que no encuentren empleo.

Atrasarse con las mensualidades de un préstamo estudiantil puede ser muy costoso. Los gastos derivados de la cobranza suelen ser elevados, y eso se suma a los intereses que tal vez ya estés pagando. A diferencia de otras deudas en las que los cobradores sólo tienen cierto número de años para demandarte, las deudas por préstamos estudiantiles federales pueden perseguirte por años y años. Los préstamos estudiantiles privados, sin embargo, están sujetos a prescripción. Para colmo, resulta extremadamente difícil deshacerse de un préstamo de este tipo a través de la declaración de quiebra.

También te será difícil obtener préstamos estudiantiles en el futuro, el IRS podría quedarse con tu devolución de impuestos, podrías quedar sujeto a embargo de salario sin siquiera pasar antes por un tribunal, y te será difícil ponerte al día y liquidar esa deuda en el futuro.

A pesar de todo, hay buenas noticias. Si no puedes pagar tu préstamo federal, pero entras a un programa de rehabilitación y realizas 12 pagos puntuales consecutivos, podrías salvar el préstamo de la situación de incumplimiento. Pero cuidado, ¡debes hacer esos pagos antes de que se venza la fecha límite. Con este procedimiento, los pagos retrasados anteriores se eliminarán de tu reporte de crédito. Otra opción para salir de la situación de impago es averiguar si puedes consolidar el préstamo. Si deseas más información, dirígete a la sección de Fuentes.

En caso de que tengas quejas respecto a cómo se han manejado tus Préstamos Directos, préstamos FFEL (Federal Family Education Loans), Préstamos Estudiantiles Garantizados (Guaranteed Student Loans), o Préstamos Perkins, y no puedas resolver el problema con el prestamista, ponte en contacto con la Oficina del Vocero de Préstamos Estudiantiles del Departamento de Educación en el número (877) 557-2575.

A continuación te presento algunas estrategias adicionales que, de acuerdo con nuestra editora colaboradora Gerri Detweiler, pueden ser útiles para lidiar con niveles elevados de deuda por préstamos estudiantiles.

Cancelación: Los préstamos estudiantiles se pueden cancelar parcial o totalmente por cualquiera de las siguientes razones:

- Discapacidad total o permanente: Los préstamos pueden ser cancelados si un médico certifica que estás total o permanentemente discapacitado y que no puedes trabajar ni ganar dinero.
- Cierre de la escuela: Si recibiste un préstamo estudiantil en una escuela que cerró antes de que terminaras tus estudios, podrías ser elegible para la cancelación de tu préstamo.
- Capacidad para beneficiarse: Tu préstamo puede ser eliminado si la escuela te admitió con base en tu capacidad para beneficiarte de la educación, pero no te pusieron a prueba de la manera correcta para medir dicha habilidad o no pasaste la prueba.
- Cancelación por servicios infantiles y familiares: Podrías ser elegible para la cancelación de tu préstamo estudiantil si, de manera individual, "provees o supervisas el aprovisionamiento de servicios para niños en alto riesgo provenientes de comunidades de bajos ingresos y para las familias de dichos niños".
- Cancelación para maestros: Podrías ser elegible para la cancelación de tu préstamo si estás dando clases tiempo completo en una escuela de bajos ingresos, de acuerdo con lo establecido por la agencia educativa de tu estado; si eres

117

maestro de educación especial, lo que incluye maestros de bebés, niños pequeños, niños mayores o jóvenes con discapacidades; o si das clases en las áreas de matemáticas, ciencia, lenguas extranjeras, educación bilingüe o cualquier otra área especializada de acuerdo con lo establecido por una agencia educativa que sufra de escasez de maestros calificados en el estado correspondiente a la misma.

- Firma falsa: Si sospechas que alguien falsificó tu firma en la solicitud del préstamo, en el pagaré o en la autorización para la transferencia electrónica de fondos, podrías calificar para la cancelación del préstamo.
- La escuela te debe un reembolso: También podrías calificar para una cancelación parcial de un Préstamo Directo o un Préstamo FFEL si tu escuela no pagó algún reembolso de colegiatura ordenado por la ley federal.
- Fallecimiento: Si mueres y tienes un préstamo estudiantil en curso, éste podría ser cancelado. Tu estado no deberá ninguna cantidad sobre dicho préstamo.

Prórroga: La prórroga te permite posponer temporalmente los pagos de tu préstamo. El pago de intereses sobre la parte prorrogada dependerá del tipo de préstamo que tengas. Las razones para realizar la prórroga suelen incluir problemas económicos o desempleo, despliegue militar, inscripción en la escuela o en un programa de pasantía, etcétera. Como los programas varían, para averiguar si tienes la opción de una prórroga será mejor que verifiques con tu prestamista o en los sitios de internet de préstamos estudiantiles que aparecen en la sección de Fuentes.

Contención: Si por el momento no puedes cumplir con tu calendario de pagos y tampoco puedes solicitar una prórroga, podrías solicitar contención por un periodo específico y limitado. Usualmente es un periodo de 12 meses en cada ocasión, por un total de 36 meses. Durante la contención tus pagos se posponen o se reducen. Independientemente de si tu préstamo está subsidiado o no, deberás pagar intereses.

Es muy importante que contactes a tu prestamista para hablar de la prórroga o de la contención antes de que empieces a retrasarte en los pagos. Si esperas hasta que ya te rezagaste, podrías no calificar. Continúa pagando hasta que autoricen la prórroga.

La aprobación de una prórroga o de la contención de tu préstamo estudiantil no tendría por qué aparecer como marca negativa en tus reportes de crédito ni debería dañar tu calificación crediticia.

Plan de pago graduado: Estos planes permiten que tus pagos comiencen siendo bajos y que vayan aumentando con el tiempo. A menudo resulta benéfico para los estudiantes que apenas comienzan y que esperan que su salario se incremente conforme adquieran más experiencia. Pero cuidado: este tipo de plan podría alargar tu préstamo hasta 30 años.

Plan extendido de pago: Un plan extendido de pago te permite liquidar tu préstamo estudiantil entre 12 y 30 años, en lugar del plan estándar de 10 años. Efectivamente, es más costoso, pero si una mensualidad menos elevada te permite seguir cumpliendo, podría valer la pena.

Plan contingente de ingresos: Con estos planes tu mensualidad se basa en una cantidad que coincide con tu ingreso bruto ajustado o AGI, por sus siglas en inglés (de acuerdo con lo que se reporte en tu declaración de ingresos en Estados Unidos); en el tamaño de tu familia, en la tasa de interés y en la cantidad total de la deuda por tu Préstamo Directo.

Consolidación: Si tienes más de un préstamo estudiantil, podrías consolidarlo en un préstamo de un solo pago más bajo. Esto podría ahorrarte dinero si el nuevo pago es menor a las mensualidades combinadas que antes pagabas, lo cual no es raro que suceda porque se trata de un préstamo nuevo. El pago consolidado de tu préstamo se basa en la tasa promedio de interés de todos los préstamos que estás consolidando, y como la tasa la establece el gobierno, en realidad no tiene mucho sentido lidiar con distintos prestamistas.

En algunos casos consolidar tu préstamo estudiantil también te puede sacar de una situación de impago, y esto te beneficia de varias maneras. Naturalmente, se detiene la cobranza de los costos relacionados con un préstamo incumplido. También te puede beneficiar porque le ayuda a tu reporte de crédito. Si realizas 12 pagos puntuales consecutivos para cubrir un préstamo que rescataste de una situación de incumplimiento, se pueden eliminar los pagos retrasados anteriores. Si deseas más información sobre cómo consolidar préstamos estudiantiles, dirígete a la sección de Fuentes.

Pago con base en ingresos: Si tienes préstamos estudiantiles federales a través del programa de Préstamo Directo o el programa FFEL, el Pago con base en ingresos (o IBR, por sus siglas en inglés) podría brindarte algo de alivio. Si calificas para el IBR, la cantidad que pagas mensualmente tendrá un límite accesible de acuerdo con tus ingresos y con el tamaño de tu familia. Dicha cantidad también será menor a lo que tendrías que pagar en un Plan Estándar de Liquidación de deuda de 10 años.

Si trabajas en alguno de los campos que califican para el Programa de Servicio Público de Condonación de Deuda de Préstamos Directos (Direct Loan Public Service Loan Forgiveness Program), después de 10 años de realizar pagos a través del IBR podrías ser elegible para solicitar la condonación de la deuda de tu préstamo. Necesitas trabajar en un área sin fines de lucro o en otra que también califique como, por ejemplo, el servicio militar, la aplicación de la ley, la educación pública, la educación para la primera infancia, entre otras. En el caso de todos los otros tipos de trabajo, podrías ser elegible para la condonación del saldo del préstamo tras cumplir 20 años de pagos a través del IBR. Los detalles los puedes encontrar en IBRinf.org.

Aprende a pedir prestado de manera inteligente

No es raro que la gente venda préstamos estudiantiles o que un estudiante tenga ocho o más. Sin embargo, administrar tantos puede ser difícil. Basta con que le pierdas el rastro a uno para que termines pronto en el infierno de la deuda estudiantil. Los siguientes son muy buenos consejos para que aprendas a pedir prestado de manera inteligente. Los ofrece el Departamento de Educación:

Conserva todos los documentos de tus préstamos: Esto es lo más importante. Si llegas a tener dificultades y no encuentras un pagaré, no recuerdas qué tipo de préstamos recibiste, no sabes a quién se supone que le tienes que pagar ni qué necesitas hacer para posponer (solicitar una prórroga) tus mensualidades, la situación podría complicarse muchísimo. Organiza una carpeta con todos los documentos relacionados con tus préstamos desde la primera vez que te otorguen uno. De esta manera siempre tendrás lo que necesitas en un solo lugar y luego no te confundirás respecto a lo que tienes que hacer o a quién debes contactar si tienes dudas. Mejor aún: escanea tus documentos y guárdalos en un espacio de almacenamiento virtual como DropBox, EverNote o Google Docs para que siempre los tengas, incluso si llegas a traspapelar los originales, los cuales también debes conservar, por supuesto.

Escribe notas: Cada vez que hables con tu prestamista o con quien administra tu préstamo, haz un registro en el que incluyas el nombre de la persona con quien hablaste, la fecha de la conversación y lo que se dijo. Si envías cartas, siempre incluye el número de la cuenta de tu préstamo y guarda en tu archivo copias de las mismas, así como de las respuestas. También haz un respaldo en línea. De esta manera sabrás quién dijo qué y cuándo, lo cual podría evitarte problemas y malentendidos.

Notifica: Si te mudas, si cambias de nombre o de número de seguridad social, o si te reinscribes en la escuela, avísale a la universidad o al titular del préstamo. Debes asegurarte de que el titular del préstamo no te pierda el rastro porque, si eso llegara a suceder, podrías dejar de hacer algún pago y ponerte en una situación de impago (morosidad). También podrían vender tu préstamo y, como en ese caso no podrán notificarte, no sabrás quién lo tiene ni adónde enviar tus mensualidades.

Pregunta: Si no entiendes algo o si tienes dificultades para realizar los pagos, no esperes hasta que la situación se agríe: solicita de inmediato la ayuda del titular o del proveedor de tu préstamo.

Ahora ajústate el cinturón, nos dirigimos al territorio fiscal.

Capítulo 10

CUANDO DEBES IMPUESTOS

Entre todas las deudas, posiblemente las fiscales son las más estresantes. El IRS puede ser muy agresivo al tratar de cobrarte. A diferencia de los prestamistas comunes, esta institución tiene poderes extensos (algunos dirían extremos) para gravar tu propiedad o incluso tomarla, para retener tu salario o para tomar dinero de tu cuenta bancaria sin siquiera llevarte antes a un tribunal. Si no los pagas, los gravámenes fiscales son la única deuda que puede permanecer en tu reporte de crédito *por siempre*. Si los pagas, de todas formas permanecerán ahí durante siete años a partir de la fecha en que los liquides, aunque hay algunas reglas relativamente nuevas que te permiten solicitarle al IRS que elimine un gravamen saldado o cumplido. Más adelante hablaré sobre este procedimiento.

Si le debes dinero al IRS, ya sea por una deuda reciente o por una de varios años, llegó el momento de que encuentres la manera de solucionarlo. Pongo algunas opciones a tu consideración:

Recurre a tus ahorros: Si tienes dinero guardado para pagar la deuda, liquídala. Si tienes algo de dinero ahorrado, pero no suficiente para liquidar la factura, lee las secciones sobre planes de pago y ofertas para llegar a acuerdos.

Solicita un plan de pago: Si actualmente no tienes un acuerdo de pago en exhibiciones y ya enviaste todas las declaraciones de impuestos federales, puedes solicitarle al IRS un plan de pago. Necesitas registrar el Formulario 9645 y solicitar un plan accesible. Si el IRS lo aprueba, pagarás una tarifa baja más los intereses, y la tasa será razonable.

Si aprueban tu solicitud, podrás pagar tus impuestos en mensualidades en lugar de liquidar el total en una sola exhibición. Sin embargo, será necesario que pagues puntualmente y que cubras todos tus compromisos fiscales a futuro. Esto significa que no debes permitir que tus retenciones sean demasiado elevadas porque podrías terminar con otra deuda fiscal impagable.

Cárgalo a tu tarjeta: En el sitio de internet officialpayments. com puedes pagar tus impuestos con una tarjeta de crédito. El servicio te cobra una tarifa y también tendrás que pagar los intereses de la tarjeta con la tasa de la empresa de tarjetas en cuestión. No siempre es el sistema más económico, pero podría ser mejor que permitir que se sigan acumulando los intereses y las penalizaciones.

Presenta una Oferta de Convenio: La Oferta de Convenio es un acuerdo entre un contribuyente y el IRS, en el que se resuelve la deuda del primero. Bajo ciertas circunstancias, el IRS tiene la autoridad de aceptar el pago de una cantidad menor a la que debe el contribuyente por concepto de impuestos federales, para resolver o "llegar a un acuerdo" respecto a la deuda. Se considera como una "última salida", pero el IRS podría estar dispuesto a aceptar una Oferta de Convenio si:

- Existen dudas sobre el impuesto estimado.
- Tu capacidad para pagar la cantidad total que debes de impuestos está en duda.
- Ciertas circunstancias extenuantes, como la cobranza misma de los impuestos, pudieran generar dificultades económicas extremas o resultar injustas y desiguales.

Para preparar una Oferta de Convenio no necesitas la ayuda de un especialista en impuestos, pero dependiendo de tus circunstancias, podría resultar útil.

Declárate en quiebra: En general, declararse en quiebra no anula las deudas fiscales, pero hay situaciones en las que se puede utilizar para eliminar otras facturas fiscales anteriores. Solicita la asesoría de un abogado especialista en quiebra. Como lo mencioné anteriormente, el hecho de eliminar deudas anteriores te permitiría liquidar tu adeudo fiscal y cubrir otras facturas importantes.

Obtén ayuda profesional: Si "amañaste" tu situación fiscal o tienes algunas dificultades por acciones cuestionables, contrata a un abogado fiscalista para que te ayude a solucionar el desastre. Es probable que llamen a contadores públicos y a agentes registrados a testificar en tu contra en un tribunal fiscal, pero tus conversaciones y toda la comunicación que tengas con los abogados fiscales estarán protegidas por el privilegio de secrecía entre el cliente y su abogado.

Por qué le importan al IRS tus problemas de deuda

Sé que suena loco e incorrecto pero, de alguna extraña manera, la noción de "condonar deuda genera ingresos" resulta lógica. Supón que le pides prestados 10 000 dólares a una empresa y ahora tienes que devolverlos. Estás pasando por dificultades económicas y, en un despliegue inusual de magnificencia, la empresa te suelta. Como los ejecutivos te dicen: "Ya no tiene que pagar los 10 000 dólares que nos debe", tú eres repentinamente 10 000 dólares más rico. Es como si hubieras "ganado" ese dinero. ¿Te das cuenta por qué se involucra el IRS? Si de pronto tienes 10 000 dólares, el IRS va a querer su tajada, así que, si "ganas" esta cantidad porque alguien te perdonó una deuda, también hará lo necesario para que le des una rebanada. Es por esta razón que la condonación de deudas

125

genera ingresos y, naturalmente, debes esperar que el IRS te cobre los impuestos correspondientes.

Para entender mejor la posición del IRS necesitas pensar como ladrón. ¿Qué sucedería si un empleado se pusiera de acuerdo con su jefe para no recibir un salario sino un "préstamo"? Un año después, el jefe perdona el préstamo porque resulta que el empleado "sólo le estaba echando la mano". El empleado sostiene que en realidad no ganó nada, que le perdonaron la deuda de un préstamo. También insiste en que no debe impuestos. Bien, pues si esto funcionara todos lo haríamos, y tan sólo por esa razón, cuando alguien te perdona deudas el IRS te cobra impuestos.

Impuestos sobre deudas condonadas

Si llegas a un acuerdo paga pagar menos de lo que debes por una deuda, o si el acreedor la declara como pérdida, el prestamista puede enviarle al IRS un formulario 1099-C, el cual se usa para reportar el "ingreso por remisión de endeudamiento". De hecho, los acreedores están obligados a hacer esto si la deuda condonada excede los 600 dólares. Por lo general, también a ti te enviarán una copia del formulario, pero si te mudaste, podría no llegarte. El IRS espera que pagues impuestos sobre este "ingreso". Sin embargo, si calificas para una exclusión o excepción, podrías zafarte del pago de impuestos por una cantidad parcial o por la cantidad total a la que asciende el supuesto ingreso.

Para realizar este proceso usarás el Formulario 982 y deberás seguir las instrucciones del IRS, pero puede resultar confuso. Imagínate, si el formulario se llama "Reducción de atributos fiscales debidos a remisión de endeudamiento (y Sección 1082 sobre Ajuste de la Base)", ¿qué puedes esperar del proceso? Por todo esto, te recomiendo trabajar con un profesional de impuestos para que te guíe. Para que te des una idea de lo que podría implicar, te presento una lista de los aspectos con los que tendrás que lidiar:

Deuda cancelada elegible para exclusión del rubro de ingreso bruto:

1. Cancelación del endeudamiento elegible por residencia principal.
2. Deuda cancelada en un caso de quiebra bajo el Capítulo 11.
3. Deuda cancelada debido a insolvencia.
4. Cancelación de endeudamiento elegible por granja.
5. Cancelación de endeudamiento elegible por negocio de propiedad real.

Deuda cancelada elegible para excepción a inclusión por ingreso bruto:

1. Cantidades excluidas específicamente del ingreso por legislación, como donaciones o herencias.
2. Cancelación de ciertos préstamos estudiantiles elegibles.
3. Cancelación de deuda que, de ser pagada por un contribuyente con base de efectivo, sería deducible.
4. Reducción elegible del precio de compra otorgado por el vendedor.

Entre todas estas posibilidades, una de las más usadas es la exclusión por quiebra. La deuda eliminada a través de la declaración de deuda no es gravable. No obstante, debes recordar que si llegas a un acuerdo de liquidación antes de declararte en quiebra, la exclusión no aplicará sobre la deuda.

Otra manera común de evitar el pago de impuestos sobre una deuda condonada consiste en demostrar que eras insolvente en el momento en que se llegó al acuerdo de liquidación. De acuerdo con la definición del IRS, ser insolvente significa que todos tus pasivos (deudas) eran mayores que tus activos en ese momento. Para averiguar si eres elegible, suma por separado el valor total de todos tus activos y de todas tus deudas. Asegúrate de incluir todo lo que debes, incluso si no lo puedes anular a través de la declaración de quiebra (como los préstamos estudiantiles, por ejemplo). Si tu deuda es mayor a tus activos, se considerará que eres insolvente por dicha diferencia.

Digamos, por ejemplo, que tienes 20 000 dólares en activos, pero debes 40 000 dólares. Esto significa que eres insolvente por 20 000 dólares. Mientras los acreedores estén de acuerdo en perdonarte 20 000 dólares o menos de la deuda, no tendrías por qué incluir esa cantidad en tus ingresos gravables. Sin embargo, si logras llegar a un acuerdo con tus acreedores y éstos anulan 25 000 dólares de la deuda, lo más probable es que tengas que reportar en tu declaración de impuestos 5 000 dólares de ingresos por deuda condonada.

De cualquier manera, tendrás que llenar el Formulario 982 para mostrarle al IRS por qué no estás incluyendo en tus ingresos gravables los ingresos reportados en un 1099-C.

Para los ciudadanos del servicio militar estadounidense hay algunas cuestiones más a considerar.

Capítulo 11

ASUNTOS MILITARES

Los apuros del personal de las Fuerzas Armadas y las facturas que deben pagar no son nada nuevo. En una temprana época de la historia de nuestro país, desde la Guerra Civil, los miembros del ejército estadounidense tuvieron que lidiar con asuntos civiles al mismo tiempo que le servían al país. En un esfuerzo por proteger los intereses de la nación y de los militares del norte, el Congreso aprobó una moratoria para las demandas civiles entabladas contra soldados y marineros de la Unión. La moratoria reconocía que el personal de las Fuerzas Armadas necesitaba concentrarse en su labor de lucha en la guerra en lugar de preocuparse por las facturas pendientes en casa. La moratoria también reconocía que al personal militar no siempre se le pagaba lo suficiente para enfrentar las facturas que se acumulaban mientras ellos estaban lejos, atendiendo las necesidades del país. Dicho llanamente, establecía que cualquier acción civil (procesos judiciales por incumplimiento de contrato, quiebra, remate, divorcio y similares) entablada contra un militar, se aplazaría hasta que éste regresara a casa.

En 1918 volvió a entrar en vigor la moratoria para el personal activo en la Primera Guerra Mundial. La Ley de Ayuda Civil para Soldados y Marineros (Soldiers' and Sailors' Civil Relief Act) de 1918 no era tan abarcadora como la moratoria de la Guerra Civil, pero protegía a los militares en activo de la quiebra, el embargo de inmuebles, remate y acciones similares. La ley expiró cuando terminó la Primera Guerra Mundial.

La Ley de Ayuda Civil para Soldados y Marineros de 1940 llevó la ley de 1918 un poco más allá y eliminó la fecha de expiración para los soldados que participaron en la Segunda Guerra Mundial. Entre 1918 y 2003 se le realizaron a la ley 11 enmiendas que reflejan los cambios militares y sociales.

El 19 de diciembre de 2003, con la firma e implementación de la Ley de Ayuda Civil para Miembros de las Fuerzas Armadas (SCRA), el presidente Bush remplazó la ley anterior. La nueva ley conserva la intención de las de 1918 y 1940, pero también toma en cuenta los cambios que ha sufrido nuestro mundo desde entonces.

La SCRA le ayuda al personal en servicio a cumplir con sus obligaciones legales y financieras al mismo tiempo que atiende sus deberes militares. No fue hecha para ayudarles a ignorar sus obligaciones, sino para disminuir su carga mientras están en servicio. Si debe desplegarse por 180 días o más, por ejemplo, la SCRA le permite al personal cancelar el arrendamiento de vehículos. Porque, después de todo, no podrán usar el vehículo mientras le estén sirviendo al país. ¿O te parece correcto que los obliguen a pagar?

Asimismo, los hombres y mujeres en servicio con órdenes de cambio permanente de estación o desplegados a una nueva ubicación por 90 días o más, tienen derecho a dar por terminado el arrendamiento de su casa. Ningún militar o miembro de su familia podrá ser expulsado de su vivienda mientras dicho militar esté en servicio activo, a menos que existan ciertas condiciones (una orden del tribunal, adeudo de rentas por más de 2 400 dólares, etcétera).

La SCRA le ofrece al personal en servicio una suspensión automática de 90 días para todo proceso jurídico y administrativo, siempre y cuando ésta se solicite. También se pueden solicitar suspensiones adicionales, y si una de éstas es negada, el tribunal deberá designar un consejero para que proteja los derechos del militar mientras éste o ésta se encuentre en servicio activo.

La SCRA incluye un límite de 6% en las tasas de interés de las deudas previas al servicio (también para las deudas de tarjeta de crédito). Cualquier porción por encima de 6% no será diferida sino condonada de forma permanente. Una vez que se haya terminado la labor para las Fuerzas Armadas, las mensualidades del militar en cuestión deberán reflejar la cantidad de intereses ahorrados durante el periodo de servicio.

La SCRA también protege al personal en reserva a partir de la recepción de las órdenes de movilización. Esto se hace para darles tiempo de que pongan sus asuntos en orden.

Cualquier militar que reclame los derechos asegurados por la SCRA, también estará protegido de la discriminación de este tipo de demandas. Es decir, no te pueden despedir de tu empleo, expulsar de tu casa ni negarte un crédito por solicitar el amparo de la SCRA.

Además del personal de las Fuerzas Armadas, la protección de la SCRA se extiende a los ciudadanos estadounidenses que sirvan como militares en las fuerzas aliadas, en capacidades similares al servicio militar. La ley también protege a los dependientes del personal en caso de que su capacidad para cumplir sus obligaciones se vea afectada por la ejecución de las labores del militar o la militar en cuestión.

La SCRA ofrece una variedad de estipulaciones que protegen a los militares llamados al servicio activo o a un despliegue de larga duración. La mayoría de las estipulaciones de protección exige como prerrequisito pruebas de afectación material. Todo miembro de las Fuerzas Armadas que enfrente cualquiera de estas situaciones deberá solicitarle más información y ayuda al abogado juez de su unidad o al oficial de asistencia legal de su instalación.

Ahora enfrentemos un desafío aún mayor.

Capítulo 12

COBRADORES DE DEUDA

Los cobradores están en un negocio específico: el de cobrar dinero. La gente suele temerles porque pueden ser bastante agresivos y lograr que tu vida financiera sea muy estresante. Sin embargo, conocer tus derechos respecto a los cobradores o recaudadores puede ayudarte a aliviar la angustia y a atender esas cuentas pendientes tan molestas.

Deuda después de la muerte

Elena atravesaba una gran pena. Joseph, su esposo durante 50 años, acababa de fallecer. A pesar de que Joseph trabajó hasta el último día, Elena no quedó en una buena situación financiera. Vivían en un tráiler destartalado en las afueras del pueblo. Cuando Joseph falleció, se suponía que Elena recibiría una modesta cantidad por concepto de seguro de vida: 2 000 dólares. Contaba con 1 000 dólares más en el banco, pero eso era todo. A los 88 años, tendría que encontrar la manera de sobrevivir con esa cantidad.

Dos semanas después de la muerte de Joseph, Elena recibió una carta de XYZ Services, Inc. En ella, la empresa le ofrecía sus más profundas condolencias por el fallecimiento de su esposo, pero también incluía la información de que Joseph debía 9 000 dólares en una tarjeta de crédito.

Elena estaba confundida, no sabía nada sobre esa cuenta. No estaba a su nombre.

Las llamadas empezaron al día siguiente. La gente que le habló por teléfono fue muy amable. Todos le ofrecieron sus condolencias, pero luego le dijeron que tenía que realizar un "pago de moralidad" para liquidar la deuda de su difunto esposo. "Sabemos que atravesó momentos difíciles —le dijeron—, pero necesitamos resolver esta situación."

Elena explicó que estaba desposeída. Le habían embargado el automóvil, no podía trabajar, no sabía durante cuánto tiempo podría seguir haciendo los pagos de la zona de estacionamiento que ocupaba su tráiler. No tenía idea de lo que sucedería ahora. Pero nada detuvo a los cobradores.

La agencia le llamaba a Elena 10 veces al día. Se enteraron de que pronto recibiría el pago de 2 000 dólares del seguro de vida, así que le sugirieron vigorosamente que limpiara el nombre de su esposo y que les entregara esa cantidad. Con el pago de esos 2 000 dólares anularían la deuda por 9 000 de Joseph y el asunto quedaría solucionado.

Un vecino de la zona de tráileres donde vivía Elena pasó por ahí mientras ella hablaba con el cobrador y escuchó el miedo y la ansiedad en la voz de la viuda.

Cuando terminó la llamada, el vecino intervino. Se enteró de que la tarjeta de crédito estaba a nombre de Joseph, lo que significaba que, al morir, la deuda había quedado saldada. Elena no tenía ninguna obligación de pagar. Su vecino la instó a que hablara con un amigo suyo que era abogado. Tras revisar el caso, el abogado demandó a la agencia de cobranza en nombre de Elena, por acoso.

Como lo muestra este caso, en muchas ocasiones las deudas fallecen contigo. Los miembros de la familia que sobreviven no tienen obligación de cubrirlas.

Si eres cofirmante en un préstamo hipotecario o una tarjeta de crédito, tu cofirmante continúa siendo responsable, pero cuando el préstamo está exclusivamente a nombre de la persona fallecida, como en el caso de Joseph y Elena, quienes sobreviven no tienen ninguna obligación. Recuerda, sin embargo, que si vives en un estado donde aplique la propiedad común, como Arizona, California, Idaho, Luisiana, Nevada, Nuevo México, Texas, Washington o Wisconsin, podrías ser responsable por las deudas en las que incurrió tu cónyuge durante el matrimonio.

¿Esto evita que las agencias de cobranza traten de recuperar el dinero? Por supuesto que no. Las agencias usarán el argumento de la moralidad y de la obligación familiar para sacarte lo que puedan mientras tú enfrentas tu dolor y eres más vulnerable. Muchos incluso te dirán que no hay ninguna exigencia legal que te obligue a realizar el pago, pero seguirán llamando hasta que les des algo o hasta que decidas hablar con un abogado para detenerlos, que es lo más recomendable.

Ten cuidado con los agentes que tergiversan la ley. Podrías no estar obligado a pagar hasta que la persona que te llame empiece a preguntarte cómo falleció el deudor. Algunos cobradores argumentarán que esa causa de muerte específica, ya sea un accidente, vejez, enfermedad o suicidio, te sigue haciendo responsable. Pero eso no es cierto, la causa del fallecimiento no tiene ningún efecto sobre la responsabilidad.

¿Qué sucede si el fallecido (como Joseph, la persona que murió) dejó algún patrimonio? En ese caso los cobradores pueden entablar una demanda de legitimación para que les paguen. Como sucede con los acreedores en el caso de la quiebra, podrían recibir algo o no. Una vez que termina el proceso de legitimación, los cobradores ya no pueden acosar a los miembros de la familia. Si esto llegara a suceder, habla con un abogado.

Es importante que conozcas tus derechos y que sepas que algunas agencias de cobranza harán y dirán lo que se les dé la gana, sea legal o no, para hacerte pagar. Después de todo, trabajan por comisión, así que tu tiempo y tu luto no podrían importarles menos.

Existe una ley federal llamada Ley de Prácticas Justas de Cobranza de Deuda (Fair Debt Collection Practices Act o FDCPA), la cual exige que los cobradores te traten con decencia. Esta ley no les impide que intenten recaudar el dinero, pero establece ciertos límites en su manera de cobrar.

La FDCPA es aplicable en deudas personales, familiares y del hogar. No cubre las deudas de negocios, pero si utilizaste una tarjeta de crédito personal para comprar artículos que usaste en tu negocio, es poco probable que el cobrador lo sepa, así que obedecerá la FDCPA, si es que sabes hacer valer tus derechos.

Un recaudador de deuda es cualquier persona que de manera regular cobra el dinero que debe la gente. Esto incluye a abogados que deben cobrar deudas constantemente. La ley mencionada antes sólo es aplicable en el caso de agencias que cobran adeudos externos, no para los acreedores que deben cobrar sus propias deudas. Sin embargo, tu estado podría tener leyes aplicables a los acreedores.

Hay varias cosas que debes hacer cuando un recaudador de deuda te contacta por primera vez:

1. Obtén la información de contacto del recaudador, incluyendo el número telefónico y la dirección. De acuerdo con la FDCPA, tienes derecho a conocer estos datos.

2. Si te parece que la deuda no procede, levanta una aclaración al respecto. Escribe a la agencia de cobranza de inmediato, levanta la aclaración y solicita una verificación. Envía una carta por correo certificado y pide acuse de recibo. De acuerdo con la FDCPA, tienes derecho a esta verificación. Si no estás seguro de que debes la cantidad total de la deuda, levantar una aclaración la pondrá en duda y te dará la oportunidad de averiguar cuáles son tus opciones.

3. Abre un archivo de correspondencia para llevar registro de todas las ocasiones en que tengas contacto con la agencia

de cobranza: quién llamó, qué dijo y a qué acuerdo llegaron. También guarda copias de toda la correspondencia escrita. Si el cobrador actúa de manera incorrecta, podrías tener recursos legales.

4. Verifica que la deuda haya prescrito. En caso de que ya no esté vigente y el recaudador trate de demandarte, puedes usar la prescripción para defenderte de sus acciones legales. Asimismo, si le solicitas que deje de contactarte para cobrar la deuda, él o ella deberá obedecer (ve más adelante).

5. No le pagues nada a ningún cobrador hasta que no hayas establecido que la deuda sea legítima y hasta no diseñar un acuerdo de pago. No permitas que te intimiden.

Notificación

En los primeros cinco días después de que te contacten por primera vez para cobrarte, el recaudador deberá enviarte un aviso escrito donde se indique la cantidad de dinero que debes, el nombre de tu acreedor y qué hacer en caso de que hayas levantado una aclaración respecto a la deuda.

Todos los estados cuentan con leyes respecto a cuánto tiempo tienen los acreedores o las agencias de cobranza para demandar en distintos tipos de deudas. Es a lo que se le llama prescripción. Para ciertos adeudos, en algunos estados el límite puede ser de cuatro años, pero en otros llega a ser de 20 o más. Esta información es importante porque no es raro que las agencias de cobranza traten de hacer un último esfuerzo para recaudar la deuda justo antes de que ésta prescriba.

Realizar un solo pago de deuda puede extender o incluso reactivar la vigencia. Digamos que un recaudador te llama para cobrarte una deuda de hace 10 años que ya prescribió. Este recaudador no puede demandarte para hacer el cobro, y en caso de que lo llegue a hacer, tú puedes defenderte apelando a la prescripción. El recaudador tampoco puede enviar ningún aviso a las agencias de reporte de crédito, así que no tiene muchas herramientas para recaudar, en especial si le dices que te deje en paz (ve más adelante). Sin embargo, si le llegas a pagar, incluso a realizar un pago simbólico, la deuda podría entrar en vigencia de nuevo.

También es crucial que entiendas que pagarle algo a una agencia de recaudación de deuda, incluso como prueba de buena voluntad, no impedirá que recurra a instancias legales para cobrarte. Los cobradores podrían presionarte para que les des algo y les demuestres que tienes "buena fe", pero si en verdad no tienes lo suficiente para liquidar tu deuda o si crees que te están cobrando algo que no deberían, lo mejor será que sigas negándote y pidiéndoles que te dejen en paz hasta que puedas pagarles. Te reitero que darles algo, por poco que sea, podría afectar la prescripción y reactivar la deuda.

Las llamadas

Un recaudador puede contactarte en persona, por correo electrónico, por teléfono, telegrama o fax. Sin embargo, a menos que le digas que no tienes problema, no podrá hacerlo a horas ni lugares inconvenientes como a las ocho de la mañana o después de las nueve de la noche. El recaudador tampoco te puede contactar en tu trabajo si sabe que a tu jefe no le agrada que te marquen para estas cosas. Si le explicas que no te permiten recibir llamadas en el trabajo, guarda un registro de la conversación, y si te vuelve a contactar, llama a un abogado.

La privacidad

Se supone que, excepto por tu cónyuge, los recaudadores no pueden hablar sobre tu deuda con nadie que no sea cofirmante. Pueden llamarles a tus vecinos o a tus empleadores para obtener tu información de contacto, pero eso es lo máximo que tienen permitido. De hecho, no pueden mencionar que te llaman respecto a una deuda, y en cuanto te contacten deberán dejar de molestar a terceros.

Si contactas a un abogado para que te represente, los recaudadores deberán hablar con él o ella, no contigo. Yo les proveo este servicio a clientes a quienes los recaudadores de deuda han acosado severamente. Los recaudadores no tratan de intimidar a un abogado cuando hablan con él, o al menos no pasado el primer minuto de la llamada. Gracias a esto mis clientes pueden dormir un poco mejor.

Acoso, declaraciones falsas y prácticas injustas

Cualquier persona que haya tenido que lidiar con recaudadores de deuda por algún tiempo se habrá dado cuenta de que no es raro que mientan y que digan lo que se les ocurra para hacerte pagar. Hay límites legales para lo que pueden decir o hacer, pero la mayoría de la gente no conoce sus derechos y por eso simplemente los soporta.

Ten cuidado con cualquiera de las declaraciones o acciones que mencionaré a continuación. Lleva un registro, y si te parece que alguien te está acosando, que hace declaraciones falsas o que incurre en prácticas injustas, contacta a un abogado especializado en legislación de protección al consumidor y solicita su ayuda.

Ejemplos de acoso:

- Amenazas de violencia o daño.
- Lenguaje obsceno o soez.
- Llamadas telefónicas constantes para molestarte.

Ejemplos de declaraciones falsas:

- Insinuar que cometiste un crimen aun sabiendo que no es cierto; decir que si no pagas tu deuda serás arrestado.
- Fingir que operan o trabajan para un buró de crédito.

- Modificar la cantidad de tu deuda.
- Indicar que te fueron enviados formatos legales cuando no lo sean.
- Insinuar que alguien que no es tu confirmante será responsable de la deuda (por lo general, tu cónyuge o un miembro de tu familia).
- Amenazarte con que llevarán a cabo acciones que saben que no están en sus manos (retener tu salario de forma inmediata sin pasar por un tribunal, por ejemplo).
- Indicar que te fueron enviados formatos no legales cuando en realidad sí son legales.

Importante: Un recaudador podría amenazar con notificarle a tu empleador y retener tu salario si no pagas de inmediato. En casi todos los casos de deuda de consumo (excepto los impuestos y algunos préstamos estudiantiles), para poder retener tu salario el recaudador o el acreedor primero tiene que llevarte ante un tribunal y obtener una sentencia. Que lleguen o no a ese extremo dependerá en gran medida de varios factores como la cantidad que debes y la probabilidad que crean tener de recaudar el dinero, sin embargo, esto normalmente no sucede de la noche a la mañana. Ten cuidado cuando un recaudador declare falsamente que te llevará a un tribunal y guarda un registro escrito de la amenaza.

Quiebra: Si te declaras en quiebra y el proceso se lleva a cabo exitosamente, tus deudas serán eliminadas. Esto significa que ya no les deberás a los acreedores en cuestión, pero ellos no necesariamente dejarán de cobrarte. A pesar de que es ilegal, algunos seguirán tratando de recaudar las deudas condonadas por el proceso de quiebra. En cuanto te contacte un acreedor o recaudador e intente cobrarte una deuda condonada, ponte a la defensiva.

Notifícale esta acción ilegal a tu abogado si tienes uno, o al tribunal de quiebra. Si demandas al recaudador por violar la FDCPA y ganas, tu abogado estará encantado de haberte ayudado porque el recaudador tendrá que pagar sus honorarios.

Prácticas injustas

Los recaudadores de deuda no pueden realizar prácticas injustas al tratar de cobrarte. No pueden, por ejemplo:

- Cobrarte una cantidad mayor a la que debes, a menos que la legislación estatal lo permita.
- Depositar prematuramente un cheque posfechado.
- Embargar tu propiedad o amenazarte con hacerlo, a menos que tengan un permiso legal.
- Contactarte a través de una tarjeta postal.

Gerri y yo estamos de acuerdo en que *nunca* deberás enviarle un cheque posfechado a un recaudador de deuda porque es un riesgo demasiado grande. Si al acreedor le rebotan el cheque y tú sabías que podría pasar, incurriste en un delito y podrías ser penalizado por ello.

Cómo frenar a un recaudador de deuda

Si le envías una carta a un recaudador de deuda solicitándole que deje de contactarte, tiene que hacerlo. Sin embargo, esto no impedirá que realice acciones legales para cobrarte la deuda. Es decir, todavía podría demandarte. Enviarle al recaudador una "carta de desistimiento" (forma elegante de decirle que se vaya al diablo) podría tener sentido en los casos siguientes:

- Crees que la deuda ya prescribió (señálalo en la carta).
- En verdad no tienes dinero para pagar (describe brevemente lo difícil que es tu situación).

- El recaudador te ha presionado tanto que desarrollaste un nivel de estrés dañino o efectos físicos secundarios.
- En realidad no crees deber lo que te dicen y supones que un juez se pondría de tu parte si el asunto llegara a un tribunal (explica por qué no crees deber ese dinero).

En la sección de Fuentes encontrarás el ejemplo de una carta de desistimiento.

Negociación

Ocasionalmente, las cuentas por cobrar se pueden arreglar por sólo algunos centavos a través de una negociación. En especial si te es posible pagar una suma considerable en poco tiempo. A la mayoría de la gente no le agrada hacerlo, pero negociar es una de las habilidades más importantes que podrías aprender y refinar. Te recomiendo que inicies todas tus negociaciones con 20 centavos por dólar. Tal vez el recaudador insista en que sólo puede aceptar un mínimo de deuda y esto podría ser cierto o no, pero como no sabes, tendrás que negociar con el mismo vigor que él o ella.

Es más fácil que un recaudador trate de hacerte pagar más, que tú lo presiones para que acepte menos porque:

a. Entre más cobren ellos, más aumenta la probabilidad de que les pagues una cantidad mayor, lo cual tiene un efecto directo sobre el mínimo que están dispuestos a aceptar.

b. Para ellos el asunto no es algo personal como lo es para ti.

c. Ellos negocian deudas todos los días y tú no.

Hay dos aspectos más que debes tener en mente:

1. No aceptes nada que no puedas pagar. Si no puedes pagar lo que te propone el recaudador, dile simplemente que

no te es posible y que le llamarás en cuanto hayas reunido algo de dinero. Si empieza a amenazarte, regístralo por escrito y dile que le llamarás después.

2. A cambio de todo pago, siempre trata de, por lo menos, acordar que se elimine cualquier comentario negativo de tu reporte de crédito. Quizá el recaudador no acepte, pero si lo hace, no pagues hasta que no te lo garantice por escrito. Date cuenta de que solamente señalar en tu reporte de crédito que una cuenta por cobrar fue "saldada" no ayudará a aumentar tu calificación.

Si te sientes demasiado incómodo, hay empresas que se pueden encargar de hacer esta negociación por ti. Revisa la sección de Fuentes.

Asustado y bajo presión

Si los recaudadores de deuda te presionan y te asusta lo que podrían hacer si no pagas, quizá valga la pena que hables sobre tus derechos con un abogado especializado en legislación de protección al consumidor. Por lo general la primera consulta es gratis, pero asegúrate de preguntar antes. En la sección de Fuentes encontrarás más información.

Obtén ayuda

Si te parece que el recaudador podría estar violando la ley, solicita la ayuda de un abogado especializado en legislación de protección al consumidor que conozca a fondo la FDCPA. A partir de la fecha en que el recaudador haya violado la ley, tienes un año para demandarlo en un tribunal estatal o federal. Si ganas, podrías recuperar el dinero perdido por los daños que sufriste más una cantidad adicional de 1 000 dólares. También podrías recuperar lo que hayas pagado por concepto de costos del tribunal y honorarios del abogado. A través de una demanda colectiva, un grupo de gente podría recuperar dinero por daños hasta por una cantidad de 500 000 dólares, o el 1% del valor neto de los bienes del recaudador, lo que sea menor.

Repórtalo

Como lo mencioné a lo largo de este capítulo, necesitas conocer tus derechos. Cualquier problema que tengas con un recaudador de deuda, repórtalo en la oficina del procurador general (visita el sitio naag.org y da clic en el listado correspondiente a tu estado), y en la Oficina de Protección Financiera del Consumidor (CFPB, por sus siglas en inglés), en consumerfinance.gov. La CFPB tiene autoridad para hacer que se cumpla la FDCPA. Aunque por lo general las agencias del gobierno no se involucran en conflictos individuales, si notan un patrón de violaciones por parte de una empresa de cobranza podrían ejercer alguna acción contra ésta. ¡Defiéndete!

TERCERA PARTE
EL GRAN CRÉDITO

INTRODUCCIÓN

Cuando Robert Kiyosaki reprobó la clase de inglés en la preparatoria, su padre rico le recordó que el banquero nunca le había pedido su boleta de calificaciones. Padre rico no quería decir con esto que la educación no fuera importante, sino que las calificaciones escolares no van a determinar la cantidad de riqueza que generes a lo largo de toda tu vida.

Hay, sin embargo, una boleta de calificaciones mucho más relevante para tu vida financiera que la que te daban en la escuela. Se trata de tu reporte de crédito, en donde, en lugar de sólo "10" o "5", te asignarán un número de tres cifras: tu calificación de crédito.

Los reportes y las calificaciones de crédito jugarán un papel fundamental en:

- La cantidad que pagues por tus tarjetas de crédito, hipotecas, préstamos automotrices e incluso algunos préstamos empresariales.
- Tu capacidad para pedir prestado cuando necesites incurrir en, espero, una deuda buena.
- Las tasas de interés que pagues por los seguros de tu automóvil o tu casa.
- Tu capacidad para obtener servicios como cuentas de números celulares y muchos otros.

En este capítulo, como en los dos siguientes, te explicaré cómo funcionan las calificaciones y los reportes de crédito, tus derechos y, lo más importante, cómo aprovechar al máximo el crédito para obtener los mejores tratos.

No te desanimes si tienes "mal" crédito. Si los ganadores en este juego no usan el mal crédito como excusa para no progresar en su lucha por generar riqueza, tú tampoco deberías hacerlo. En cuanto termines de leer el libro podrás empezar a trabajar para mejorar tu crédito, pero mientras tanto, tendrás que ser un poco más creativo.

Si quieres comprar bienes raíces, por ejemplo, puedes buscar préstamos de "dinero duro", es decir, en los que lo importante no es tu crédito sino el valor de la propiedad. Si vas a echar a andar un negocio, puedes buscar socios o limitarte a un presupuesto ajustado mientras mejoras tu crédito. Dicho de otra forma, debes trabajar en este aspecto, pero no puedes permitir que una situación negativa te impida lograr tus metas.

Asimismo, es necesario que pienses por ti mismo y que no te dejes llevar por lo que digan los amigos que sólo estarán contigo en los buenos tiempos.

Cuando la caridad raya en la locura

Donna era amiga de todo mundo. Ella era con quien siempre se podía contar para que te ayudara, ya fuera para mudarse a un nuevo lugar, para llevarte en la madrugada al área de urgencias del hospital, o para prestarte algunos dólares aquí y allá hasta que llegara la quincena.

Como Donna no era casada y su familia no vivía cerca, valoraba mucho su círculo de amigos, todos eran importantes para ella. La joven disfrutaba de la compañía de la gente que la rodeaba y creía que el sentimiento era mutuo.

Donna llevaba los libros contables de un contratista de pintores y estaba ahorrando mensualmente para comprar una casa. Anhelaba tener una casita acogedora porque no estaba segura de llegar a casarse y, por lo menos, quería tener la seguridad de contar con un lugar propio.

Luego llegó Lars a trabajar con el contratista. Era un hombre de cuarenta y tantos años alto y distinguido. Lo contrataron para que trabajara como ejecutivo de desarrollo empresarial para los propietarios de la empresa, quienes deseaban conseguir más proyectos con las agencias del gobierno y con empresas de un nivel más alto. Lars era buen vendedor y Donna le agradó de inmediato. Ella, por su parte, disfrutaba de la atención del nuevo ejecutivo.

Un día, mientras cenaban, Lars le preguntó a Donna si podían hablar de un problema que estaba teniendo con su automóvil. Como estaba dispuesta a escuchar y a ayudar siempre que se le necesitara, Donna insistió en discutir el problema.

Lars le explicó que estaba tratando de comprar una Dodge Durango nueva. Este vehículo le ayudaría en el negocio, pero se encontraba atascado económicamente. Su exesposa había acumulado una gran cantidad de compras en la tarjeta de crédito que tenían en común, y la empresa de las tarjetas ahora lo estaba acosando a él por los atracones de compras de ella. Como su calificación crediticia era baja, para poder financiar la compra del vehículo Lars necesitaba tener un cofirmante, y se preguntaba si Donna podría sugerirle a alguien.

Con el amigable espíritu de costumbre, Donna le dijo que ella podría ser la cofirmante. Como llevaba los libros contables de la empresa, sabía cuánto ganaba Lars y creía que no tendría problema para pagar un préstamo automotriz de 300 dólares mensuales.

Lars insistió en que en realidad no le estaba pidiendo que ella firmara, sólo le había preguntado a quién creía que debería pedirle que lo ayudara. Sin embargo, ella insistió en que no debía buscar más porque creía que podría ser su cofirmante. Estaba dispuesta a ayudarlo porque confiaba en él y se jactaba de ayudar a sus amigos cuando lo necesitaban.

Lars apreció mucho el gesto. Al día siguiente, al final de la jornada de trabajo, fueron a la distribuidora y firmaron los papeles de la Dodge Durango. Cuando Donna estaba a punto de firmar, el gerente de crédito le preguntó si entendía bien las consecuencias del compromiso que iba a adquirir. Le explicó que si por alguna razón Lars no realizaba los pagos, ella sería la responsable. Donna dijo que entendía y firmó el contrato. Conocía a Lars y sabía a cuánto ascendían sus ingresos, así que no debería de haber problema.

Lars salió del lote manejando la camioneta y Donna lo siguió en su automóvil. Fueron al restaurante más chic de la ciudad para celebrar y cuando Lars trató de pagar la cena con su tarjeta de crédito, ésta fue rechazada. Mientras Donna pagaba, él volvió a refunfuñar por el despilfarro continuo de su exesposa.

En las siguientes semanas Lars se fue alejando de Donna, dejó de ser tan atento y coqueto como antes. Ella supuso que se debía a la creciente presión que tenía en la oficina. Era probable que con su nueva Durango causara una mejor impresión y, por lo tanto, recibiera más tareas. Donna no se preocupó mucho por el asunto, pero extrañaba la atención de su compañero de trabajo.

Tiempo después, un lunes, Lars no fue a trabajar. Todos pensaron que estaba enfermo y uno de los pintores incluso bromeó y dijo que tal vez tenía una "severa gripa de whiskey" porque lo había visto beber bastante el sábado por la noche.

Martes, miércoles… y Lars todavía no aparecía. Como tampoco respondía las llamadas, el jueves uno de los propietarios de la empresa fue a su departamento. El encargado del edificio le dijo que el sábado se había mudado sin avisarle a nadie. Como quedó debiendo dinero, el encargado le dijo al dueño de la empresa que le informara si llegaba a tener noticias de su paradero. El viernes Donna recibió una llamada de la agencia de créditos automotrices, le dijeron que Lars no había realizado el primer pago de la Durango y que querían que ella lo cubriera al día siguiente.

Donna estaba anonadada y abatida, sólo había tratado de ayudar a un amigo. ¿Cómo pudo suceder eso? Pagó la primera mensualidad con la esperanza de que Lars apareciera, le llamara o que, de alguna manera, asumiera su responsabilidad por los pagos restantes.

Dos meses y dos pagos después, Donna tuvo noticias. Encontraron la Durango en una zanja a 1 600 kilómetros de distancia, en un estado de pérdida total. Lars estaba en la cárcel por manejar bajo la influencia del alcohol y por homicidio imprudencial vehicular, pero insistía en que no recordaba nada.

Además, había dejado de pagar su seguro porque no tenía dinero. De acuerdo con lo estipulado en el contrato cofirmado, la empresa que otorgó el crédito automotriz le solicitó a Donna que pagara todo el vehículo y otros gastos. Le exigieron cubrir de inmediato decenas de miles de dólares.

Donna tuvo que endeudarse muchísimo para liquidar la deuda de la Durango. Para cuando terminó de saldar la deuda, había perdido todo lo que llevaba ahorrado para comprar la casa que anhelaba desde tanto tiempo atrás.

Y todo por ayudar a un amigo.

Pero ha llegado la hora de hablar de tu reporte de crédito.

Capítulo 13

REPORTES DE CRÉDITO: TU BOLETA DE CALIFICACIONES PARA TODA LA VIDA

Independientemente de que seas inversionista en bienes raíces, propietario de un negocio o sólo un consumidor que ha pagado sus facturas, tienes un reporte de crédito que, quizá, sea más importante para tu vida financiera que cualquiera de las boletas de calificaciones que te hayan dado en la escuela. De hecho, el reporte de crédito juega un papel fundamental en el tipo de crédito que obtengas y en cuánto tendrás que pagar. Incluso si nunca pides prestado ni usas tarjetas, puede tener un efecto sobre la cantidad que pagues por los seguros de tu auto y tu casa. Por eso es necesario que sepas cómo funciona y qué información incluye.

El negocio de las agencias de reportes de crédito, mejor conocidas como "burós de crédito", consiste en recopilar información sobre los hábitos de la gente respecto al pago de sus facturas y vendérsela a empresas que podrían estar interesadas en extenderles un crédito, un seguro o incluso en ofrecer empleo a esas personas.

En Estados Unidos hay tres agencias nacionales de reporte de crédito importantes: Equifax, Experian (anteriormente TRW) y

153

TransUnion. No obstante, también hay cientos de burós menores afiliados a una o más de estas "Grandes Tres". Las pequeñas agencias especializadas obtienen información de los tres burós principales, pero también pueden proveer datos adicionales por su parte. Al final de este capítulo encontrarás más información sobre otras agencias de reportes de consumo.

También existen los burós de crédito empresarial como Cortera, D & B, Equifax y Experian. Éstos son los principales burós especializados en negocios en todo el mundo. Aquí nos enfocaremos en el crédito personal, pero si también deseas fortalecer un crédito empresarial revisa la información sobre este tema que encontrarás en la sección de Fuentes, ya que podría resultarte valiosa.

El negocio de los reportes de crédito es muy grande, pero las agencias más importantes compiten continuamente entre sí. Todas tratan de que sus reportes sean "mejores" que los de sus competidoras y por eso no comparten información a menos que estén obligadas por ley. Ésta es una de las razones por las que, cuando ves tu reporte de crédito, luce ligeramente distinto dependiendo de la agencia que lo haya emitido. Aunque la mayoría de las cuentas incluirá información similar, los reportes no serán idénticos.

Las agencias de reporte de crédito están reguladas por la Ley Federal de Reporte Justo de Crédito (Fair Credit Reporting Act o FCRA). Esta ley fue actualizada en 1999 y, más recientemente, en 2003. Dentro de poco aprenderás más sobre los derechos que te otorga esta legislación.

Cómo empezar

Margery y Sharon eran compañeras de cuarto en la universidad. Estudiaban en una gran institución educativa del Medio Oeste del país, pero hasta ahí llegaban las similitudes. Margery era una chica prudente, estudiosa y enfocada, en tanto que Sharon era la chica fiestera que vivía el momento y gozaba de cada instante.

Aunque a Margery no le molestaba en absoluto quedarse estudiando la noche del sábado si sus cursos lo exigían, Sharon pasaba toda la noche fuera hasta el amanecer del domingo. Evidentemente, cuando Sharon traía amigos a la pequeña vivienda que compartía con Margery fuera del campus para terminar la fiesta, había fricciones porque su compañera necesitaba dormir y se lo decía.

No resulta sorprendente que Margery y Sharon también fueran distintas en sus hábitos de consumo. Margery ahorró para asistir a la universidad y había tenido la fortuna de obtener una beca parcial que le ayudaba a sufragar los costos. No quería ser una carga para sus padres y estaba muy orgullosa de no haberles pedido dinero. Margery no quería incurrir en una gran cantidad de deuda y por eso evitaba las tarjetas de crédito y trataba de ser precavida y prudente con sus gastos.

Sharon, en cambio, era totalmente imprudente. Vivía de los préstamos estudiantiles, del dinero de sus padres y, en el último año, de tres tarjetas de crédito con altas tasas de interés. Como recientemente las había llevado al tope, le dijo a Margery que tendría que sacar otra para ayudarse a pagar la renta del mes siguiente. Margery le preguntó cómo manejaba los pagos con intereses tan altos y Sharon le explicó que trabajaba en The Rat, un bar subterráneo donde los universitarios pasaban el tiempo. Las grandes noches de fiesta de los jueves y los viernes le dejaban suficientes propinas para hacer los pagos mensuales. De los pagos principales, como los de los préstamos estudiantiles, ya se preocuparía después.

A Margery le inquietaba en silencio que Sharon se dirigiera a un desastre financiero. Una vez más, dio gracias por su determinación al evitar las tarjetas y los problemas de crédito.

La graduación llegó poco después y ambas chicas encontraron empleos decentes en Chicago para empezar. Estuvieron de acuerdo en dejar de compartir la vivienda porque reconocían que sus estilos de vida eran demasiado distintos, pero dijeron que se mantendrían en contacto.

Margery comenzó a buscar un departamento, pero tuvo problemas desde el principio porque cuando las administradoras inmobiliarias trataban de revisar su crédito, ella simplemente no aparecía. No había información negativa, pero tampoco positiva, así que no tenían nada en qué basar su decisión. Margery se enteró poco después de que no tener un historial crediticio era algo malo.

Sharon le llamó y la invitó a, por supuesto, una fiesta en su nuevo departamento. Margery se sintió contenta de que la incluyeran en su antiguo grupo de amigos, pero sobre todo, le daba curiosidad de qué manera Sharon había conseguido un departamento tan rápido a pesar de su crédito negativo. Al llegar a la fiesta descubrió que Sharon se había mudado a un espacioso departamento de una habitación con una terraza grande y una vista excelente. Margery saludó a su excompañera y no pudo evitar preguntarle cómo había obtenido un departamento tan lindo. Sharon le explicó que, según el administrador, tenía crédito porque siempre hacía los pagos de sus tarjetas a tiempo.

Al día siguiente Margery despertó con la certeza de que tenía que obtener una tarjeta de crédito. Si a Sharon le habían funcionado cuatro, a ella debería de funcionarle una por lo menos. Llamó al banco para iniciar el proceso. La gente del banco revisó su historial crediticio y, amablemente, le negó el servicio. Margery empezaba a sentirse frustrada y quería saber por qué le habían negado la tarjeta, en especial porque mientras estuvo en la universidad le enviaron cientos de ofertas para que solicitara una. El representante le explicó que a los universitarios les ofrecían un tipo de crédito distinto y que, como ella acababa de salir de la universidad y no tenía historial crediticio previo, de acuerdo con sus estándares no tenía derecho a una tarjeta.

Margery estaba desesperada. Le preguntó al representante si había algo que pudiera hacer. Sí, le respondió éste, podría obtener una tarjeta haciendo un depósito de 2500 dólares como garantía. Era una tarjeta que funcionaba como las de crédito, señaló alegremente el representante.

La joven estaba al borde de las lágrimas. Todo el efectivo adicional que tenía lo necesitaba para el depósito de garantía del departamento, no podía usarlo para obtener una tarjeta, independientemente de cuánto necesitara empezar a generar un historial crediticio. Tuvo que terminar la llamada con el representante, tragarse su orgullo y llamar a casa.

El padre de Margery voló a Chicago el siguiente fin de semana y le ayudó a encontrar un departamento lindo y al alcance de su presupuesto. Como él sí tenía un historial crediticio establecido, fue cofirmante del contrato. Después hicieron algunas llamadas y descubrieron una tarjeta de crédito por la que sólo era necesario hacer un depósito de 500 dólares. Si Margery lograba establecer un buen historial de pagos en el siguiente año, le devolverían el depósito y la tarjeta ya no necesitaría garantía. Su papá la animó a cargar sus víveres a la tarjeta y a realizar puntualmente el pago mensual de la misma para establecer un historial que los servicios informáticos pudieran detectar.

Margery le agradeció a su padre y prometió no volver a darle lata. Él le dijo que le daba mucho gusto que le hubiera llamado para pedirle ayuda.

Margery se dispuso a preparar su departamento. Llamó a la compañía de electricidad para abrir una cuenta y ellos le dijeron que harían una verificación de su historial crediticio. Como ya se había convertido en toda una guerrera del crédito, la joven sabía qué le responderían: claro, como no tenía historial, tendría que dar un depósito de 300 dólares.

A Margery no le quedó otra opción que reírse de lo absurdo de la situación. Le llamó a Sharon para contarle sobre su nuevo departamento y, durante la conversación, le preguntó si había tenido que dar un depósito para la compañía de electricidad. No, le dijo su ex-compañera, no se lo pidieron porque tenía buen historial crediticio.

El reporte de crédito se empieza a generar en cuanto llenas la solicitud de un crédito y la empresa pide un reporte de crédito de tu persona. Si no hay información en la base de datos, almacenan tu información básica de identidad como nombre, dirección y número de seguridad social. En cuanto obtienes un préstamo reportable, la información es enviada a una de las agencias principales de reporte de crédito y ésta abre e inicia tu expediente.

Cómo obtener tus reportes de crédito

La Ley de Transacciones de Crédito Justas y Precisas (Fair and Accurate Credit Transactions Act) de 2003, actualización de la FCRA, exige que todos los burós de crédito nacionales importantes le entreguen al consumidor un reporte gratuito anual. También les puedes solicitar una copia gratuita de tu reporte a los burós que recopilan la información sobre:

1. Registros o pagos médicos
2. Historial de vivienda o arrendamiento
3. Historial de cheques emitidos (como Chexsystems o Telecheck)
4. Historial laboral
5. Reclamaciones de seguros (como CLUE)

Para obtener tus reportes gratuitos de cada una de las tres agencias, visita AnnualCreditReport.com. También puedes obtener una copia gratuita adicional cuando:

- Te fue negado un crédito u otros beneficios, o si recibiste el aviso de un cambio en tu estatus de crédito en los últimos 60 días.

- Estás desempleado, recibes ayuda económica del gobierno o te fue negado un empleo.
- Te parece que fuiste víctima de fraude. (Las víctimas de fraude reciben dos reportes gratuitos al año.)
- Se te notificó que, con base en la información de tu reporte de crédito, no calificaste para la mejor tasa o los términos de un prestamista.

Si vas a comprar una casa o un automóvil, a invertir en bienes raíces o a realizar una compra importante, obtén tu reporte de crédito de inmediato porque a veces se pueden necesitar hasta 60 días para aclarar un error. Si eres inversionista en bienes raíces, tal vez valga la pena que te inscribas a algún servicio que monitoree tu reporte de crédito mensualmente.

¿Quién recibe tu reporte?

Dado que los reportes de crédito contienen información delicada, uno pensaría que las empresas necesitarían pedirte permiso, incluso escrito, para solicitarles tu reporte de crédito a las agencias… pero no es así.

La FRAC permite que las empresas obtengan un reporte de crédito:

- Por razones laborales, por parte de un empleador posible o actual.
- En este caso necesitan primero obtener tu permiso escrito.
- Para realizar la suscripción de tu seguro, incluso cuando tu póliza tenga que ser renovada.
- Para considerar tu solicitud de crédito o para revisar o cobrar una cuenta de crédito existente. Esto podría incluir la solicitud del servicio de un teléfono celular, por ejemplo.
- Para asuntos relacionados con un negocio legítimo y una transacción iniciada por el consumidor.

- Por orden de un tribunal o en conjunción con ciertas solicitudes que tengan que ver con una pensión alimenticia.

Aunque hay muchas fuentes para solicitar tu propio reporte de crédito, obtener los de otras personas es mucho más difícil. Si quieres comprar reportes de crédito de consumidores para, por ejemplo, verificar la fiabilidad de posibles arrendatarios de tus propiedades, puedes dirigirte a una agencia que provea reportes con este propósito específico. Tratar de obtener un reporte de tu prometido(a) o de tu ex sin su permiso es ilegal, pero tampoco sería increíblemente difícil conseguirlo. De cualquier manera, no te recomiendo que lo hagas porque las penalizaciones podrían ser muy severas. Lo único que quiero destacar con esta información es que el sistema no está hecho a prueba de balas.

¿Qué hay en tu reporte?

En tu reporte de crédito hay cuatro tipos de información: personal, sobre cuentas, sobre registros públicos y sobre consultas.

La información personal incluye:

- Tu nombre completo, incluyendo detalles como Jr., Sr., o I, II, III
- Dirección usada cuando solicitaste el reporte de crédito
- Tus direcciones anteriores
- Número de seguridad social
- Año o fecha de nacimiento
- Información actual o previa de tu empleador
- Variaciones en la información personal contenida en tu expediente como apodos, nombres anteriores, distintos números de seguridad social, direcciones diferentes, etcétera

Aunque asegurarte de que toda tu información sea correcta puede ayudarte, hay algunos datos más importantes que otros. Es bien sabido, por ejemplo, que las agencias de reportes de crédito no siempre tienen información precisa sobre el empleo, así que no te preocupes demasiado si los datos no están actualizados, sólo trata de corregirlos. Por otra parte, si detectas un número de seguridad social que no te pertenece, asegúrate de eliminarlo lo antes posible porque podría ser indicador de fraude.

Información de la cuenta. Ésta es una lista de las cuentas o líneas de crédito, como se les llama en la industria, que tienes actualmente o que tuviste en el pasado:

- Nombre y número de cuenta
- Fecha de apertura y fecha de cierre
- Cantidad del pago mensual redondeada al dólar más cercano
- Historial de pagos mensuales, usualmente cubre los últimos 24 meses
- Estatus actual de la cuenta (pagado como se acordó, 30 días de retraso, etcétera)

Éstos son los tipos de cuentas que suelen aparecer en tu reporte de crédito:

- Tarjetas de crédito, tarjetas de tiendas al menudeo o tiendas departamentales, tarjetas de compañías gaseras
- Préstamos bancarios
- Créditos automotrices y arrendamientos
- Hipotecas y préstamos o líneas de crédito por patrimonio inmobiliario
- Cuentas de empresas de financiamiento para los consumidores

161

- Préstamos de vehículos recreativos
- Préstamos o tarjetas de cooperativas de crédito
- Préstamos estudiantiles

Tipos de cuentas que por lo general no aparecen en tu reporte de crédito estándar:

- Cuentas de alquiler con opción a compra
- Cuentas de cheques
- Cuentas con instituciones más pequeñas
- Historial de pago de rentas
- Cuentas de servicios o celulares, a menos que hayan sido enviadas a cobranza
- Cuentas médicas, a menos que haya morosidad
- Pensiones alimenticias, a menos que haya morosidad

Importante: ninguna ley exige que los prestamistas envíen información a las agencias de reportes. Algunos la envían a uno o dos burós, y otras sólo reportan si te retrasas en algún pago. También hay burós especializados para la información sobre cuentas de cheques, de los cuales hablaremos más adelante.

Códigos de calificación

Cuando recibas tu reporte, probablemente la mayor parte de la información estará escrita en inglés simple. Sin embargo, en algunos casos todavía se utilizan códigos que han estado vigentes durante años, y por eso sería importante que los conocieras.

Cuenta abierta   O
(en general debe saldarse en 30, 60 o 90 días)
Cuenta revolvente   R
Cuenta por exhibiciones   I

Hipoteca	M
Línea de crédito	C

Códigos numéricos para el estatus actual de pagos:

Estatus de pagos	Código
Cuenta no calificada, demasiado reciente para ser calificada o no usada	00
Pagada como se acordó	01
Pagada con 30 días de retraso o no hay más de un pago anterior pendiente	02
Pagada con 60 días de retraso o no hay más de dos pagos pendientes	03
Pagada con 90 días de retraso o no hay más de dos pagos pendientes	04
Pagada con 120 días de retraso	05
Se hacen pagos regulares dentro de un plan de quiebra de asalariado o de un plan de asesoría crediticia	07
Embargo	08
Embargo voluntario	8A
Embargo legal	8D

Pago a una cuenta embargada	8P
Embargo liquidado	8R
Mala deuda; cuenta eliminada por ser incobrable	09
Cuenta por cobrar	9B
Pago a una cuenta incobrable	9P
Cuenta sin calificación	UR
Cuenta no clasificada	UC
Cuenta rechazada	RJ

Es necesario que tengas la mayor cantidad posible de pagos enlistados.

Tu historial de pagos es la sección más importante del reporte, así que es fundamental que lo revises con detenimiento para asegurarte de que no haya imprecisiones. Entre más pronto detectes los errores, más tiempo tendrás para corregirlos, ¡y créeme que toma tiempo! En otro capítulo más adelante explicaré el proceso.

La información sobre los registros públicos y las cobranzas podría incluir:

- Sentencias de tribunales
- Gravámenes federales, estatales y del condado, incluyendo gravámenes fiscales
- Declaraciones de quiebra
- Cuentas cobrables

La información de los registros públicos es ligeramente distinta porque no hay número de cuenta, límite de crédito ni historial de pago. Aunque tampoco hay calificación, los listados se consideran negativos.

Aquí aumenta la probabilidad de que haya errores. Una mujer, por ejemplo, se mudó de California a Florida y unos años después descubrió que el estado de California estaba convencido de que debía 100 dólares adicionales a sus impuestos estatales. Pero como no tenían su dirección actualizada, simplemente la demandaron. Para ese momento ya debía 400 dólares más los cargos por penalizaciones. La mujer saldó la deuda, pero pasaron dos años sin que en su reporte de crédito se incluyera la información de que la sentencia había sido cumplida, lo cual le generó más problemas porque parecía que seguía debiendo el dinero.

Las cuentas por cobrar son otro problema porque a menudo en los reportes no se indica que ya fueron saldadas o no aparecen en una disputa aunque el consumidor haya levantado una aclaración legítima.

Por cierto, en la mayoría de los estados, si los empleadores obtienen una autorización tuya por escrito, pueden revisar tus reportes de crédito. De acuerdo con el Centro Nacional de la Ley del Consumidor, muchos empleadores no les avisan a sus empleados actuales o posibles que su reporte de crédito será usado para un proceso relacionado con su trabajo.

Consultas

En las consultas se enlista a las empresas que han revisado tu reporte de crédito en los últimos dos años, y no resulta raro que en esta sección encuentres nombres que no reconoces. En primer lugar, las empresas no necesitan tu permiso por escrito para tener acceso a tu expediente crediticio, les basta con que haya una razón legítima relacionada con un crédito, seguro o empleo. Solicitar una nueva cuenta de celular, por ejemplo, podría generar una consulta en tu expediente.

Asimismo, la empresa que en realidad consulte tu reporte podría tener un nombre distinto. Por ejemplo, entras a la sucursal local de Dave's Flooring y solicitas abrir una cuenta para comprar una alfombra nueva para tu casa. Como el financiamiento lo podría manejar XYZ Finance Co., ése será el nombre que aparezca enlistado en tu reporte de crédito.

Advertencia: Las consultas de empresas que no reconoces también podrían ser una señal temprana de fraude crediticio, así que no dudes en llamar a la agencia de reporte de crédito para obtener más información y, de ser necesario, contacta a la empresa para averiguar por qué revisaron tu expediente.

Como lo mencioné en el capítulo anterior, las únicas consultas que dañan tu calificación son las consultas duras o en las que en verdad solicitas crédito.

¿Durante cuánto tiempo se puede reportar la información?

Si tu crédito está dañado, esto probablemente sea muy importante para ti: ¿cuánto tiempo puede permanecer la información perjudicial en tu reporte?

La larga sombra del crédito

Roberto había cometido algunos errores, se arriesgó con un restaurante y las cosas no salieron bien. Los primeros 12 meses tras el fracaso de su negocio fueron difíciles. Como era propietario único, resultó responsable de todas las reclamaciones, independientemente de si las garantizó de forma personal o no. Los acreedores lo acosaban noche y día.

Su abogado le había recomendado incorporar su empresa para limitar su responsabilidad, pero él creyó que sólo quería sacarle unos 1 000 dólares más. Ahora se daba cuenta de que gastar esos 1 000 dólares le habría ahorrado decenas de miles en pena y sueño perdido.

La empresa proveedora del restaurante demandó a Roberto y ganó un juicio por 50 000 dólares. Como alegaron fraude y ganaron, Roberto no pudo desembarazarse de la deuda a través de la declaración de quiebra. Para cumplir la sentencia pagó 1 000 dólares al mes durante cinco años. Su calidad de vida se vio afectada grandemente durante ese tiempo.

Los otros proveedores, como la empresa de productos agrícolas, la de mantelería, su arrendador y otros similares, también amenazaron con demandarlo. Durante seis meses tuvo que lidiar con los encolerizados propietarios de negocios. Sólo los pudo mantener a raya diciéndoles la verdad, que no tenía nada de dinero. Estaba en la ruina.

Luego se presentaron las agencias de cobranza como si fueran perros de ataque. Los proveedores les habían entregado sus demandas a personas no muy agradables que no sólo transmitían odio a través de la línea telefónica, también violaban la ley porque le llamaban a Roberto por la noche, ya muy tarde, y lo amenazaban diciéndole que si no liquidaba los adeudos se iría al infierno por todas las razones posibles.

Roberto tuvo que soportar estas llamadas seis meses más. Les dijo a los cobradores la verdad, que no tenía dinero, pero las agencias amenazaron con demandarlo, a lo que él contestó que estaban en su derecho de hacerlo. Luego las agencias amenazaron con arruinar su calificación de crédito y él les explicó que ya estaba arruinada.

Más adelante, el otrora empresario desarrolló una retorcida y útil noción filosófica del juego de la cobranza. A los cobradores les pagaban para que se comportaran horriblemente y para que realizaran un espantoso trabajo. Era gente con problemas. Si bien él falló en una ocasión, seguía siendo una persona con moral y, por lo tanto, su espíritu era superior a las venenosas voces al otro extremo de la línea. Roberto desarrolló una actitud calmada que usaba cuando tenía que lidiar con las agencias de cobranza: entre más le gritaban y le exigían, más pacífica era su respuesta. Y entre más tranquilo se volvía, más se enojaban algunos de los cobradores. El volumen de su voz y su malvado e insultante trato se tornaron atemorizantes, casi psicóticos, sin embargo, Roberto conservó la calma. Había aprendido que los dioses encolerizan a la gente antes de destruirla. A veces, cuando terminaba de hablar por teléfono, Roberto se quedaba con miedo de que el cobrador regresara a su casa y pateara al perro, pero ése ya no era problema suyo.

Un año después, las llamadas de los proveedores y de sus agencias de cobranza empezaron a disminuir. Algunos concretaron sus amenazas y enviaron un aviso de falta de pago a los burós de crédito, así que en la materia Dinero 101, la boleta de calificaciones de Roberto ahora mostraba un espantoso "5".

Los últimos siete años no habían sido sencillos. Roberto tuvo que volver a su oficio de chef pastelero y trabajó arduamente durante cinco años para liquidar los 50 000 dólares de la demanda. Su historial crediticio era tan malo que no podía ni pensar en comprarse una casa o un auto, y por eso vivía en un departamento modesto e iba en autobús a trabajar.

Dos años después, una vez que cubrió la sentencia de la demanda, su situación financiera empezó a mejorar. El otrora empresario comenzó a ahorrar dinero para comprar un automóvil en efectivo. No estaba seguro de cómo pagaría el seguro, pero suponía que la Providencia se haría cargo de él.

Luego recibió otra llamada. En cuanto escuchó el desprecio en la voz, supo que se trataba de un cobrador. La voz le exigía que le pagara a la empresa de mantelería 10 000 dólares inmediatamente o, de lo contrario, iniciarían una acción legal. Según la voz, la empresa de mantelería podría ganar fácilmente en un tribunal y, sumados los honorarios legales y los intereses de las penalizaciones, ahora les debería un total de 20 000 dólares. Roberto se mantuvo calmado e hizo una pregunta lógica. ¿Durante cuánto tiempo se podían cobrar esas deudas? El cobrador se enojó muchísimo. Le gritó que las deudas de los vagos duraban por siempre y que aparecerían en su reporte de crédito por toda la eternidad. También le dijo que tenía 24 horas para decidir entre pagar 10 000 o 20 000 dólares, y colgó el teléfono de golpe.

Roberto tenía la sensación de que algo no cuadraba. No era algo que le hubieran enseñado en la escuela porque, desafortunadamente, ahí no enseñan nada sobre el dinero, pero le parecía que su obligación de pagar la deuda debía terminar en algún momento. Estaba seguro de que después de cierto número de años tendría que liberarse de las reclamaciones.

El otrora empresario decidió pedirle asesoría a su abogado. De ser posible, prefería gastar 200 dólares en lugar de 10 000.

El abogado le informó que las obligaciones de deuda expiraban después de un periodo determinado. Era a lo que, en la jerga legal, se le llama "prescripción", es decir, un periodo durante el cual tuvo que haberse ejecutado una acción, pero no fue así. Le explicó que estos periodos han existido desde la época del Imperio romano. Los emperadores estaban muy conscientes de que, una vez que hubiera pasado suficiente tiempo, las reclamaciones tenían que cancelarse. Permitir que las disputas continuaran durante décadas y generaciones podía afectar la estabilidad del Imperio. Hasta la fecha, los gobiernos continúan reconociendo la prescripción. Aunque cada estado tenía un periodo distinto dependiendo del asunto, en el estado donde vivía Roberto el periodo para cobrar una deuda prescribía después de siete años.

Roberto explicó que ya habían pasado siete años y su abogado le comentó que el otro periodo importante era el de los siete años y medio durante los cuales las deudas podían seguir apareciendo en sus reportes de crédito. Esto le llamó la atención a Roberto, quien añadió que el cobrador le había dicho que la deuda aparecería en el reporte por toda la eternidad.

El abogado rio de buena gana. Llevaba 20 años lidiando con mentirosos, pero ninguno era tan desvergonzado como los recaudadores que trataban de hacerte creer que las deudas jamás se borrarían del reporte. El abogado le informó a Roberto que las deudas desaparecían de este documento después de siete años y seis meses a partir de la primera ocasión en que el consumidor le dejaba de pagar al acreedor original.

Ahora sí, Roberto estaba verdaderamente enojado. El cobrador estaba tratando de engañarlo para que pagara una deuda que ya había prescrito, es decir, que ya no debía legalmente y que muy pronto desaparecería de su reporte de crédito. El abogado asintió y le comentó que con mucha frecuencia las agencias trataban de cobrar deudas antiguas por medio de engaños. Señaló que la Comisión Federal de Comercio alentaba a los estadounidenses a reportar este tipo de abusos en su sitio de internet, ftc. gov, y que cada año le presentaba al Congreso un reporte sobre estas quejas.

Roberto estuvo feliz de reportar el acoso, aunque sólo fuera para dar salida a su furia. Cuatro meses después, el accidentado episodio del restaurante desapareció de su reporte de crédito y Roberto volvió a sentirse libre y con deseos de comprar su primera casa.

Los reportes de crédito pueden generar una sombra demasiado amplia, por eso es importante que sepas cuánto tiempo permanece la información en tu expediente. Esto es lo que dice la Ley Federal del Reporte Justo de Crédito:

- Quiebra: todas las quiebras personales pueden permanecer 10 años a partir de la fecha de la declaración (no de la fecha de condonación, que es el momento en que termina la quiebra). Sin embargo, si hiciste tu declaración bajo el Capítulo 13 y pagaste parte de tu deuda en algunos años, puedes solicitar que las agencias de reporte eliminen tu quiebra después de siete años a partir de la fecha de declaración. De hecho, casi siempre lo hacen automáticamente sin que tengas que solicitarlo.

- Demandas legales o juicios civiles: siete años a partir de la fecha de ingreso (por parte del tribunal) o de la prescripción vigente actual, lo que dure más. Si pagas, a menudo los burós de crédito eliminan estos siete años a partir de la fecha de ingreso.
- Gravámenes fiscales pagados: una vez que los hayas pagado o cubierto, solicítale al IRS que los elimine. Si no lo haces, serán reportados durante siete años a partir de la fecha de pago o liquidación.
- Gravámenes fiscales no pagados: de manera indefinida hasta que se cubra el gravamen, a menos que califiques para su remoción. Más adelante explicaré cómo hacer esto.
- Cuentas cobrables o cuentas cancelables: no más de siete años y 180 días a partir de la fecha original de impago.
- Pagos retrasados: no más de siete años.
- Préstamos estudiantiles no pagados: si presentas un préstamo estudiantil incumplido pero asegurado a nivel federal y vigente, si realizas 12 pagos puntuales consecutivos, y si no te retrasas por NINGUNA razón, entonces puedes solicitar que se elimine la información sobre los pagos retrasados anteriores. De no ser así, la información aparecerá durante siete años.
- La información positiva o neutral podría reportarse por tiempo indefinido.

¿Siete años a partir de cuándo?

Esto es un poco confuso. Una consumidora recibió un correo electrónico de una de las agencias de reporte de crédito más importantes; en él le decían que la información de las cuentas por cobrar se reportaría durante siete años a partir de la última actividad, ¿pero a qué se refieren? ¿A la última vez que se hizo un pago? ¿La última vez que la consumidora usó la cuenta? La FCRA no menciona la fecha de la última actividad, pero es algo que podrías escuchar de vez en cuando. Los abogados de la Comisión Federal de Comercio han comentado que la fecha de la última actividad no determina el tiempo que la información puede permanecer en tu reporte.

La FCRA explica con detalle las reglas específicas respecto al tiempo que se reportarán las cuentas por cobrar y las cuentas incobrables: siete años y 180 días (unos seis meses) a partir de la fecha en que se debió realizar el pago de la cuenta que, debido al impago, más adelante devino cobrable o incobrable. Toma nota de que el periodo no inicia cuando la cuenta se vendió para ser cobrada ni en la fecha de la última actividad.

Te daré un ejemplo. Digamos que la primera vez que te retrasaste con el pago de tu tarjeta de crédito de SkyHigh Bank fue con la mensualidad de enero de 2012. Como no realizaste los pagos, en junio de 2012 el banco la catalogó como cuenta incobrable. En diciembre de 2012 la deuda fue enviada a la agencia ToughTimes Collection. El impago y la cuenta cobrable pueden permanecer en tu reporte durante siete años a partir de enero de 2012, fecha de la primera ocasión en que no cubriste la mensualidad correspondiente.

Por ley, las agencias de cobranza deben reportar la fecha original de la morosidad. Si no la ubicas en tu reporte, pregunta en la agencia. Si no aparece, inicia una reclamación porque ésta es la única manera de saber cuánto tiempo se reportarán tus cuentas.

Asimismo, no permitas que las agencias de cobranza te digan que pueden reportar tu información por siempre. Pagues las deudas o no, las cuentas se anularán después de siete años y medio. Es ilegal que las agencias te amenacen con reportar la información negativa por más tiempo del permitido. Si en alguna agencia te dicen lo contrario, levanta una queja en el sitio de internet de la Comisión Federal de Comercio, ftc.gov, y en la Oficina de Protección Financiera del Consumidor, en consumerfinance.gov.

Cómo lograr que eliminen los gravámenes fiscales

Los gravámenes fiscales dañan tu calificación crediticia de una forma tremenda. Como lo mencioné anteriormente, de acuerdo con la FCRA, si no se pagan, los gravámenes fiscales se pueden reportar indefinidamente, y luego, cuando ya los pagaste o llegaste a un acuerdo, todavía permanecen siete años más a partir de la fecha de liquidación. En pocas palabras, ¡pueden quedarse en tus reportes de crédito mucho tiempo!

No obstante, dentro del programa Fresh Start que anunció el IRS en 2011, si pagas el gravamen fiscal, o si debes 25 000 dólares o menos y firmas un acuerdo para pagar los impuestos en exhibiciones y permitir que el IRS retire las mensualidades directamente de tu cuenta bancaria, puedes solicitar que se elimine la información del reporte. Naturalmente, habrá un periodo de algunos meses de prueba para que el IRS se asegure de que harás los pagos. Si estás en alguno de los dos casos anteriores deberás enviar el Formulario 12277 en el que se solicita que se retire el gravamen. No sucede de forma automática, e incluso es posible que después de enviar la solicitud el gravamen siga apareciendo algunos meses.

Otras agencias de reporte de consumidores

Innovis

Cuando la gente menciona a Innovis Data Solutions (en innovis. com), suele referirse a esta empresa como el cuarto buró de crédito más importante. No es una empresa muy conocida y, de hecho, es bastante difícil encontrar información respecto a quiénes son y qué hacen. Actualmente Innovis no les ofrece reportes de crédito de manera directa a los consumidores, sólo vende listas a las empresas de tarjetas de crédito y a otros negocios que pueden usarlas para su mercadotecnia. Innovis puede, por ejemplo, vender una lista de gente que se mudó recientemente o una lista de gente morosa, la cual podría usarse como un elemento adicional de revisión para las ofertas de tarjetas de crédito preaprobadas.

Debes saber que nadie te va a negar un crédito basándose en tu reporte Innovis, sin embargo, sí podrían eliminarte de las listas de la gente a la que le hacen las ofertas más favorables. Por esto es buena idea que cuando revises tu reporte de crédito también le eches un vistazo a tu expediente de Innovis. Las instrucciones las puedes encontrar en innovis.com.

Chexsystems, Telecheck y Certegy

Chequeada

Amber tenía un puesto en el departamento de servicio de un distribuidor automotriz. Había trabajado arduamente para subir en la jerarquía y un día aceptó un empleo como asistente de la gerencia en otra distribuidora a 800 kilómetros de distancia. Como le gustaba usar los bancos locales porque sentía que en las instituciones de menores dimensiones le ofrecían un servicio más personalizado, cerró su antigua cuenta y planeó abrir una nueva en un banco pequeño de la ciudad en la que viviría ahora. Sin embargo, al efectuar el cambio surgió un problema.

En lugar de destruir sus antiguos cheques con una trituradora de papel, la ejecutiva los tiró en un bote de basura en medio de su oficina. Pensó que como había cerrado la cuenta, no tenía por qué tomar precauciones especiales. Tampoco le preocupó que alguien del departamento de nómina pudiera tener acceso a su número de seguridad social, a su firma y, ahora, a sus cheques.

En cuanto se instaló en su nueva ciudad, Amber fue al banco local para abrir una cuenta nueva, pero los ejecutivos le dijeron amablemente que no podrían ayudarle. Al principio se sintió confundida y luego molesta. Solicitó que le explicaran por qué no querían abrirle una cuenta si tenía un buen historial crediticio y nunca había dejado de pagar una mensualidad. Los ejecutivos sólo le dijeron que recibiría una carta donde se explicaba el porqué.

Amber salió furiosa y se dirigió a un banco ligeramente más grande, pero la respuesta fue la misma, no le abrirían una cuenta. El representante, sin embargo, fue más amable y le explicó que el banco usaba la agencia de reporte de consumidores Chexsystems, en la cual aparecía información negativa respecto a ella. También le comentó que había otras dos agencias con las que había trabajado el banco en el pasado, Telecheck y Certegy, y que si por lo menos una de ellas también tenía un reporte negativo, le sería muy difícil abrir una nueva cuenta de cheques.

Amber preguntó cómo se habría generado un reporte negativo si había cerrado su cuenta anterior y todos los cheques que había emitido se pagaron sin problemas. El banquero le preguntó si no había olvidado cancelar algún pago automático de esa cuenta, ya que eso habría podido sobregirarla después. "No", contestó ella. Como el banquero no podía proveerle más información, le dio los números telefónicos de las agencias de reporte de cheques.

175

Después de invertir mucho tiempo y esfuerzo, Amber descubrió que alguien había cometido fraude con los cheques que tiró en su oficina. Le tomó varios meses arreglar el desastre y luego eliminar la información negativa del reporte de su cuenta de cheques y abrir una cuenta nueva.

Los cheques rebotados o sobregirados no siempre se reflejan en un reporte de crédito ordinario, sólo surgen cuando se le entrega un balance negativo a una agencia de cobranza. A pesar de todo, un solo problema de insuficiencia de fondos o un cheque rebotado no afectarán tu calificación FICO.

Dicho lo anterior, debes saber que en la industria bancaria hay tres agencias que les reportan este tipo de problemas a los bancos y los comerciantes que, por supuesto, quieren evitar los cheques rebotados y fraudulentos.

Telecheck tiene una base de datos con información de cuentas bancarias y de cheques, y usa métricas con base en riesgo para alertar a los comerciantes respecto a la probabilidad de fraude antes de que acepten un cheque. Si alguna vez pagaste con cheque y recibiste un recibo electrónico de la transacción que tuviste que firmar, ya fuiste testigo del funcionamiento del sistema de aceptación electrónica de cheques de Telecheck.

Chexsystems recolecta información de empresas financieras que forman parte de su red, y luego las comparte de vuelta con ellas. Sus reportes les ayudan a los bancos y a las empresas que ofrecen cuentas de ahorros, préstamos y similares a determinar si deberían abrir una nueva cuenta o no. En esta agencia, tu insuficiencia de fondos y tus cheques rebotados sí pueden generar una calificación negativa.

A través de su base de datos y de sus sistemas analíticos de riesgo, Certegy Check Systems también les ayuda a los comerciantes a decidir si aceptar un cheque o no. Si un comerciante se basa en la información de esta empresa para rechazar tu cheque, Certegy te ofrece a ti un servicio para evitar este tipo de problemas en el futuro. Se llama Certegy Gold Application y es gratuito. Basta con que llenes el formato en Askcertegy.com para que te ayuden a evitar la mayoría de los rebotes.

Estas tres agencias te ofrecen una copia gratuita anual de tu reporte, pero por supuesto, si no apareces en su sistema, no habrá nada que reportar. Contáctalas en las siguientes direcciones para obtener tu copia gratuita:

—Chexsystems: 1-800-428-9623 o en ConsumerDebit.com

—Certegy Check Systems, Inc.: 1-866-543-6315 o en AskCertegy.com

—Telecheck/FirstData 1-800-366-2425 o en FirstData.com

Si alguna de estas agencias emite un reporte sobre tu actividad y hay un error en él, puedes levantar una aclaración porque se trata de reportes de los consumidores y a todas las agencias las rige la FCRA.

Si la información es correcta y todavía le debes tarifas o cargos a la institución financiera que te reportó, trata de convencerla de que elimine tu reporte a cambio de pagarle el saldo restante. La información negativa permanecerá en tu expediente durante cinco años y podría dificultarte la apertura de una nueva cuenta en otros lugares.

¡Ten cuidado! Incluso si nunca rebotan tus cheques, podrías llegar a tener un reporte negativo en Chexsystems, por ejemplo. ¿Por qué? Porque si eliges cerrar una cuenta y te olvidas de las tarifas recurrentes o de los retiros preautorizados, estos cargos podrían provocar un sobregiro que te generará un reporte con alguna de las agencias mencionadas.

¿Tienes IDEA de lo que pasa con ese inmueble?

Hay un reporte de consumo que podría sorprenderte por completo porque no se refiere a ti sino a las propiedades que podrías estar interesado en comprar. Se trata del reporte CLUE, acrónimo de Comprehensive Loss Underwriting Exchange y una manera más de decir "idea" en inglés. CLUE es una base de datos de la industria de los seguros que usan los agentes para negarles la cobertura a inmuebles problemáticos.

Perro malo, casa mala

Nicolas estaba listo para invertir en un inmueble residencial. Venía saliendo de algunas dificultades financieras y apenas el año anterior había comprado su primera casa. Por el momento el inmueble era su residencia principal, pero él la había adquirido con la idea de rentarla porque sabía que se mudaría a una casa más grande.

En ese tiempo Nicolas estaba buscando otra casa unifamiliar. Quería comprarla para generar cierta cantidad mensual de ingresos pasivos; sabía que 200 dólares mensuales le servirían para superar las secuelas de sus problemas financieros recientes. Por todo lo anterior, necesitaba encontrar la propiedad perfecta al mejor precio posible.

Tras varias semanas de búsqueda diligente, encontró una candidata adecuada. Era una casa de tres recámaras y dos baños, con pisos de madera y un amplio jardín trasero. El inmueble necesitaba reparaciones, pero parecía costar 20000 de acuerdo con los bienes raíces comparables que se ofrecían en el mercado local. Además, el propietario no andaba mucho por ahí y estaba dispuesto a aceptar que se le pagara con un préstamo exclusivamente de intereses que duraría dos años. De esta forma el nuevo dueño tendría acceso inmediato al inmueble y podría empezar a arreglarlo.

Nicolas estaba interesado, así que fue a ver la propiedad. Cuando entró notó un olor picante, pero un par de minutos después ya se había acostumbrado. Como el inmueble parecía coincidir con la descripción, ofreció un enganche de 2 000 dólares.

Como parte de su tarea y de la labor de adquisición, Nicolas contactó a su agente de seguros para trabajar en la cobertura de la casa. Un día después, el agente le llamó para darle malas noticias. No podía asegurar la propiedad porque había un reporte de CLUE. Nicolás no tenía idea de lo que eso significaba, pero el agente le explicó que debido a un gran número de reclamaciones, la industria de los seguros había empezado a detectar las propiedades problemáticas. Si existía un número importante de reclamaciones contra una propiedad por robo, daño por fugas de agua o tormentas, o de otro tipo, los aseguradores se negaban a cubrirla. Esta decisión no tenía nada que ver con la calificación de crédito del individuo, dependía exclusivamente del historial de reclamaciones previas respecto a la propiedad.

Nicolas preguntó cuál era el problema con el inmueble y el agente le explicó que el propietario lo había rentado a familias con perros. Cada vez que una familia se mudaba, el dueño enviaba una reclamación al seguro por el daño que habían causado los perros al tratar de marcar su territorio. Efectivamente, Nicolas había notado que el olor era bastante fuerte, así que preguntó si no podrían otorgarle la cobertura del seguro si se comprometía a no rentar la casa a familias con perros, pero el agente le dijo que no tomaban en cuenta las promesas a futuro ni el "borrón y cuenta nueva". La industria de los seguros ya había estigmatizado el inmueble, así que no volverían a protegerlo.

Nicolas apreció que le dieran la información y se echó para atrás con la compra de la casa. Para que alguien la adquiriera, tendría que estar totalmente perdido y no conocer la información de CLUE.

Es importante destacar que sólo los dueños actuales de un inmueble pueden solicitar el reporte CLUE en choicetrust.com. Por esta razón, los compradores deberán solicitarles a ellos dicho reporte. De otra manera, es probable que no se pueda obtener una cobertura de seguros para ciertos inmuebles problemáticos y, para colmo, el perfil negativo del inmueble podría manchar un buen historial crediticio. Los desafíos surgen en todos lados.

Ha llegado el momento de que nos califiquen.

Capítulo 14

CALIFICACIONES DEL CRÉDITO

Si bien tu reporte de crédito es crucial, las cifras que éste genera —tus calificaciones crediticias— podrían ser aún más relevantes. Las calificaciones son misteriosas y la gente las malinterpreta con frecuencia, sin embargo, son tan valiosas que vale la pena darse tiempo para entenderlas.

¿Cuánto vale una buena calificación de crédito?

Para este momento la mayoría de la gente ya escuchó hablar de las calificaciones "FICO". Se trata de calificaciones generadas por una empresa que antes se llamaba Fair Isaac Company, pero que ahora sólo usa su acrónimo como nombre: FICO. Estas evaluaciones han existido durante muchos años y son las más usadas, sin embargo, es posible que tú no tengas una porque se generan dependiendo de quién las use y con qué propósito.

El objetivo de generar una calificación es predecir un comportamiento. En la mayoría de los casos, los prestamistas y las aseguradoras usan las calificaciones para predecir el riesgo de prestarle dinero u otorgarle una cobertura a un consumidor. Sin embargo, también pueden utilizarlas para predecir qué tan rentable podría ser un cliente actual o en potencia; para predecir lo que sucedería si aumentaran su línea de crédito o si cambiaran las condiciones de una cuenta, etcétera.

Las calificaciones se generan a través del análisis de factores que distintos grupos de consumidores tienen en común, y el objetivo es identificar los factores comunes de quienes pagan sus facturas a tiempo y de quienes no. A menudo, las calificaciones FICO se basan en información que aparece en el reporte de crédito, pero también pueden incluir datos tomados de una solicitud del cliente o del historial de sus cuentas.

Viéndolo desde una perspectiva positiva, si las calificaciones y los reportes no existieran, sería imposible conseguir crédito con la facilidad que se puede hacer hoy en día. Las calificaciones crediticias te permiten pedir dinero prestado para una emergencia o para hacer una inversión rentable y que lo obtengas rápidamente. El sistema de calificación de crédito es objetivo y, en general, no está sesgado porque no se basa en aspectos como el origen étnico, el género, la demografía de un vecindario ni otros factores similares. Gerri Detweiler ha señalado que existe una preocupación legítima de que pueda resultar desfavorable para gente que emigró recientemente o para las minorías que no han establecido aún un expediente crediticio tradicional. Éstos son algunos aspectos básicos que debes conocer respecto a la calificación crediticia:

- Todo depende. Muchos creemos que las calificaciones de crédito son como una tarjeta de resultados deportivos, es decir, como el registro de un juego de golf en el que sumas tus golpes y puedes ver tu marcador. Sin embargo, no es tan sencillo. De hecho, la creación de estos sistemas implica una cantidad monstruosa de análisis de datos. Lo más importante y lo que debes comprender es que cada factor depende de todos los otros datos disponibles. Es como un juego de golf en el que la totalidad de los golpes se basa en el hecho de hacer swing, pero también en factores como el viento, la iluminación y el ruido de la galería.

Cuando pensamos en las calificaciones crediticias solemos hacerlo en términos directos, es decir: si hago x, entonces mi calificación mejorará (o subirá) x número de puntos. Sin embargo, el efecto de una acción como el cierre o la liquidación de una cuenta dependerá de los otros artículos del expediente.

Te daré un ejemplo. Tal vez ya hayas escuchado que cada consulta que se haga en tu expediente puede disminuir la calificación 3 o 5 puntos, u otra cantidad. Esto puede suceder... o no. Si acaso la calificación llega a bajar, dependerá de una nueva consulta de crédito, del tipo de consulta y de todos los otros factores de tu reporte individual.

• Deja la lógica afuera. Aunque con frecuencia tratamos de entender las calificaciones crediticias en términos lógicos como "si hay demasiadas consultas parecerá que estoy tratando de conseguir mucho crédito", la verdad es que todo se reduce a los números. La información de la calificación se evalúa para predecir el riesgo. Si te ayuda a hacerlo, será incluida, si no, no.

Te daré un ejemplo de ello. Hace algunos años FICO determinó que el hecho de que una persona hubiera pasado por asesoría crediticia no ayudaba a predecir el riesgo a futuro y por eso dejó de incluir este dato en el cálculo de la calificación.

Con esto no quiero decir que las calificaciones sean ilógicas (a pesar de que así parezca), sino que tratar de argumentar con las explicaciones de por qué incluyen algo o no, resulta inútil.

Si con base en tu calificación te rechazan una solicitud de crédito o de seguros, o si te cobran más que a otros, se supone que por ley te deben dar las cuatro razones principales que contribuyeron a esa calificación. Sin embargo,

183

incluso esto puede resultar confuso porque, por ejemplo, si la razón es que "tienes demasiadas cuentas de comercios al menudeo", te preguntarás: ¿Cuántas son demasiadas? Y para colmo, FICO no te puede dar un número específico porque todo depende de la información en tu expediente.

- No tienes solamente una calificación de crédito. De hecho, tienes varias. Todo depende de quién haya recopilado el expediente y de cuándo. Si alguna vez solicitaste una hipoteca, por ejemplo, es posible que el prestamista le haya pedido tu reporte de crédito y tu calificación a un buró especializado capaz de fusionar información proveniente de los tres burós más importantes.

Al hacer esto, es probable que hayan recibido de cada uno de ellos una calificación basada en FICO. También es posible que estas calificaciones sean distintas y, en algunos casos, mucho. Esto se debe a que las fórmulas no son las mismas y tampoco la información que usan para el cálculo. Después de todo, una calificación sólo se puede basar en los datos disponibles, y como es probable que las tres agencias de reporte de crédito tengan información ligeramente distinta por lo que explicaré en el siguiente capítulo, te proveerán calificaciones distintas.

En el ejemplo de la hipoteca es probable que para definir para qué programa o tasa calificabas, el prestamista haya revisado la calificación "intermedia" de las tres. En otros casos los prestamistas quizá prefieran usar la calificación de una agencia en particular o, incluso, podrían usar agencias diversas dependiendo de la situación geográfica de los clientes en el país.

- Las calificaciones se generan cuando son solicitadas. Tal vez imaginas que tus reportes y calificaciones de crédito son parte de un expediente que permanece guardado en las agencias, algo así como un documento de Word que se actualiza periódicamente. Sin embargo, en realidad sólo se generan cuando alguien los pide. Cuando tú o el prestamista hacen una solicitud de la información, las computadoras se ponen a trabajar y a reunir la información disponible respecto a ti en ese preciso momento, y crean el reporte o las calificaciones. Esto significa que...

• Las situaciones cambian. La nueva información se les reporta constantemente a las agencias y por eso la próxima vez que se solicite un reporte, podría incluir datos distintos. La información sobre ti podría cambiar mucho o poco, y como tus calificaciones se basan en los datos contenidos en tus reportes, también pueden variar.

Si te declaras en quiebra o si alguna de tus cuentas es enviada a una agencia de cobranza, tu calificación podría bajar bastante. Sin embargo, también podría bajar debido a cambios que a ti te parecerían positivos como el hecho de que una quiebra o una sentencia desaparezcan del reporte. Todo esto dificulta predecir lo que sucederá si realizas ciertos cambios.

Por ejemplo, después de siete años de espera desaparecieron una quiebra y dos gravámenes fiscales del reporte de crédito de John. Él pensó que su calificación se dispararía, pero en realidad bajó porque ahora era simplemente un consumidor sin gran cosa que decir respecto a sus referencias de crédito.

• Más... podría ser mejor. Si has tenido problemas de crédito podrías pensar que evitarlo es una buena manera de mantenerte alejado de las dificultades y de fortalecer tu crédito. Sin embargo, para predecir la manera en que manejarás el crédito en el futuro, los sistemas de calificación deben depender de los datos de tu reporte. Si no hay datos

185

recientes que analizar, la calificación se verá afectada. Asimismo, si no tienes nada en absoluto podría ser aún más difícil generar una buena calificación de crédito.

Sam el autosuficiente

Sam era un tipo duro. No le gustaban los bancos, ni las empresas de tarjetas de crédito, ni los partidos políticos, ni los sindicatos, ni las cadenas televisivas, ni las cruzadas por la caridad ni los religiosos fervorosos. Las empresas fuertes le desagradaban particularmente.

Sam sólo quería que lo dejaran en paz. Vivía en una cabañita en la remota zona boscosa del este de Idaho, cerca de Grand Tetons. Tenía cabello largo, barba abundante y una mecha muy corta. Cortaba leña todo el verano para poder mantenerse caliente en el invierno y por las noches usaba una lámpara de propano para no tener que pagarle a la infernal compañía de electricidad local. Para tener comida todo el invierno, en la época de cosecha preparaba conservas de moras azules, manzanas y otras frutas.

El ermitaño apenas se ganaba la vida llenando sobres en su tiempo libre, el cual era limitado porque se pasaba las horas cortando leña y preparando conservas. Le pagaban en efectivo y eso le convenía. Aunque no le agradaba la Junta Directiva de la Reserva Federal que emitía los billetes, los bancos le desagradaban aún más. No tenía cuenta bancaria ni deseaba abrir una. Era un hombre solitario que pagaba todo al contado.

Sam pagaba en efectivo todo lo que necesitaba y estaba orgulloso de no recibir facturas mensualmente. Tenía la impresión de que su crédito era excelente y superior al de todos los demás.

Había una cosa, sin embargo, que le preocupaba: la salud de su querida madre. La señora vivía sola en Arkansas y Sam pensaba con frecuencia en llamarle, pero no tenía teléfono en la cabaña. El dueño de la pequeña gasolinera más allá de la colina no le permitía usar el único teléfono de monedas del pueblo porque años atrás habían tenido una discusión respecto a la malignidad de las empresas de energía. Por todo esto, Sam no podía llamarle a su adorada madre con frecuencia.

Un buen día llegó el transporte del Servicio Postal de Estados Unidos. Era la primera vez en cinco años que un vehículo llegaba a su propiedad. Sam no tenía facturas telefónicas, de electricidad ni de tarjetas de crédito, no estaba suscrito a ninguna publicación y, por supuesto, tampoco recibía correspondencia inútil. Cinco años antes, cuando se presentó el último cartero para entregarle un aviso de un premio de Publishers Clearinghouse, Sam lo corrió de su terreno con algo parecido a una bazuka. A Sam le emocionaba que la fuerte potencia del fuego continuara siendo la única cura verdaderamente efectiva para evitar la correspondencia basura.

El cartero se acercó con cautela y con las manos arriba. En una de ellas llevaba una bandera blanca que iba agitando, y en la otra, un sobre. Le dijo a Sam que tenía una carta de un familiar de Arkansas. Sam le dijo al cartero que dejara el sobre donde estaba y que se retirara con paso lento. El cartero siguió sus instrucciones y luego se alejó apresuradamente en su vehículo. Sam dejó la bazuka y recogió la carta.

Era de Elbert, su hermano, quien le notificaba que su madre había fallecido y lo instaba a asistir al funeral. En el sobre había también un boleto de avión.

Sam se sentía indeciso. No quería ver al resto de sus pusilánimes familiares, pero deseaba honrar a su madre. Finalmente empacó en su viejo camión Studebaker y salió temprano por la mañana hacia el aeropuerto de Idaho Falls para tomar el vuelo.

Unos 60 kilómetros después, el Studebaker dejó de funcionar. Sam llevó a la vieja bestia a una estación de servicio y el propietario le indicó que necesitaría un depósito para ubicar algunas refacciones muy difíciles de encontrar. Le pidió su tarjeta de crédito, pero Sam no tenía y, como le aclaró en un tono beligerante, tampoco deseaba una. El propietario se encogió de hombros y aceptó el pago en efectivo. Sam soltó suficiente dinero para satisfacer al dueño de la estación y guardó algo para pagar el taxi a Idaho Falls.

Cuando llegó al mostrador del aeropuerto para registrarse, le pidieron su identificación. Mostró su licencia de conducir que llevaba tres años vencida. El agente del mostrador le pidió mostrar otra identificación, pero él no tenía ninguna porque no contaba con tarjetas de crédito, ni departamentales ni nada. Con un tono arrogante y desafiante aclaró que no necesitaba de esas cosas porque tenía un crédito excelente.

Al agente le inquietó la situación y comenzó a preocuparse en silencio. Los hombres barbudos y coléricos sin identificación vigente no son los clientes favoritos de la industria aérea. El agente le pidió amablemente al ermitaño que esperara mientras la aerolínea verificaba cierta información. Sam gruñó y dijo que más les valía no retrasarlo porque iba al funeral de su madre.

El agente fue a la oficina de atrás y buscó a Sam en la base de datos de seguridad nacional. Encontró que tenía un número de seguridad social, pero no había ningún pago real efectuado. Fuera de eso, prácticamente era invisible en el sistema, lo cual resultaba extraño y perturbador.

El gerente de la estación se preguntó cómo habría Sam comprado el boleto de avión. Buscaron y encontraron el nombre de Elbert. Cuando revisaron sus antecedentes descubrieron que formaba parte de la Guarda Nacional de Arkansas y le llamaron para confirmar la información. Poco después pudieron hablar con Elbert, quien les aseguró que, a pesar de su desafiante apariencia, efectivamente se trataba de su hermano y que iba al funeral de su madre.

La gente de la aerolínea le permitió a Sam pasar, y éste abordó el vuelo sin enterarse de que su excelente crédito estuvo a punto de costarle el asiento.

Cuando llegó a Little Rock, Arkansas, se dio cuenta de que no tenía suficiente dinero en efectivo para pagar el taxi a Botkinburg, en donde se llevaría a cabo el funeral. Pensó que sería más económico rentar un automóvil, pero en cuanto llegó al mostrador le solicitaron su tarjeta de crédito y, una vez más, les dijo que no tenía una. El empleado le informó amablemente que, en ese caso, no podría rentar un vehículo.

Sam se pasó furioso al siguiente mostrador y luego a otro y a otro más. Entonces gritó echando chispas que ¡era increíble que alguien con un crédito excelente no pudiera rentar un automóvil en Estados Unidos sin una tarjeta de crédito! Un agradable hombre de treinta y tantos años se le acercó, le mostró empatía por su frustración y ofreció ayudarlo. Se dirigía a la carretera 65 y podía darle un aventón para que asistiera al funeral de su madre. Sam llegó a tiempo para el servicio y le agradeció al conductor. El hombre le dijo que no había nada que agradecer, de todas maneras tenía que ir al norte por negocios. Le aclaró a Sam que si había alguien a quien le tenía que agradecer era a la empresa para la que trabajaba: la compañía local de electricidad.

Como bien lo ilustra el caso de Sam, en la sociedad actual es muy difícil mantener un crédito excelente y, aún más, moverse sin historial crediticio. Por supuesto, puedes ser un ermitaño en las montañas, pero muy pocos pueden elegir esa opción. Los demás tenemos que preocuparnos por nuestro perfil crediticio y las calificaciones.

Hoy en día, tu situación puede ser mejor si cuentas con algunos éxitos crediticios. En general, si pagas cuatro o cinco tipos distintos de cuentas puntualmente, puedes generar una mejor calificación que si sólo tienes una. Incluye en la mezcla una tarjeta de crédito importante y quizá un préstamo automotriz, una hipoteca, una tarjeta de una tienda al menudeo y otro tipo de préstamo.

Pero ten cuidado, esto no quiere decir que debas abrir un montón de cuentas al mismo tiempo, ya que eso podría tener un efecto negativo en tu crédito a corto plazo. Si tu historial crediticio es más bien breve y tu calificación lo refleja, quizá sea necesario que añadas algunas referencias positivas.

¿Qué aparece en una calificación crediticia?

En el caso de una calificación con base en FICO, entre más elevado sea el número, mejor será la evaluación. Las calificaciones por encima de 720 suelen considerarse excelentes, ya que en general el puntaje más alto es 850. Quienes están en el rango de 680 a 720 siguen teniendo una buena calificación; aunque encontrarse entre 650 y 680 no es terrible, tal vez tengas problemas para obtener crédito o quizá te cobren tasas elevadas de interés. Las cosas funcionan así en general, pero por supuesto cada prestamista tiene criterios diferentes.

Según la FICO, tu calificación de crédito incluye cinco categorías de información junto con su peso relativo correspondiente:

Historial de pagos	35%
Cantidades que debes	30%
Duración de tu historial crediticio	15%
Crédito nuevo	10%
Tipo de crédito en uso	10%

Resulta evidente que el historial de tus pagos es el factor más importante de la calificación, pero hay algunos aspectos más delicados de los que tal vez no estés al tanto.

La mayoría de los prestamistas no les reportan tu morosidad a los burós de crédito sino hasta que te retrasas 30 días. Esto no impide que, si te tardas aunque sea una hora, te carguen una jugosa tarifa por morosidad. Ésta no es una regla rígida, así que asegúrate de verificar más de una vez si tendrás problemas para pagar en la fecha estipulada. Si dejas de pagar de forma repetitiva, a veces los prestamistas cierran tu cuenta o suben tu tasa de interés algunos días.

Los pagos retrasados recientes, aun tratándose de cantidades modestas, dañan fuertemente tu calificación crediticia.

En general los pagos retrasados permanecen siete años incluso si te pones al día con la cuenta o si liquidas la factura. En el siguiente capítulo encontrarás más detalles.

En igualdad de circunstancias, cuánto tiempo dejas de pagar resulta más importante que la cantidad. Por ejemplo, si dejas de hacer un pago mínimo de 20 dólares por cuatro meses consecutivos, es probable que el impacto en tu calificación sea mayor que si dejas de pagar 300 dólares en una ocasión.

Los saldos de las cuentas, sin embargo, juegan un papel más importante en las calificaciones de lo que la gente cree. No es raro oírle decir "tengo un crédito excelente" a un consumidor que ha pagado a tiempo pero, como debe una millonada, tiene una mala calificación. En esta evaluación entran en juego varios factores:

Qué tan cerca estás de los límites de crédito de tus cuentas revolventes, es decir, de las tarjetas y las líneas de crédito. Entre más cerca estés de los límites, peor puede ser el daño a la calificación.

Cuánto debes en total en tus líneas de crédito revolventes. Suma todas tus líneas revolventes de crédito disponibles y luego suma los saldos pendientes. Idealmente, debes usar menos de 10% de tu crédito disponible. Si usas más en tus cuentas revolventes, tu calificación podría empezar a verse afectada.

Cuánto debes en comparación con otros consumidores del país.

Para construir y fortalecer el crédito no tienes que endeudarte. Necesitas tener tarjetas de crédito como referencia, pero no es fundamental que tengas saldos en ellas. Puedes, por ejemplo, usar las tarjetas para cosas que comprarías normalmente y luego pagar toda la cantidad para evitar la deuda mala.

El consejo más obvio es tratar de mantener tus saldos bajos, en especial en tus tarjetas de crédito revolvente que, de todas maneras, suelen crearte una deuda mala. Pero a ese consejo súmale otra recomendación: ten mucha cautela al cerrar cuentas antiguas.

Cierre de cuentas

Si tuviste un crédito durante algún tiempo, casi siempre encontrarás que las viejas cuentas que ya no usas aparecen enlistadas en tu reporte como si todavía estuvieran activas. A menos que realmente les digas a los prestamistas que quieres cerrar tus tarjetas de crédito, probablemente no lo hagan porque les encantaría que volvieras a usarlas. Sin embargo, si lo solicitas, ellos están obligados a enlistarlas como cerradas.

Pero ¿es esto lo mejor para tu crédito? Quizá no. FICO ha dicho que cerrar cuentas viejas no ayuda nunca a tu crédito, de hecho, sólo podría dañarlo. Sin embargo, si hablas con un corredor hipotecario avezado te contará que una cliente logró aumentar su calificación cerrando unas cuentas inactivas. Cerrar las cuentas puede dañar tu calificación por tres razones:

Es probable que cierres las cuentas más antiguas. El hecho de que una cuenta no esté vigente no la elimina de tu historial crediticio, pero una vez cerrada, el historial promedio puede acortarse, y recuerda que en lo referente a las calificaciones, es mejor tener reportes duraderos.

Anteriormente expliqué que las calificaciones toman en cuenta tu crédito disponible en proporción con la deuda pendiente. Si cierras algunas cuentas parecerá que estás más cerca de tus límites totales disponibles. A las calificaciones FICO no les importa cuánto crédito total tengas disponible, pero a los prestamistas individuales podría interesarles bastante.

Si cierras cuentas corres el riesgo de quedarte con muy pocas referencias de crédito.

Gerri Detweiler, nuestra editora colaboradora, recibió este correo electrónico de un corredor hipotecario. En él le cuenta la experiencia de su clienta al cerrar sus cuentas:

Tuve un día interesante. Lo primero que hice esta mañana fue revisar el reporte de crédito de una de mis clientas preocupada por sus calificaciones: 648, 677 y 684. La joven no tenía idea de por qué eran tan bajas, había revisado dos meses antes y todas sus cuentas se encontraban entre 700 y 710. Como yo tampoco veía una razón por la que hubieran podido bajar —no había pagos retrasados y tampoco mucho crédito más disponible—, le pregunté si no había cancelado alguna tarjeta de crédito recientemente. Resulta que acababa de cancelar la que parecía ser su tarjeta más antigua. No veo ninguna otra razón por la que su crédito haya descendido tanto, así que ésa debió de ser la causa.

Gerri le contó la historia a una colega que tenía una anécdota muy distinta. Un par de meses antes revisó su reporte y vio que tenía calificaciones de alrededor de 570. Tenía 17 tarjetas vigentes, mucho crédito disponible y ni un solo pago retrasado. Canceló siete de las tarjetas y fue suficientemente astuta, o afortunada, para cancelar las recientes y conservar las más antiguas. Un mes después, su calificación había subido a 640.

Tengo la teoría de que en ambos casos el cambio en el crédito fue considerable porque ambas son muy jóvenes y no tienen un gran historial crediticio. Dudo que la calificación hubiera variado tanto si tuvieran unos 20 o 30 años de crédito, pero ¿cómo saberlo?

Como dice Gerri, si realmente quieres cerrar esas cuentas inactivas, hazlo una por una y quizá no más de una en seis meses. FICO te recomienda empezar con las tarjetas de tiendas al menudeo y no con las tarjetas de crédito importantes. También es mejor cancelar primero las más recientes en lugar de las más antiguas. Deja varias activas para las emergencias y para tener un mejor historial crediticio.

Consultas

Cada vez que una empresa solicita tu reporte de crédito se genera una consulta. Existen dos tipos: las consultas duras, a las que sólo tienen acceso las empresas, y las consultas blandas, que sólo puedes ver tú. Las consultas duras afectarán tu crédito pero las blandas no.

Las consultas blandas incluyen:

- Consultas promocionales. Cuando tu expediente es usado para una oferta de crédito revisada previamente o pre-aprobada.
- Revisión de cuenta. Cuando los prestamistas revisan tu expediente.
- Iniciadas por los clientes. Cuando tú ordenas tu propio reporte.
- Las consultas de empleados y aseguradoras pueden ser duras, pero en general no se toman en cuenta al calcular tu calificación.

Consultas relacionadas con hipotecas, préstamos estudiantiles y préstamos automotrices

Debes tener cuidado porque solicitar una hipoteca o un préstamo automotriz en internet puede generar muchas consultas. Asimismo, si vas a comprar un automóvil, es posible que la distribuidora ingrese a tu expediente. A veces lo hace sin tu permiso, sin que te enteres, por eso es necesario que seas cauteloso.

FICO creó un programa para atender este asunto. Todas las consultas relacionadas con hipotecas, préstamos automotrices y préstamos estudiantiles dentro del periodo más reciente de 30 días (o 45, dependiendo de la versión de los sistemas de calificación de FICO que se esté usando), serán ignoradas. En cambio, todas las consultas realizadas en un periodo de 14 días (previas al periodo más reciente de 30 días) serán tratadas como una sola. Para la compra con tarjetas de crédito y para otros tipos de préstamos, sin embargo, no hay protección especial.

Pero ten cuidado: esta defensa no se activará si no es posible identificar como tales las consultas relacionadas con hipotecas o créditos automotrices. Asimismo, si el prestamista usa un programa informático antiguo de calificación de crédito y éste no ha incorporado los cambios, tampoco se activará la protección.

Cómo obtener tu calificación de crédito

Aunque tienes derecho a solicitarles cada año una copia gratuita de tu reporte de crédito a las agencias más importantes, sólo podrás recibir una calificación gratuita si, debido a la información que aparece en tus reportes, te niegan un crédito o una póliza de seguros, o si te cobran más por ellos. La buena noticia es que si recibes esta información, obtendrás la calificación real que le fue enviada al prestamista o asegurador. ¿La mala noticia? Recibes la calificación una vez que te negaron el servicio y no en el momento más conveniente, es decir, antes de solicitarlo.

Por todo lo anterior, también podría resultar útil que averigües cada año en qué situación te encuentras. En la siguiente sección te explicaré cómo realizar tu propia revisión anual de crédito.

Calificaciones de seguros con base en crédito

Aproximadamente 95% de las aseguradoras de automóviles y 90% de las aseguradoras para propietarios de inmuebles usan calificaciones con base en crédito para decidir si te otorgarán la póliza y cuál será tu tasa de interés. Este asunto causa mucha controversia porque, por ejemplo, las aseguradoras abandonaron a algunos conductores de mayor edad que nunca iniciaron reclamaciones debido a sus bajas calificaciones basadas en crédito. Esto no quiere decir que esos conductores tengan un mal crédito, es sólo que casi nunca lo usaron y por esto tienen calificaciones bajas.

No tener crédito implica tener mal crédito

Agnes y Bill, su esposo, siempre trabajaron arduamente y ahorraron cuanto pudieron. Cuando se retiraron decidieron conocer todo el país, así que compraron un remolque y empezaron a viajar. La pareja también sacó una tarjeta de crédito por primera vez para enfrentar las emergencias en la carretera.

Cuando partieron, su hija se encargó de cuidar su casa y de revisar la correspondencia. Ellos la llamaban religiosamente cada domingo desde algún lugar en la carretera. En una ocasión su hija les avisó que había recibido una carta de su aseguradora en la que se indicaba que se iba a realizar la renovación de su remolque, pero que no calificaban para el "excelente descuento de crédito" que ofrecía la empresa. La hija de la pareja ya había llamado al agente de seguros de la familia y se enteró de que, a pesar de que Agnes y Bill tenían un historial inmaculado de manejo, la aseguradora ahora se basaba en las calificaciones de crédito para catalogar a los conductores. A pesar de que ellos nunca se retrasaron en un pago en su vida, el hecho de no tener referencias recientes les impedía obtener la mejor tasa de interés. El agente buscaría otra póliza pero le advirtió a la hija de la pareja que actualmente era común que las aseguradoras usaran las calificaciones de crédito para otorgar pólizas.

Por otra parte, siempre queda el asunto de la precisión. Si tu reporte de crédito es impreciso o si fuiste víctima de fraude, esa información puede influir en tus calificaciones. Es posible que estés pagando más por tus seguros o por otros beneficios sin saberlo.

Usualmente la calificación crediticia y los seguros con base en crédito entran en categorías similares. Dicho de otra forma, si tienes una buena calificación de crédito, también deberías tener una buena calificación para el otorgamiento de seguros… pero no siempre es así.

Si te niegan un seguro o si tu tasa de interés aumenta debido, en parte, a tu calificación de seguros con base en el crédito, las aseguradoras deben avisarte y proveerte información sobre cómo contactar al buró que les proporcionó tu expediente para que te den una copia gratuita. Insiste en ello, ¡es tu derecho!

Si no te agrada la idea de que se use tu historial de pago de facturas para determinar las tasas de tus seguros, lo único que puedes hacer es quejarte con los funcionarios del gobierno que te corresponden a nivel estatal y federal. Después de eso, acepta mi consejo y empieza a fortalecer tu crédito. En general, tener un mejor crédito implica obtener una mejor calificación por parte de las aseguradoras.

Advertencia: algunos consumidores han caído en la "estafa de la calificación de crédito falsa". Una distribuidora automotriz revisa el crédito del solicitante y luego le avisa que su calificación es más baja de lo que es en realidad. Con esto justifica el otorgamiento de un financiamiento más costoso. Otra posibilidad es que el distribuidor use su propia versión hecha a la medida de una calificación basada en FICO, la cual es más baja que la de los burós. ¿Cuál es la mejor manera de defenderte? Siempre verifica tus propias calificaciones antes de buscar un préstamo, y solicítale un financiamiento preaprobado a un prestamista específico antes de empezar a buscar automóvil. Debes estar preparado y cuidarte porque hay individuos sin ética que hacen mal uso de la información de crédito.

La verdad respecto a las calificaciones FICO

A continuación encontrarás la transcripción de una entrevista sacada de Talk Credit Radio con Gerri Detweiler. En ella, Tom Quinn, experto en calificaciones crediticias, disipa los mitos comunes respecto a las calificaciones FICO. Quinn trabajó en esta empresa durante 15 años e inicialmente se enfocó en generar y ofrecer calificaciones de crédito e iniciativas didácticas cuando la gente apenas empezaba a enterarse sobre el sistema de evaluación. Más adelante creó, lanzó y desarrolló myFICO.com, una iniciativa de FICO para ofrecerles a los consumidores acceso directo a sus calificaciones. Tom Quinn es reconocido a nivel nacional como una autoridad en el funcionamiento interno de los modelos de calificación crediticia.

Gerri: Tom, me gustaría jugar un poco. Quiero intentar el juego "Verdadero o falso" en relación con las calificaciones de crédito. Actualmente hay demasiada información que, en muchas ocasiones, es incorrecta, está incompleta o sencillamente tiene como objetivo engañar al consumidor. Voy a decirte algunas de las afirmaciones que he visto y me gustaría que me dijeras si son falsas o verdaderas. ¿Jugamos?

Tom: Por supuesto, suena divertido.

Gerri: De acuerdo. La primera es: cada vez que una persona solicita un crédito se le restan cinco puntos a su calificación. ¿Verdadero o falso?

Tom: Falso.

Gerri: ¿Hay algo de cierto?

Tom: Básicamente, cada vez que un prestamista toca tu reporte o que tú tratas de obtener un crédito, tu expediente es prestado para que el interesado entienda el riesgo. Entonces se publica una consulta. Hay muchos tipos de consultas.

Por ejemplo, si hoy llegas a casa y encuentras en tu correspondencia una oferta de crédito preaprobado, es probable que un prestamista haya sacado tu reporte para generarla y que haya un código relacionado que la muestra como una consulta promocional. O digamos que en el estado de cuenta de tu tarjeta hay un mensaje que dice: "Debido a tu excelente comportamiento de pagos, hemos aumentado su línea de crédito". Esto significa que probablemente sacaron un reporte para generar la oferta y que aparecerá una consulta. Si tú entras al sitio myFICO.com y sacas tu reporte, también se genera una consulta.

La buena noticia es que todas estas consultas tienen una etiqueta o se identifican por separado para que el modelo pueda realmente aislar las que están relacionadas con tu búsqueda de crédito de aquellas relacionadas con la solicitud real del mismo. Cuando solicitas un crédito, la búsqueda muestra que los solicitantes son más riesgosos que quienes no han pedido crédito nunca.

Otro aspecto positivo es que, en general, las consultas no cuestan demasiados puntos. Lo que realmente cuenta en tu calificación es cómo pagas tus facturas y cómo lidias con tu deuda, y por eso las consultas añaden un poco de valor predictivo y pueden costar un par de puntos por aquí y por allá. Hay un par de aspectos relacionados con la lógica de las consultas. En primer lugar, la consulta aparece en tu reporte los últimos dos años, pero ese modelo sólo observa las realizadas en los últimos 11 meses. Es por ello, por ejemplo, que las que tienen poco más de 12 meses no se toman en cuenta.

En segundo lugar está la lógica de la limitación. Básicamente, el modelo funciona así: una vez que llegaste al número máximo de consultas para la calificación específica de esta tarjeta, las consultas adicionales, ya sean una o 15 más, no tendrán un costo adicional en puntos sobre la calificación. Es por esto, Gerri, que los consumidores se enfocan mucho en las calificaciones, pero en realidad no cuestan un millón de puntos. Lo que en verdad te ayudará a mejorar la calificación es pagar tus facturas a tiempo y manejar adecuadamente tus niveles de deuda.

Gerri: De acuerdo, Tom. Ahora permíteme hacerte una pregunta de seguimiento del tema anterior. ¿Importa si te dan una aprobación o no para esa tarjeta de crédito? ¿El mero hecho de que rechacen tu solicitud puede dañar tu calificación?

Tom: Bueno, el prestamista no envía la información a la agencia de reportes, no le avisa si aprobaron el crédito o no. El hecho de que el prestamista decida rechazar tus solicitudes no se reporta, así que no tendría por qué haber un impacto en la calificación.

Gerri: De acuerdo, entonces no importa si aceptan o rechazan tu solicitud, sólo la consulta podría afectar la calificación dependiendo de qué tipo sea.

Tom: Correcto.

Gerri: Tengo otra afirmación. ¿Verdadero o falso? La declaración de quiebra afectará mis calificaciones de por vida. Es algo que escucho con mucha frecuencia, Tom. Lo dice gente que está pensando en declararse en quiebra pero tiene terror de cómo podría eso afectar su crédito. ¿La quiebra permanece por siempre?

Tom: Falso. Los prestamistas y las agencias de reportes deben obedecer reglas y lineamientos de la Ley de Reporte Justo de Crédito respecto a cuánto tiempo permanece la información en un reporte de crédito, en particular la relacionada con los pagos retrasados, la morosidad, el descarte de una cuenta y las declaraciones de quiebra. Asimismo, después de siete años la ley exige que la información negativa sea eliminada de tu reporte. Los burós suelen ser muy diligentes respecto a esta supervisión.

En el caso de las declaraciones de quiebra, algunas se eliminan después de siete años y otras después de 10, por lo que hay algo de variación en este aspecto. La razón por la que las declaraciones de quiebra tienen un impacto tan fuerte en la calificación crediticia y provocan una pérdida importante de puntos es porque son extremadamente predecibles. Si estás construyendo un modelo y detectas perfiles con quiebras en sus reportes, la probabilidad de que sean morosos en el futuro es muy elevada. Por eso las declaraciones cuestan tantos puntos. Sin embargo, la buena noticia es que no te persiguen de por vida.

Las calificaciones son capaces de perdonar, y como las declaraciones de quiebra en tu perfil tienen fecha de prescripción, mientras sigas pagando según lo acordado con tus acreedores y esa información aparezca en el reporte, la quiebra no tendrá un impacto fuerte. Diez años después, la quiebra será eliminada del reporte y la calificación jamás sabrá que existió. Digamos, por ejemplo, que te declaraste en quiebra hace 11 años: los evaluadores no sabrían jamás que eso sucedió. Se elimina del reporte de crédito y ya no tiene impacto en la calificación.

Gerri: Una venta al descubierto tiene menos impacto en mi crédito que un remate. ¿Verdadero o falso?

Tom: Así es, Gerri. Esta pregunta la escucho mucho. Veo demasiada desinformación al respecto, pero no sé dónde comenzó todo. Es falso que una venta al descubierto tenga menos impacto en la calificación que un remate. De hecho, recientemente FICO publicó la información sobre algunos de los estudios que han hecho para que la población comprenda mejor el posible impacto que tendría en su calificación una venta al descubierto o un remate. Básicamente, sus estudios demostraron que ambos sucesos producen una pérdida de casi la misma cantidad de puntos.

Gerri: Bien, lo que me estás diciendo es que al decidir entre la venta al descubierto y el remate, la consideración principal no es tu calificación de crédito. Hay otras decisiones financieras que necesitas tomar y, ciertamente, éstas son delicadas en ambos casos. Sin embargo, si hablamos de la preservación de la calificación, estos sucesos no se oponen.

Tom: Así es. Cualquier persona que tenga que decidir entre una venta al descubierto y un remate necesitará tomar en cuenta muchos factores en el proceso. La calificación crediticia es una de ellas, pero hay más. En términos de la calificación, el impacto será más o menos el mismo en ambos casos, así que la información debería ayudarle al consumidor a entender más bien qué implica esto para su proceso de toma de decisiones.

Gerri: Aquí hay algo que he oído mucho a lo largo de varios años. Ir a una agencia de asesoría crediticia dañará mis calificaciones. ¿Verdadero o falso?

Tom: En general, la respuesta sería falso porque ir a una agencia no daña tu calificación de crédito, sin embargo, todo dependerá de la acción que tuvo lugar. Te voy a dar más antecedentes para que la respuesta no sea tan ambigua.

Cada vez que inicias una relación con una agencia de asesoría crediticia el prestamista (si es que estás interactuando con uno) podría reportarle tu obligación crediticia al buró. Hay un código que el prestamista puede enviar y que dice que estás en un servicio de asesoría para solucionar el problema que tienes con esa línea comercial u obligación de crédito en particular.

Por sí mismo, el hecho de que estés recibiendo un servicio de asesoría crediticia no tiene impacto en la calificación. Los evaluadores no buscan ese código en particular ni dicen: "Ah, mira, es negativo. Voy a darle problemas a este tipo porque está trabajando con una agencia de asesoría".

No obstante, si en el marco del programa de asesoría la agencia logra, por ejemplo, negociar la liquidación de la deuda, las cosas podrían ser distintas.

Digamos que en una tarjeta de crédito debes 10 000 dólares, pero gracias a tu interacción con la agencia logras que el emisor de la tarjeta acepte recibir un pago de 5 000 y cancelarla sin que pagues el resto. Usualmente, el prestamista reportará que en dicha cuenta se llegó a un acuerdo para aceptar un pago parcial o que no se pagó por completo porque no pudiste liquidar los 10 000 dólares que debías originalmente. Esta actividad o pago es un indicador de que negociaste para pagar menos y, por lo tanto, se consideraría de forma negativa en la calificación.

Es por esto que la pregunta me parece un poco capciosa. El hecho de que recibas asesoría crediticia no dañará tu calificación por sí mismo, pero ciertas actividades resultantes de esta interacción sí podrían tener un impacto. Todo dependerá de, ya sabes, los acuerdos a los que llegues con los acreedores.

Gerri: Bien, el otro aspecto que me parece importante tener en mente, Tom, es que hay muchísima gente que solicita la ayuda de estas agencias porque llegó al tope en sus tarjetas de crédito, y tan sólo eso daña sus calificaciones. Así pues, ir pagando tus saldos y liquidar la deuda en la tarjeta podría tener un impacto sumamente positivo, ¿es correcto? Me refiero a hacer lo necesario para que disminuyan los saldos de las tarjetas.

Tom: Sí, bueno, ésos serían casos específicos, sobre todo si tienes el perfil de consumidor con una gran cantidad de deuda revolvente que probablemente ya esté afectando la calificación, que la está haciendo descender. Digamos, por ejemplo, que esos consumidores llegan a un acuerdo con los emisores de tarjetas de crédito, quienes les permiten liquidar la deuda pagando menos. Después de eso, obviamente recibirán puntos que incrementarán la calificación, pero sólo para las características del modelo enfocadas en los saldos de las tarjetas de crédito.

Si esos clientes no tienen avisos de morosidad en sus reportes y ahora, de repente, tienen estos códigos que indican que van a realizar pagos parciales porque llegaron a un acuerdo con los prestamistas, podrían perder puntos adicionales, ya que se trata de información negativa que llega al expediente por primera vez. Por eso es difícil dar una respuesta generalizada. Todo depende del caso, de la forma en que esté constituido el reporte crediticio de cada cliente.

Gerri: De acuerdo, ahora añadiré algo desde mi perspectiva. En general, cuando interactúas con una agencia de asesoría tienes que inscribirte en un programa de manejo de deuda, o DMP, que te obliga a saldar la deuda completa. Pasado un tiempo liquidas todo el saldo y algo de intereses, dependiendo de lo que hayas negociado. En general, las liquidaciones forman parte de un acuerdo o negociación, y no de un plan de manejo de deuda como los de las agencias de asesoría crediticia. Entonces, hay una diferencia. Mi consejo para los consumidores cuyo objetivo principal es deshacerse de la deuda es que primero se quiten ese peso de encima y luego se enfoquen en sus calificaciones de crédito. No permitan que la deuda les impida obtener la ayuda que necesitan.

Tom: Estoy completamente de acuerdo.

Gerri: Tom, cuando hablamos de la declaración de quiebra tocaste un tema del que no creo que mucha gente esté informada. Sé que voy a entrar en un campo un poco técnico, pero me gustaría que nos dieras tu opinión porque me parece importante que los radioescuchas entiendan este asunto. Me refiero a las tarjetas de resultados. Sabemos que si yo solicitara un crédito, si mis vecinos solicitaran un crédito, y si alguien más que vive en esta calle lo solicitara también, todos en exactamente el mismo banco, o si todos fuéramos a Target y solicitáramos la tarjeta de la tienda, el impacto sería distinto en cada caso porque el sistema de FICO le asigna a cada persona distintas tarjetas de resultados. ¿Nos podrías dar información general sobre lo que esto significa?

Tom: Por supuesto. En FICO solíamos bromear y decir que tu calificación FICO era algo más que una evaluación. Decíamos que se trataba de una ecuación, ¡y es cierto! Probablemente la gente tiene la idea de que hay un tablero gigantesco en FICO y que ahí califican a todo mundo, sin embargo, el modelo en realidad trata de segmentar a la población en grupos significativos o grupos semejantes de consumidores basándose en información de crédito. Con esto el modelo busca optimizar la predictibilidad del crédito para grupos que tienen características semejantes.

Te daré un ejemplo. Por un lado tienes una familia típica con abuelos y por otro tienes a una pareja de treintañeros con niños. Luego, también tienes a alguien que apenas empieza porque acaba de salir de la universidad. Pues bien, seguramente sus necesidades de crédito y sus comportamientos serán muy distintos. La pareja de más edad, los abuelos, quizá necesiten menos crédito o sean menos activos financieramente porque están en una etapa de su vida en la que ya pagaron su casa y no tienen que financiar la educación de niños o jóvenes. Por todo esto, tendrán menos crédito en general.

Luego tienes a la pareja joven con niños y muchas necesidades, compras, actividades, etcétera. Tienen que adquirir una casa, un automóvil, celulares... en fin, todo el numerito. Usualmente estas personas tienen un crédito más activo y lo usan a fondo.

En el otro lado del espectro tenemos a alguien que acaba de salir de la universidad y no tiene un crédito establecido pero que, sin embargo, lo necesita, y por eso está tratando de generarlo. Así pues, el modelo funciona con un sistema de planillas de resultados y, cuando solicitas un crédito, dependiendo de lo que el modelo encuentre respecto a tu experiencia o morosidad previa, enviará tu perfil a esas planillas.

Ahora te van a calificar en las planillas que ayudan de forma específica a detectar las poblaciones de consumidores que tienen experiencia o un comportamiento moroso en el pasado. Si en tu reporte de crédito no aparecen mensualidades no pagadas, quizá te envíen a otra de esas planillas, pero esta vez dependerá del tiempo que hayas tenido crédito, de la carencia del mismo, de las veces que lo hayas solicitado, de tu deuda, etcétera. Esto le permite al modelo predecir mejor y evaluarte de manera más justa para colocarte en el lugar que te corresponde, ya que te está calificando junto con tus cohortes y contra toda la población. Esto permite que, más adelante, el modelo sea más robusto y predictivo, cualidad que los prestamistas valorarán al tomar decisiones sobre créditos.

De acuerdo, ahora iremos de la manera en que se generan las calificaciones de crédito a cómo arreglar las que no son muy buenas que digamos.

Capítulo 15

REPARACIÓN DEL HISTORIAL CREDITICIO

Como le sucede a la mayoría de la gente, es muy probable que tú también encuentres errores y elementos problemáticos en tu reporte de crédito. Si sólo se trata de un par de inexactitudes evidentes, podría ser relativamente sencillo aclararlas, pero si tu problema es más complicado o si no tienes nada para probar tu versión de la historia, podría tomarte mucho más tiempo. A algunos consumidores les ha costado más trabajo lidiar con las agencias de reporte de crédito que con el IRS.

Así en la enfermedad como en la muerte

Carmen y Sean tenían un crédito excelente. O al menos así fue hasta que su vida se desquició por completo.

Sean era supervisor en la sucursal local de una distribuidora de autopartes conocida a nivel nacional y Carmen era ama de casa. Crió tres excelentes hijos que fueron a la universidad y ahora tenían su propia vida.

Como sus hijos habían abandonado el nido, Carmen y Sean disfrutaban de su tiempo juntos hasta que, un día, Carmen sintió un bulto en el seno. Se sorprendió un poco pero no hizo nada al respecto porque pensó que sólo era su imaginación. Tres semanas después se enteró de que no había imaginado nada: su médico confirmó que tenía cáncer de mama y necesitaba una mastectomía de inmediato. La pareja se apresuró a buscar una segunda opinión en una clínica de medicina alternativa y, casi con la misma presteza, decidieron apegarse a la solución que ofrecía la medicina tradicional. Antes de que la pareja se diera cuenta, ya estaba lidiando con cirugía, quimioterapia, consultas de seguimiento y gastos médicos sumamente onerosos.

En ese momento Sean se enteró de que la refaccionaria donde trabajaba había dejado de ofrecerles a sus empleados cobertura de gastos médicos a los dependientes de los empleados. Estaba en shock. ¿Por qué no le habían notificado nada?

La asistente de recursos humanos de las oficinas nacionales de la empresa le dijo que enviaron un aviso donde se explicaba que los empleados tenían la opción de que la cobertura de sus dependientes se dedujera de su nómina o no. Muchos empleados decidieron contratar pólizas para sus cónyuges e hijos por su parte, así que, como 40% de los empleados no quiso que le descontaran de su cheque de nómina la cobertura de seguro de los dependientes, a la empresa no le pareció raro que él no hubiera respondido al aviso.

Sean estaba devastado. Ahora tenía facturas médicas por 40 000 dólares que pensó que serían cubiertas por la empresa y no sabía a quién recurrir.

El representante de cobranza del hospital le llamaba constantemente. Para luchar contra el cáncer y propiciar su remisión, Carmen necesitaba tratamientos adicionales que ascendían a 10 000 dólares más. El hospital quería que se le pagaran los 50 000 dólares de inmediato porque, de otra manera, no podría continuar ofreciéndole los tratamientos que necesitaba. Sean se sentía muy presionado, les contó a algunos amigos que la gente del hospital era demasiado agresiva cuando trataba de cobrarle. Sus amigos empatizaron con él, pero no pudieron ofrecer ninguna solución a su problema. El hombre estaba desesperado, sabía que no podía decirle a Carmen nada respecto al contratiempo de la cobertura del seguro porque, aunque se estaba recuperando poco a poco, seguía frágil y las malas noticias podrían impedir su mejoría.

Sean hizo lo que tenía que hacer: empezó a reunir tanto dinero como pudo. En un punto bajo del mercado de valores liquidó la exigua cuenta del IRA que tenía. Después de cubrir la penalización por retiro adelantado del dinero, se quedó con 4 000 dólares y, como su casa había ganado algo de valor con el tiempo, solicitó la línea de crédito patrimonial más elevada que pudo y consiguió 20 000 dólares más. Todavía le hacían falta 26 000.

Al representante de cobranza del hospital no parecía impresionarle mucho que Sean hubiera pagado casi la mitad del dinero, y cuando éste le preguntó si habría más gastos, le dijo que no creía. Sean preguntó si aceptarían que pagara en exhibiciones, pero la cantidad que le exigían por cada exhibición era demasiado elevada. Sean se quejó y el representante se rio y le dijo que eran hospital, no banco. A pesar de todo, le sugirió que investigara respecto a una tarjeta de crédito que habían usado otras personas en su situación. Se trataba de una tarjeta con altas tasas de interés y cuotas muy elevadas, pero que podría darle acceso a un crédito de 20 000 dólares de inmediato.

Sean anotó el nombre y número telefónico de la empresa emisora, y como el representante de cobranza del hospital ya le estaba dando información, Sean aprovechó y le preguntó si sabría cómo conseguir los 6 000 dólares faltantes. El representante le sugirió que evitara pagar por completo algunas de sus facturas regulares durante una temporada. Los créditos automotrices y las hipotecas podían diferirse por algún tiempo, y la emergencia médica siempre era una buena excusa.

Sean sabía que tenía que reunir el dinero de alguna manera porque la vida de Carmen dependía de él. Consiguió la tarjeta de crédito que le recomendó el representante del hospital y pagó 20 000 dólares más de su factura médica. Para cubrir los 6 000 que faltaban tendría que drenar por completo su cuenta de ahorros, dejar de pagar facturas y usar ese dinero para saldar su deuda médica. Dos meses después, el hospital por fin estuvo satisfecho.

Pero los otros acreedores de Sean no estaban contentos en absoluto.

Ahora, la agencia de la hipoteca, la empresa del crédito inmobiliario y los demás acreedores le exigían que pagara lo que les debía. Sean explicó su predicamento, les dijo a sus acreedores que el hospital le había exigido pagar por adelantado para poder seguir tratando a su esposa y que el representante de cobranza también le había dicho que los demás acreedores comprenderían.

Pero los demás no comprendieron, estaban enojados. El hecho de tener gastos médicos de emergencia no era una excusa para dejar de pagar sus facturas, así que le exigieron que liquidara sus adeudos.

Sean no tenía a quién recurrir. El pago de la tarjeta de crédito con altos intereses y los de la línea de crédito que sacó con el valor patrimonial de su casa lo estaban golpeando duramente. No podía pagar las mensualidades completas en ningún caso, y mucho menos cubrir otras facturas mensuales. Le pagó al hospital para salvar la vida de Carmen, pero ahora estaba perdiendo la batalla por un futuro financiero seguro.

Como no podía pagarles a sus acreedores, las calificaciones de crédito se desplomaron. Los reportes mostraban numerosas mensualidades pagadas con retraso, cuentas canceladas por falta de pago y cuentas enviadas a cobranza.

El único consuelo de Sean era que Carmen se estaba recuperando. Pagarían un precio elevado, pero había valido la pena.

Cuando Carmen recuperó las fuerzas, Sean le explicó la situación. Por supuesto, ella comprendió, y de la misma manera que lo hizo con su problema médico, prometió que se recuperaría del bache financiero.

Carmen y Sean empezaron a vivir frugalmente, pero su restringido estilo de vida no alcanzaba a compensar las enormes deudas en que habían incurrido. A su casa la abrumaba la carga de la hipoteca original y del pago por la línea de crédito que Sean había sacado con base en el valor patrimonial del inmueble. Sin embargo, Sean también se había enterado de una estrategia en la que un inversionista o arrendatario podía poner la deuda al día, hacerse cargo de los pagos de la casa y compartir el patrimonio cuando ésta se vendiera. La ventaja de Sean y Carmen era que, si usaban esa estrategia, su reporte de crédito no mostraría un remate inmobiliario. La desventaja para el posible socio era que, debido a la hipoteca y a la línea de crédito, la casa no tenía un gran valor patrimonial.

Sin embargo, Sean, como Carmen, se prometió que superaría su problema y fue persistente. Encontró una familia que algunos años antes había atravesado una situación económica difícil y no obtendría un préstamo para comprar casa en mucho tiempo, pero que sí estaba en condiciones de pagar las mensualidades de la hipoteca y de la línea de crédito. Sean hizo cálculos y diseñó un plan que le permitiría a la familia mudarse a la casa y hacerse cargo de los pagos. Sean y Carmen estuvieron de acuerdo en permanecer como titulares hasta que la nueva pareja calificara para solicitar un préstamo. Llegado ese momento, Sean y Carmen les cederían la casa. Con esta estrategia, las obligaciones financieras serían cubiertas y la nueva pareja obtendría todos los beneficios derivados de la apreciación del inmueble.

Sean y Carmen se mudaron a un lugar mucho más pequeño. Encontraron un departamento de una recámara que podían pagar, y aunque no era a lo que estaban acostumbrados, sus hijos ya no estaban con ellos y las tareas hogareñas de limpieza se reducirían bastante. La pareja se juró que sería una situación temporal y que regresarían a su casa en poco tiempo.

Por otra parte, su Buick LaCrosse había sido embargado, lo cual resultó sumamente perjudicial para su reporte de crédito. De los 12 reportes negativos, el del embargo del automóvil era el que más destacaba. Como Sean sabía de automóviles, encontró uno en excelentes condiciones a un precio bajo y lo compró para poder transportarse. El problema no era la movilidad, sino que, si no lograba eliminar el embargo de su reporte, jamás le volverían a otorgar un crédito inmobiliario.

Sean decidió ir directo a la fuente. Llamó al departamento de crédito de la empresa que le había dado el crédito para el automóvil y empezó a negociar calmadamente con la representante. Primero cuestionó la cantidad recibida por la subasta del vehículo. Luego cuestionó todas las tarifas que le habían cobrado, desde los honorarios legales hasta los gastos derivados del embargo. ¿Cómo era posible que la persona que había embargado el Buick trabajara en plena noche y cobrara 175 dólares la hora? Si eso era lo que la empresa les pagaba a sus embargadores, ¿lo contratarían a él?

Sean fue ganándose a la representante de una manera tranquila, inteligente y agradable, día a día. Nunca se enojó ni adoptó una actitud beligerante, todo lo contrario. Desarrolló un vínculo con la representante, quien empezó a disfrutar de tratar, para variar, con una voz amable al otro lado de la línea telefónica.

Ya sumadas todas las extremas tarifas que supuestamente se le debían a la agencia que otorgó el préstamo del auto, la deuda ascendía a un total de 10 000 dólares. Sean podría pagar 20% de esa cantidad si la agencia estuviera dispuesta a eliminar la información negativa de su reporte de crédito. La representante le dijo que no podían aceptar 20 centavos por cada dólar que se debía, pero eso no detuvo a Sean, quien continuó negociando. Le explicó a la representante la situación con su esposa y el hospital, pero no lo expuso a manera de excusa sino como un tema más de conversación. La representante estaba anonadada. El hecho de que un hospital se negara a brindar servicio médico hasta que el pago no se cubriera por completo, y hacerle creer al familiar de la paciente que los gastos por emergencias médicas eran una excusa legítima para no realizar el pago de otras deudas, le parecía ofensivo. Le dijo a Sean que le llamaría poco después.

Momentos más tarde le ofrecieron a Sean un trato de pago de 30 centavos por cada dólar, el cual aceptó, sintiéndose aliviado de que un elemento tan negativo fuera eliminado de su reporte.

Ahora sólo quedaban 11 elementos negativos de los cuales deshacerse. Sean se había enterado de que si era capaz de eliminar por lo menos la mitad, tendría esperanzas de volver a calificar para un préstamo inmobiliario, así que se dispuso a abatirlos.

El primer punto negativo en que se concentró fue una mensualidad de una tienda departamental que no cubrió. La cantidad era modesta, sólo 189 dólares, pero en medio de la confusión de tratar de reunir 50 000 para pagar el hospital, olvidó ese saldo que ahora manchaba su reporte. Una vez sumados los intereses y las penalizaciones, la cantidad ascendía a un gran total de 375 dólares. Sean habló con el representante de crédito, le explicó su situación y preguntó qué podrían hacer. El representante empezó con una cantidad elevada, pero Sean logró hacerlo bajar a los 189 dólares originales y consiguió que le emitieran una promesa por escrito de que eliminarían la mancha del reporte. Sabía que muchos cobradores podían decirte que retirarían la información, pero que una vez realizado el pago, se olvidaban del asunto. Tener una promesa por escrito serviría para forzar la eliminación más adelante.

El siguiente elemento a eliminar era el de una tarjeta de crédito de una gasolinera. Sólo se había retrasado con 215 dólares, pero la empresa envió la cuenta a cobranzas. Llamó al representante de la agencia de cobranza para hablar del asunto y se enteró de que, ya con las tarifas adicionales, la deuda ascendía a 289 dólares. El representante fue grosero, beligerante y mordaz, pero Sean sólo

213

se rio y le dijo que sonaba como el cliché del típico cobrador. El representante fue aún más grosero, y Sean, tranquilo, se dio cuenta de que se comportaría de esa forma sin importar lo que él le dijera. El representante cobraba por comisión, así que trataría de abrumarlo y maltratarlo para hacerlo pagar de cualquier manera posible. Sean dijo que el trato era inaceptable y pidió hablar con el supervisor del representante, quien vociferó una serie de palabrotas y colgó el teléfono de golpe.

Sean llamó de inmediato a la empresa gasolinera para reportar la conversación, y la persona que le contestó le dijo que, una vez que las cuentas eran enviadas a cobranza, ellos no podían hacer nada más al respecto. Sean sabía que eso no era cierto, así que volvió a pedir que lo comunicaran con el supervisor. Tuvo que esperar casi la mitad de su descanso para comer, pero por fin pudo hablar con quien deseaba. Le explicó al supervisor que estaba tratando de saldar la deuda, pero que la liquidación no le serviría de nada a menos que la empresa eliminara la información de su reporte de crédito. Le contó que el representante de la agencia de cobranza lo había insultado y que ese comportamiento violaba la ley federal.

Sean habló con tranquilidad y fue razonable, y el supervisor apreció su trato. La empresa gasolinera le retiró la cuenta a la agencia de cobranza y admitió que ésta sólo les había causado dificultades. La gasolinera prometió eliminar el elemento negativo de crédito si Sean se comprometía a pagar 70% de la deuda. Sean saldó la factura y con eso logró eliminar otra cuenta.

De los nueve elementos negativos que quedaban, le parecía que cuatro realmente no eran lógicos. A pesar de que la época en que estuvo tratando de reunir el dinero para pagar el tratamiento de Carmen le parecía un remolino borroso, estaba seguro de que recordaba todos los pagos que no había hecho. Estos cuatro acreedores, sin embargo, eran todo un misterio. Se trataba de una tienda de aparatos de sonido, una clínica, una editorial médica y una empresa de renta de equipo. Sean y Carmen habían investigado tratamientos médicos alternativos, pero nunca se comprometieron a nada. O bueno, al menos eso creían.

Sean envió sendas cartas a Experian, TransUnion y Equifax; muy parecidas a la que se incluyen en la sección de Fuentes. En ellas impugnaba los cuatro elementos que le parecía que no tenían por qué estar en su expediente crediticio. Sabía que los servicios de reportes y los acreedores en cuestión tenían 30 días para responderle o, de lo contrario, los elementos negativos tendrían que ser borrados.

Resulta que la única empresa que respondió fue la financiera. En cuanto se confirmó que la información era correcta, Sean contactó a su acreedor directamente y recordó que había abierto una cuenta de crédito instantáneo para comprarle un reproductor de CD portátil a Carmen, pero como nunca recibió la factura, se olvidó del asunto. Entonces descubrió que la dirección que tenían de él en sus registros era incorrecta. Se hizo cargo del pago y cerró la cuenta. Dada la confusión y las circunstancias de Sean, la empresa estuvo de acuerdo en borrar el elemento de su reporte de crédito.

Los tres acreedores médicos nunca respondieron las solicitudes de confirmación de las agencias de reporte de crédito, pero eso no sorprendió a Sean. La clínica de medicina alternativa que visitó con su esposa trató de presionarlos para que compraran una serie de tratamientos costosos y dudosos. A Sean y Carmen les desagradó la idea de inmediato y decidieron no comprometerse. Como ninguno de los tres acreedores les respondió a los burós de crédito en los primeros 30 días, los elementos negativos, y posiblemente fraudulentos también, fueron eliminados.

Ya sólo le quedaban cinco elementos negativos a Sean. Dos eran por mensualidades de tarjetas de crédito que no había pagado anteriormente, pero que ahora estaban al día. El nuevo inquilino y futuro dueño de su casa estaba cubriéndolas regularmente como parte del trato que hicieron. Y Sean, por su parte, continuaba pagando su crédito personal a tiempo. A medida que su patrón de pagos puntuales se hiciera más evidente, los registros de los pagos retrasados irían perdiendo importancia.

Los tres elementos negativos que quedaban, sin embargo, no podrían eliminarse. Uno era del hospital por un cargo de 7 000 dólares por una resonancia magnética; el segundo era por los honorarios del radiólogo que interpretó los resultados y ascendía a 5 000 dólares. El tercero era por estudios de laboratorio que se le tuvieron que hacer a Carmen en las consultas de seguimiento y ascendía a 3 000 dólares. Sean juró que nunca pagaría esos 15 000 dólares porque el hospital jamás debió presionarlo como lo hizo. Debieron informarle que tenía derecho de ir a otro hospital para recibir tratamiento, en lugar de exigirle hasta el último centavo que tenía.

Para atender estos tres elementos negativos, Sean decidió usar una declaración de consumidor. De acuerdo con la Ley de Reporte Justo de Crédito, todo estadounidense tiene derecho a añadir a su reporte de crédito una declaración de hasta 100 palabras. Se puede utilizar para aclarar o explicar ciertos puntos y aparecerá en todos los reportes subsecuentes que soliciten los otorgadores de crédito. Sean envió la siguiente declaración: "En 2012 nuestra familia enfrentó gastos médicos abrumadores e inesperados que el seguro no cubrió. Antes de eso siempre les pagamos a nuestros acreedores puntualmente. Después del incidente nos recuperamos y continuamos pagando nuestras deudas de manera oportuna". Aunque Sean sabía que sus declaraciones no ayudarían a mejorar su calificación de crédito, estaba seguro de que si un prestamista revisara los reportes personalmente, leería la declaración. Esperaba que eso resultara útil si necesitara buscar un nuevo empleo o solicitar una hipoteca.

La excelente labor que realizó Sean para limpiar su reporte de crédito y explicar su situación tuvo recompensas. En menos de dos años calificó para solicitar un préstamo inmobiliario con el que él y Carmen compraron una casa de dos recámaras en un agradable vecindario de la ciudad, poblado por parejas de su edad. Disfrutaron de su nueva casa y valoraron todo lo que su nueva vida les ofrecía.

Cómo levantar una aclaración por un reporte de consumo

Imagina el departamento de servicio al cliente de una importante agencia de reporte de crédito. Es una zona grande y bulliciosa, podría incluso estar en la India en lugar de en Estados Unidos. Reciben miles de llamadas y cartas cada semana. Algunas son aclaraciones legítimas y otras se generan con ayuda de las agencias de reparación de crédito, pero a veces es difícil distinguirlas. Algunas cartas de los consumidores son claras y fáciles de entender, y otras son indescifrables páginas interminables de palabras inconexas.

Cada queja la atiende un representante de servicio al cliente con una tarea única: lograr que las cosas sigan avanzando. El representante ingresará la aclaración en la computadora con un código breve que indica por qué el consumidor refuta la información. Al presionar un botón, el informe será enviado al acreedor para que lo verifique. El proceso completo de registro de la aclaración suele tomar un minuto, y a partir de ahí lo manejará una computadora.

¿Qué significa esto para ti? En primer lugar, significa que no debes esperar que alguien lea toda la carta de cinco páginas que escribiste respecto a por qué deberían cambiar la información que aparece en tu reporte. También significa que tienes que asegurarte de que tu queja te será favorable y no todo lo contrario. ¿Cómo lograr eso?

Como ya lo mencioné, la ley que rige los burós de crédito se llama Ley Federal de Reporte Justo de Crédito o FCRA, por sus siglas en inglés. Esta ley te da derecho a refutar la información imprecisa o incompleta que aparezca en tu reporte y exige que el prestamista o el buró de crédito que reciba la queja la investigue.

Si quieres solicitarle al buró que investigue algo que parece ser incorrecto, puedes escribir o llamar por teléfono.

Llamar podría ser más rápido si logras hablar con alguien que te ayude. Si les marcas, asegúrate de anotar bien lo que te digan y registrar cuándo hablaste y con quién. Además, antes de llamar haz un resumen claro de tu aclaración, asegúrate de poder expresarla en una o dos oraciones, justo como si escribieras al buró. Ejemplos:

- Nunca tuve esta cuenta.
- No pagué tardíamente esta cuenta como aquí se indica.
- Esta cuenta fue catalogada como incobrable cuando me declaré en quiebra y debería mostrar un saldo igual a cero.

La correspondencia escrita toma un poco más de tiempo pero deja un rastro en papel: una de las mejores maneras de proteger tus derechos. Si escribes, guarda copias. También deberás evitar que te arrastren a una conversación en la que digas algo que pueda ser malinterpretado. Muchos expertos en reparación de crédito te recomiendan escribir en lugar de llamar, pero si sólo quieres aclarar uno o dos errores evidentes, tal vez sea mejor que marques.

Gerri Detweiler sugiere que envíes una carta manuscrita, pero SÓLO si tu escritura es pulcra y legible. Las aclaraciones generadas por computadora pueden tener la apariencia de venir de una empresa de reparación de crédito, lo cual no les agrada nada a las agencias de reportes. Ponle fecha a todo. Incluye tu nombre, dirección y número de seguridad social, así como el número del reporte de crédito, si es que tienes uno.

Mantén las cosas simples. Explica el error y lo que debería indicar el reporte. Asegúrate de que en tu carta destaque la información, para darte una idea, puedes ver nuestros ejemplos de cartas de aclaración. No es necesario que emplees la jerga legal ni que cites artículos específicos de la ley porque, después de todo, las agencias de reporte de crédito están familiarizadas profundamente con la FCRA.

Si tienes elementos para probar tu versión de la historia, inclúyelos. Nunca envíes originales, sólo copias, y nada más manda documentos que sean en verdad relevantes. Créeme, nadie va a leer tu altero de papeles.

Envía las cartas por correo certificado con solicitud de acuse de recibo y guarda las copias en tu archivo. La respuesta debería llegarte en menos de 30 días.

No te molestes en levantar una aclaración con ninguno de los burós más importantes si no les has solicitado un reporte recientemente a ellos o a alguna de las empresas que les proveen información. Por ejemplo, si recibes tu reporte de TransUnion y encuentras errores, antes de tratar de levantar aclaraciones en Equifax y Experian vas a necesitar pedirles a estos burós tu reporte también. Quizá no tengan la misma información, y tal vez tengas que corregir los datos de contacto para asegurarte de que atiendan tu queja pronto.

No puedo insistir lo suficiente en la importancia de llevar un registro de tus interacciones con los burós de crédito. Abre un archivo, anota cada llamada telefónica y conserva copias de toda la correspondencia que envíes y recibas.

La agencia de reporte normalmente tiene 30 días para investigar tu aclaración. Si provees información que respalde tu versión de la historia, tendrán que compartirla con el proveedor que les dio tus datos (el prestador o la agencia de cobranza, por ejemplo).

Luego el proveedor debe revisar la información y responderle a la agencia de reporte de crédito. Tendrá que señalar si es correcta tal como se presenta o indicar los cambios pertinentes. Si el proveedor determina que hay un error, deberá enviar la corrección a todos los burós que recibieron los datos equivocados.

Si el artículo en cuestión está incompleto, la agencia de reporte tiene que actualizarlo. Si tu reporte, por ejemplo, muestra el cierre de una cuenta pero no indica que la liquidaste, tienes que solicitar que se haga la corrección.

Cuando la agencia de reporte de crédito haya terminado su segunda investigación, deberá enviarte una respuesta escrita donde se indique que la información se confirmó como correcta o que se hizo un cambio. También debe darte una copia gratuita de tu reporte con las modificaciones. Si no se alteró nada, no recibirás tu reporte.

Importante: Si se hizo una corrección, la agencia no tiene que reportar nuevamente el elemento eliminado, a menos que el proveedor verifique antes que éste es preciso y está completo. Entonces la agencia te notifica por escrito antes de insertarlo una segunda ocasión. Este aviso deberá incluir el nombre, dirección y número telefónico del proveedor. También puedes solicitarle a la agencia que le envíe un reporte corregido a cualquiera que haya recibido uno incorrecto en los últimos dos años, en el caso de consultas con fines laborales, o en los últimos seis meses en cualquier otro caso. Si ya te negaron un crédito, una póliza de seguros o un empleo debido a errores en tu reporte, tal vez no te sea de gran ayuda, pero tampoco hace daño.

Por último, sé amable. Imagina lo que debe ser trabajar en un buró de crédito y atender todo el santo día llamadas y cartas de clientes enojados. Si estás al teléfono y no llegas a ninguna parte con la persona que te atiende, solicita hablar con su supervisor. Cuando escribas tu carta sé firme pero amable.

¡Y no te rindas!

Cómo obtener respuestas

Si recibes tu reporte de crédito y no entiendes algo, la FCRA te da derecho a contactar a la agencia de reportes y hacerles preguntas.

Esta ley también exige que todas las agencias establezcan un número de marcación gratuita en el que puedan responder a tus preguntas en horarios normales de oficina. Se supone que este número lo recibirás con todo reporte de crédito que solicites a las agencias, pero las cosas no siempre funcionan como deberían.

De hecho, las agencias más importantes han tenido que pagar multas por más de 2.5 millones de dólares como parte de acuerdos negociados por la Comisión Federal de Comercio por no tener números de marcación gratuita con personal accesible a los consumidores en horarios normales de trabajo.

De acuerdo con las quejas realizadas ante dicha comisión, Equifax, TransUnion y Experian bloquearon millones de llamadas de consumidores que deseaban hablar del contenido y de los posibles errores en sus reportes de crédito, y los mantuvieron esperando durante una cantidad de tiempo inaceptable. Si tienes problemas para hablar con alguien sobre tu reporte, sería buena idea que levantaras una queja en el sitio de la Comisión Federal de Comercio, ftc.gov. También puedes levantar una queja con el Buró de Protección Financiera al Consumidor, el cual puede aplicar las leyes, en buena parte, gracias a la Ley de Prácticas Justas de Cobranza de Deuda. Visita ConsumerFinance.gov.

¿Agencia de reporte de crédito o acreedor?

La mayoría de la gente asume que si hay un error en su reporte de crédito debe notificarle a la agencia para que ésta haga la corrección, pero eso no es necesariamente cierto.

Cuando se redactó la Ley de Reporte Justo de Crédito en la década de los setenta, no se hizo ninguna mención de los prestamistas (llamados "proveedores" en la ley) que les reportaban la información a los burós. Es por esto que tratar de que ellos corrijan los errores podría ser como hablarle a la pared... ¡si es que logras que te contesten la llamada para empezar!

En 2003, sin embargo, el Congreso usó la Ley de Transacciones de Crédito Justas y Precisas (FACTA, por sus siglas en inglés) para hacer una enmienda a la Ley de Reporte Justo de Crédito. La FACTA incluye requisitos más detallados para las compañías que reportan la información y les da a los consumidores el derecho de levantar una aclaración directamente con los prestamistas que enviaron su información.

¿Cuál es el proceso?

Tú tienes derecho a cuestionar la información directamente con el proveedor (prestamista). Si haces esto, él deberá notificarle a la agencia que la información está en aclaración.

Escribe tu argumento e incluye toda la documentación que tengas para respaldar tu versión de la historia. Si puedes hablar por teléfono con alguien que te ayude será genial, pero a menudo sólo tienes la opción de enviar tu carta a una dirección postal. Luego el proveedor tiene 30 días para contactarte y hacerte saber los resultados de su investigación.

Si el proveedor determina que tu aclaración es banal o irrelevante, o si ésta es prácticamente la misma que ya enviaste de forma directa al buró de crédito, no tiene que investigar nada. Asimismo, si tu aclaración la inicia una empresa de reparación de crédito, tampoco tiene por qué investigar. No obstante, está obligado a explicarte por qué no lo hará. No puede simplemente no contestarte.

Levantar una aclaración directamente con un proveedor tiene varias ventajas:

1. Es probable que el proveedor no reciba tantas aclaraciones como las agencias de reporte de crédito y quizá tenga información en sus archivos con la que pueda respaldar el hecho de que tu aclaración no tiene fundamento.
2. Si hace una corrección, tendrá que notificar a todos los burós en donde esté registrado el error.

3. Se supone que debe tener cuidado de no reportar la misma
    información otra vez.

Además, el proveedor podría no ser tan eficiente como la agencia
de reporte para manejar las aclaraciones. Si se trata de una agencia de
cobranza en particular, tal vez haga una pésima labor cuando tenga que investigar la impugnación. Por alguna razón, las agencias
parecen dar por sentado que toda persona que solicita aclarar un
adeudo sólo está tratando de librarse de él.

En caso de declaración de quiebra, de un gravamen fiscal o de
una sentencia, el proveedor estará en el tribunal y tú tendrás que
averiguar qué tribunal tiene la información. Esto puede ser increíblemente difícil, pero no te rindas. Si la información es incorrecta,
es fundamental que deje de ser reportada. La agencia de reporte
debería darte el nombre y los datos de contacto del tribunal involucrado.

La gran dificultad

Ahora te hablaré de cuál podría ser la mayor dificultad al cuestionar información de manera directa con el proveedor, de acuerdo
con la nueva legislación. La FCRA actualizada indica específicamente que el hecho de que un consumidor diga que la información es incorrecta no es suficiente y no le da al proveedor causa
razonable para creer que así sea. Pero el hecho es que los consumidores encuentran con frecuencia información perjudicial en sus
reportes de crédito y no pueden probar que sea incorrecta, sólo
saben que así es.

Te daré un ejemplo. En el reporte de María Rodríguez aparece
una cuenta por cobrar con una importante tienda al menudeo.
María nunca abrió una cuenta con esa tienda y cree que quizá le
pertenezca a alguien que tiene el mismo nombre que ella. ¿Pero
cómo puede demostrar que no le pertenece? Hasta este momento,

ha pasado horas tratando de que los burós de crédito y los acreedores eliminen la información, pero no ha tenido éxito.

Primero cuestiona la información incorrecta con las agencias de reporte de crédito, y si el problema no se resuelve de esa manera, levanta una aclaración de manera directa con la empresa que la reportó.

Cómo cuestionar información correcta

Si tu reporte de crédito resulta afectado, no hay una varita mágica para limpiarlo, pero si es correcto y está hecho un desastre, sí hay varias cosas que puedes hacer. Éstas son tus opciones:

Sólo espera: A medida que la información se vaya volviendo obsoleta, también perderá importancia. Como lo expliqué en el capítulo anterior, tarde o temprano saldrá de tu reporte. Además, con el paso del tiempo pierde valor para el cálculo de tus calificaciones de crédito. En igualdad de circunstancias, la información de los 24 meses anteriores es la más importante en lo que se refiere a tus calificaciones.

De todas maneras reconstruye: Lleva la primera estrategia de espera un paso más allá y empieza a añadir referencias positivas. Esto es importante porque no basta con sacar la información negativa de tu reporte, para fortalecer y sanear un crédito, ¡también necesitas referencias positivas! Alguien que no tiene historial crediticio o cuyo historial es más bien escaso tendrá una calificación baja, de la misma manera que sucede con quienes tienen historiales negativos.

Si no tienes, o si sólo cuentas con una o dos tarjetas o préstamos activos, añade nuevas referencias. Visita la sección "Cómo fortalecer el crédito" que aparece más adelante en este capítulo.

Levanta una aclaración: Te reitero que siempre puedes refutar la información negativa en los burós de crédito. Si no la pueden verificar, tienen que eliminarla. Esto puede resultar útil en el caso de deudas viejas en las que el proveedor ya no tenga acceso a sus registros, pero ten cuidado porque, si llegan a verificarla más adelante, podrían volver a añadirla. Se supone que las agencias de reporte tienen que advertirte por escrito antes de volver a incluir en tus reportes información refutada o eliminada, pero con frecuencia no lo hacen.

Pide perdón: Una forma de eliminar de tu reporte información precisa pero negativa es pedirle al acreedor que le "reasigne una edad" a la cuenta. De esta manera estará aceptando eliminar el pago o pagos retrasados.

Esto funciona mejor cuando la cuenta se pagó puntualmente durante un buen tiempo pero luego hubo algunos pagos retrasados bien justificados: enfermedad, mudanza, quizá divorcio. No obstante, a menos que tengas una verdadera buena razón, ni siquiera te tomes la molestia de pedirle a un acreedor que le reasigne edad a una cuenta con demasiados pagos retrasados en un periodo prolongado de tiempo.

De acuerdo con los lineamientos del Consejo Federal de Examinaciones de Instituciones Financieras los acreedores no deberían reasignar edad a las cuentas más de una vez al año o dos veces en cinco años. La cuenta debe tener por lo menos nueve meses, el prestatario debe demostrar que puede y que está dispuesto a pagar, y tendrá que realizar por lo menos tres pagos puntuales consecutivos.

Tu desafío será encontrar en la oficina del prestamista a alguien que en verdad esté en posición de ayudarte, y luego convencerlo o convencerla de que lo haga. Te recomiendo que seas muy paciente y amable porque, después de todo, estás pidiendo un favor. Pero también sé persistente. Si alguien no puede ayudarte, solicita hablar con un supervisor. De ser necesario vuelve a marcar. Recuerda que entre más insistas y destaques, más te prestarán atención.

Obtén ayuda: Si tienes varios elementos negativos podrías sentirte tentado a solicitar la ayuda de una empresa de reparación de crédito. A veces ésta podría ser una buena opción, pero es necesario ser cauteloso. Antes de elegir una, lee las advertencias que te daremos más adelante en este capítulo.

Como es muy importante tener un reporte de crédito con información precisa, quiero que revisemos las reglas para iniciar aclaraciones.

- Escribe una carta breve.
- Siempre que te sea posible, envía una carta manuscrita, pero sólo si tu escritura es clara y legible.
- Conserva registros de todas las llamadas telefónicas, si es el caso.
- Envía tus cartas por correo certificado o con acuse de recibo.
- Haz tus aclaraciones por imprecisiones con los prestamistas en primer lugar y luego con las agencias de reporte de crédito.
- Sé amable pero persistente.

Si no llegas a ningún lado

¿Qué sucede si tienes una aclaración legítima pero no llegas a ningún lado cuando hablas con los representantes?

Te daré un ejemplo. Shana le compró un automóvil a un distribuidor, pero la transacción resultó ser una estafa. Cuando la investigación y los ánimos se caldearon, dejó de pagar el préstamo por recomendación de la oficina del fiscal general del estado, quien incluso le dio una carta donde decía que la información no debía aparecer en su expediente de crédito. Pero a pesar de llamar y enviar cartas continuamente al buró, no logró nada.

Aquí tienes algunas opciones:

1. **Quéjate con los reguladores.** Puedes levantar una queja con la Comisión Federal de Comercio en ftc.gov y con la Oficina de Protección Financiera del Consumidor en consumerfinance.gov. Se supone que la Comisión les enviará tu queja a las agencias de reporte involucradas y solicitará una respuesta.

2. **Contrata un abogado.** Algunos abogados se especializan en demandar a acreedores y a agencias de reporte de crédito. En NACA.net puedes encontrar abogados de este tipo. Si el abogado no te recomienda una demanda, pregúntale si lo puedes contratar para que escriba algunas cartas en tu nombre.

3. **Añade una declaración a tu expediente.** Tienes derecho a escribir una declaración de 100 palabras que explique tu versión de la historia. Aunque esto resulta útil, recuerda que las calificaciones de crédito no toman en cuenta esas declaraciones, y que con frecuencia lo que en verdad cuenta es tu calificación.

Cómo fortalecer el crédito

Ya te mencioné lo importante que es tener un buen historial crediticio y fortalecerlo. Pero si no tienes crédito o si éste está dañado, te será difícil comenzar. El siguiente par de estrategias funciona bien:

1. **Obtén una tarjeta de crédito con garantía:** En lo que se refiere a tu reporte de crédito, una tarjeta podría convertirse en tu mejor amiga… si la pagas puntualmente. Para obtener una Visa o una MasterCard con garantía tienes que hacerle un depósito de seguridad de entre 200 y 500 dólares, para empezar, a alguna empresa que ofrezca este tipo de servicio. Luego úsala como si fuera cualquier otra tarjeta de crédito importante y ve fortaleciendo tu crédito. Sólo

asegúrate de que la información les sea reportada a los tres burós principales porque, de lo contrario, la tarjeta no te será muy útil. Para más información, visita la sección de Fuentes.

2. **Toma prestado el buen crédito de alguien más.** Si vives con un familiar con un historial de crédito admirable, tal vez él o ella pueda ayudarte. No le pidas que sea cofirmante, sólo que te añada como usuario autorizado de su tarjeta de crédito. Ni siquiera tienes que tocar la tarjeta que te envíen. De hecho, es mejor que no lo hagas porque, si no, te sentirás tentado a incurrir en deudas que no puedes pagar.

Si el emisor les reporta tu estatus de usuario autorizado a las agencias, lo cual es sumamente probable, éste aparecerá junto con todo el historial de la cuenta de la tarjeta de tu familiar, y de repente podrías tener un historial de 10 años de una tarjeta importante pagada puntualmente. Sólo no abuses del privilegio. No uses la tarjeta, y una vez que hayas construido y fortalecido tu historial, pídele a la persona que te ayudó que te dé de baja como usuario. Ah, y debo hacerte una advertencia: si esa persona hace un pago retrasado, tu historial resultará dañado.

Nota: Durante la burbuja del mercado inmobiliario las agencias de reparación de crédito explotaron el truco del usuario autorizado y negociaron huecos en tarjetas de crédito entre usuarios que no tenían relación entre sí. Es decir, la gente "compraba" su camino hacia un mejor historial crediticio para calificar para un préstamo hipotecario. Como consecuencia, FICO cambió su sistema y les otorgó menos valor a estas cuentas de usuarios autorizados. A pesar de ello, usar esta estrategia entre los miembros de una familia que viven en la misma dirección todavía podría resultar útil. Además, mientras el nuevo usuario no acumule deudas en la tarjeta ni haga pagos retrasados, no está de más hacerlo.

Una vez que hayas manejado impecablemente estas cuentas por unos cuatro o seis meses, ve más allá y obtén la tarjeta de crédito de una tienda al menudeo. Cuatro o seis meses después, consigue otra referencia crediticia. Unos cuatro o seis meses más adelante, sigue progresando y obtén una tercera referencia, como otra tarjeta de crédito de categoría o un préstamo automotriz. Tu objetivo es llegar a tener cuatro o cinco referencias pagadas invariablemente a tiempo… ¡y la menor cantidad de deuda mala posible!

Quizá no puedas reconstruir tu crédito de la noche a la mañana, pero si te apegas al plan, entre tan sólo seis y 18 meses podrías ver una mejora significativa.

Agencias de reparación de crédito

Es posible que hayas visto anuncios prometiéndote que, independientemente de tu desempeño crediticio en el pasado, podrás conseguir un expediente nuevo. Pero también quizá hayas visto los anuncios de las agencias de protección al consumidor donde se advierte que la reparación de crédito es una estafa. Es posible que la verdad se encuentre en medio de estos dos extremos.

Las agencias de reparación de crédito generan muchísimas quejas en la Comisión Federal de Comercio y otras instituciones de protección a los consumidores. Por ejemplo, en una época en que la comisión era más activa, se presentaron 31 casos contra agencias de reparación. Estas quejas se levantaron como parte de "Eraser", una intensa operación federal-estatal contra las agencias de reparación de crédito fraudulentas. Algunos años después, la comisión les avisó a más de 180 sitios de internet que sus afirmaciones sobre la reparación de crédito podrían estar violando leyes estatales y federales.

¿Por qué la gente termina siendo víctima de la reparación de crédito? Principalmente porque está desesperada por volver a pedir dinero prestado. Su crédito ya está arruinado y ahora busca otra manera de pedir dinero. Desperdiciar tus recursos pagando una reparación de crédito sólo para seguir incurriendo en más deuda mala es una pésima inversión.

Otra razón por la que la gente quiere reparar su crédito es porque cometió errores, pero ahora desea generar riqueza. El acceso a un crédito con una tasa de interés decente para incurrir en una deuda buena puede ser útil. Aunque ésta es una razón legítima por la que alguien querría reconstruir su historial, no es suficiente para desperdiciar tu dinero en esquemas de reparación falsos.

Conozcamos la verdad sobre la reparación de crédito.

Mito 1:
Le podemos enseñar a obtener una nueva calificación de crédito

Estos anuncios suelen ofrecer alguna de las muchas estafas que existen, por ejemplo, robar la identidad de alguien que ya falleció, en lugares como Puerto Rico o Guam, y usarla para obtener un crédito. Las autoridades en Georgia descubrieron una banda delictiva que vendía identidades de gente fallecida por entre 500 y 600 dólares cada una. Los criminales revisaban los obituarios y luego solicitaban a través de internet verificación de antecedentes que incluían datos como los números de seguridad social y los reportes de crédito de los fallecidos. Luego usaban a los fallecidos como "cofirmantes" para obtener préstamos automotrices. Se sospecha que había unas 80 personas involucradas en este fraude.

Otra variación consiste en decirle a la gente que pueden enseñarle a formar una nueva identidad crediticia. A esta estafa se le llama "segregación de expediente". Entre las técnicas que enseñan, está la de obtener un número de identificación del empleador o EIN, por sus siglas en inglés, el cual es similar al número de seguridad social en la cantidad de dígitos. La idea es tratar de establecer todo un expediente crediticio nuevo bajo el registro del EIN.

Respecto a la segregación de expediente, la Comisión Federal de Comercio nos dice: "Hacer declaraciones falsas durante la solicitud de un préstamo o crédito es un delito federal. La agencia de reparación de crédito podría recomendarte hacer justo eso, pero representar erróneamente tu número de seguridad social es un delito federal. También lo es utilizar información falsa para solicitarle un EIN al IRS. Asimismo, si usas el correo electrónico o el teléfono para solicitar crédito y provees información falsa, podrían acusarte de fraude postal o de fraude en vías de telecomunicaciones. Peor aún, la segregación de expediente podría constituir un fraude civil bajo la legislación de muchos estados".

Pero la verdadera razón por la que debes decir "no" a las agencias de reparación es porque iniciar un historial crediticio nuevo puede ser muy difícil. Es mejor que toda la energía que invertirías en las distintas artimañas de la reparación la emplees en reconstruir tu crédito de una forma legal y auténtica. Ahórrate dinero y mejor haz las cosas de la manera correcta.

Mito 2:
Podemos conseguirle un crédito. Garantizado

Si te está costando trabajo obtener un crédito podrías sentirte atraído a las empresas que prometen conseguirte una tarjeta importante o una línea de crédito. ¡Garantizado! El gancho consiste en cobrarte una tarifa de, quizá, unos 100 dólares o incluso hasta 1 000 o más. De acuerdo con el Reglamento de ventas de telemercadeo, si alguien te garantiza o te hace pensar que tiene una alta probabilidad de obtener o negociar un préstamo u otra forma de crédito para ti, tiene prohibido cobrarte o aceptar cualquier pago por sus servicios hasta que no hayas recibido el préstamo o crédito en cuestión.

Ahora te hablaré de otro fraude de "tarjetas de crédito garantizadas". Una tarjeta de crédito fuertemente anunciada en internet te promete "Una línea de crédito platino sin garantía por 7 500 dólares", pero en las letras pequeñas de abajo se lee: "Para la compra de cualquier artículo de nuestro catálogo". Ésta es una versión moderna de las "tarjetas de catálogo" que se comerciaban a finales de los ochenta y principios de los noventa. Te dan una tarjeta y la puedes usar para comprar mercancía del catálogo de esa empresa en particular. Ahora bien, quizá la mercancía no sea de mala calidad y tampoco sea muy cara, pero no puedes saberlo porque no es posible ver el catálogo antes de solicitar la tarjeta e inscribirte. Incluso si la mercancía fuera buena, inscribirse cuesta 149 dólares y, además, tal vez tengas que dar un adelanto considerable por los artículos que compres.

Mito 3:
Las agencias de reparación de crédito pueden hacer cosas que tú no podrías hacer solo y por tu cuenta

Aunque la mayor parte de la reparación de crédito es un engaño, si encuentras una agencia decente, lo cual es un desafío en sí mismo, a veces puede resultar útil. Si tienes demasiados elementos negativos debido a un divorcio, una bancarrota u otra razón, o si has estado batallando con los burós de crédito o con los acreedores y no tienes ningún éxito, tal vez necesites una empresa que cuente con experiencia en ese tipo de dificultades.

De la misma manera en que puedes elegir entre manejar tus asuntos fiscales o contratar a alguien para que lo haga, a veces tiene sentido contratar a una agencia de reparación para que se haga cargo de la tediosa tarea de corregir tu expediente.

Desafortunadamente, la FCRA dificulta tanto demandar a los acreedores o a los burós de crédito que la mayoría de los abogados ya no quiere hacerse cargo. Hay bufetes de abogados especializados en reparación de crédito, pero algunos se han metido en problemas con la Comisión Federal de Comercio, así que debes ser cuidadoso.

Tienes derechos

A las agencias de reparación de crédito las regula una ley federal y, en muchos casos, las leyes estatales. Según la Ley Federal de las Organizaciones de Reparación de Crédito, antes de que firmes un contrato las agencias deben darte copia de los "Derechos de Expedientes de Crédito del Consumidor según la Ley Estatal y la Ley Federal". También deben entregarte un contrato escrito donde se expliquen tus derechos y obligaciones. Por favor, no dejes de leer este documento.

Al abrigo de esta ley, tienes una protección específica. Por ejemplo, una agencia de reparación de crédito no puede:

- Hacer declaraciones falsas respecto a sus servicios.
- Realizar ningún servicio hasta no obtener tu firma en un contrato escrito y hasta que no se haya completado un periodo de espera de tres días. En este tiempo puedes cancelar el contrato sin pagar ninguna tarifa.
- Cobrarte hasta que no hayan ejecutado completamente los servicios prometidos.

Para disfrazar la violación de la cláusula del pago adelantado por servicios muchas de las agencias de reparación primero te cobran una tarifa por "servicios educativos" y luego llevan a cabo la reparación. Si no tienen éxito y no pueden eliminar los artículos de tu expediente, muchas te reembolsan el dinero que pagaste.

Por favor ten cuidado cuando uses tu dinero para pagar una reparación de crédito. Hay tantas estafas actualmente que es indispensable que verifiques la honestidad de la agencia con que trates, e incluso que consideres la posibilidad de hacer lo que puedas por tu parte.

Ahora analicemos algunos de los problemas más comunes de los reportes de crédito.

Capítulo 16

PROBLEMAS COMUNES DE LOS REPORTES DE CRÉDITO

Éstos son algunos de los problemas comunes de los reportes de crédito que pueden confundir a la gente, y sus posibles soluciones.

Cuentas conjuntas, o mancomunadas, y cuentas cofirmadas

Digamos que eres cofirmante de una tarjeta de crédito o de un préstamo para tu novio(a), compañero(a) de trabajo o tu ex. Esa persona dejó de pagar y ahora tú tienes un crédito dañado. Si estuviste de acuerdo en abrir la cuenta, entonces la información es correcta y tienes que lidiar con ella como tal (ve más adelante).

Te daré un ejemplo. Sara es cofirmante de la tarjeta Visa que su hija sacó cuando entró a la universidad. Como su hija siempre hacía sus pagos a tiempo, Sara se olvidó del asunto. Pasaron varios años y la hija de Sara se casó, pero tiempo después también se divorció. Mientras estuvo casada, sin embargo, añadió a su esposo a la cuenta y él hizo numerosas compras que luego no pagó cuando la dejó y huyó. El crédito de Sara y de su hija quedó destrozado.

Si eres cofirmante de una tarjeta de crédito y ya no quieres continuar siendo parte del acuerdo, por lo menos asegúrate de cancelarla para evitar cargos a futuro. No permitas que el acreedor te acose y te haga creer que necesitas el consentimiento de la otra persona para hacerlo. A veces te dirá que es imposible cancelar sin que las dos partes estén de acuerdo. De ser necesario, solicítale a un abogado que escriba una carta en la que se indique que quieres cancelar la cuenta y que no serás responsable de ningún cargo nuevo. Esto no eliminará la cuenta de tu reporte de crédito, pero podría protegerte de deudas más adelante.

Usuarios autorizados o tarjetas adicionales

Si alguna vez le has solicitado al emisor de tu tarjeta de crédito que te envíe una tarjeta adicional para tu cónyuge o tus hijos, se puede decir que solicitaste oficialmente la adición de un usuario autorizado a tu cuenta. El usuario autorizado es distinto del titular conjunto de una cuenta porque no tiene que firmar ni aceptar responsabilidades de la cuenta. Por esta razón, el usuario autorizado puede usarla, pero no es responsable legalmente de las facturas. Si añades a alguien más a tu cuenta en este estatus y esa persona realiza cargos, tú tendrás que pagar por ello, así que ten cuidado.

Si el usuario autorizado es tu cónyuge, la Ley de Oportunidad Igualitaria de Crédito exige que los prestamistas reporten la cuenta con los dos nombres, siempre y cuando le reporten a más de una agencia. Si autorizaste un usuario o si tú eres el usuario autorizado y estás atravesando un divorcio, una declaración de quiebra u otros problemas que podrían afectar tu crédito, debes ser muy cauteloso. Si te parece que el otro usuario tendrá dificultades para pagar a tiempo, elimina tu nombre de la cuenta lo antes posible.

Asimismo, si eres usuario autorizado de una cuenta que se descarriló, solicítale al prestamista que la elimine de tu historial crediticio porque no eres responsable legalmente.

Divorcio

Incluso no teniendo que lidiar con los efectos de la calificación de un crédito arruinado, el divorcio puede ser bastante difícil de enfrentar en sí mismo. En la mayoría de los casos, el juez le asigna las cuentas mancomunadas a un cónyuge en el acta de divorcio. El otro cónyuge supone que ya quedó libre de responsabilidad, pero el acta de divorcio no borra el contrato original que tienes con el acreedor. La información de las cuentas mancomunadas puede seguir apareciendo en tu reporte de crédito: siete años en el caso de la información perjudicial, y de manera indefinida en el caso de la favorable.

Piénsalo. La mayoría de los acreedores preferiría tener dos personas a quienes cobrarles en lugar de una sola, y por eso no tienen buena disposición cuando se les pide que eliminen a uno de los cónyuges de la cuenta. No obstante, algunos consumidores han tenido éxito y han logrado persuadirlos de que retiren de sus reportes de crédito las cuentas que le fueron asignadas a su expareja. No pierdes nada con intentarlo. ¿Cuál es la excepción? Si en este momento tu ex está retrasado o retrasada con una de las cuentas mancomunadas y tú contactas al acreedor o a la agencia de cobranza, podrían tratar de cobrarte a ti.

Amor, dinero y crédito

Denny y Lyn eran una pareja desafortunada. Todos sus amigos creían que el universo sería un lugar mucho mejor si ellos nunca se hubieran conocido. Eran una especie de agujero negro que succionaba toda la luz y la materia hacia un vórtice de peso y gravedad ineludibles. Y así como los agujeros negros no son nada divertidos para los planetas, Denny y Lyn no eran divertidos para ninguno de los amigos y familiares que circulaban en su órbita.

Todo comenzó de una manera muy inocente. Denny era el corredor estrella del equipo de futbol americano de una pequeña universidad sureña. Lyn era la porrista más linda y popular. Estaban destinados a salir juntos, pero todo mundo habría sido feliz si las cosas hubieran terminado tras unas cuantas citas. ¿Pero por qué tuvieron que permanecer juntos y luego casarse?

Denny era un prolífico acumulador de yardas para su equipo colegial de segunda división, pero un día se dio cuenta de que no tenía lo necesario para llegar a las ligas mayores. Pero no había problema. Además de su capacidad como atleta, su encanto y su belleza física, también era un joven inteligente. Tenía excelentes calificaciones en ciencias y fue admitido en la facultad de medicina de una universidad del noroeste. Sobrevivió sin problemas al rigor del entrenamiento médico y encontró su vocación: ser ginecólogo.

Lyn se fue con Denny al noroeste, y mientras él estudiaba noche y día, ella se aburría por que no tenía nada que hacer. Al igual que Denny, Lyn tenía belleza física, una actitud triunfadora e inteligencia. Decidió seguir estudiando mientras esperaba a que su novio le pidiera matrimonio, por lo que solicitó la admisión a la escuela de leyes y fue aceptada de inmediato.

En un abrir y cerrar de ojos, Denny ya era ginecólogo certificado y Lyn, abogada. Ambos eran atractivos, bien educados y refinados. Eran la pareja perfecta. Era inevitable que se casaran, así que poco después ya eran Denny y Lyn, marido y mujer.

Al matrimonio le siguieron dos niños, un chico y una chica perfectos. Luego vinieron casas más grandes y automóviles más lujosos. Ambos eran cada vez más exitosos en sus respectivos campos laborales.

Tiempo después, sin embargo, la mezcla de éxito, dinero, belleza e inteligencia empezó a transformarse en un brebaje destructivo. Denny y Lyn podían conseguir lo que quisieran. Ya fuera con su apariencia física, su influencia social, su dinero o todos estos elementos combinados, la pareja obtenía todo lo que deseaba. Y como no tenían restricciones respecto a la moralidad, la humildad y la discreción, les parecía que, a diferencia de los otros, las reglas no aplicaban para ellos. Denny y Lyn tenían la libertad de tomar lo que se les diera la gana.

Entre las numerosas pacientes de Denny había varias que se sentían atraídas hacia él. Algunas eran menos sutiles que otras, y él aceptaba eso como parte de la relación natural entre el médico y sus pacientes. Un día, sin embargo, Laura, una antigua gimnasta esbelta y sensual que todavía no cumplía los 30 años, tuvo una primera consulta con él.

Hubo centellas de inmediato. Denny ya había vivido ese mismo tipo de atracción en dos ocasiones anteriores, también con pacientes, pero en ambos casos se dijo que era casado y tenía dos hijos. Como además era médico y estaba en una posición de poder, suprimió sus sentimientos… hasta que conoció a Laura.

Esta vez no pudo controlarse. La emoción con Lyn ya no era tan fuerte porque ella pasaba demasiadas horas trabajando como abogada y cuando estaban juntos en casa se enfocaban en cuidar de los niños. Su matrimonio había perdido la chispa.

Una aventura con Laura parecía perfectamente natural y ella estaba más que dispuesta. Denny se justificó con el razonamiento de que una aventura podría incluso mejorar su matrimonio.

Lyn pasaba mucho tiempo en la oficina. Ahora era socia de un bufete de 300 socios y se había convertido en la naciente estrella del departamento de litigio comercial. Uno de los clientes más importantes del bufete, una gran empresa de productos alimentarios, solicitó que Lyn manejara todos sus asuntos. Marshall, el presidente de la empresa, se sentía muy atraído a ella, disfrutaba su compañía y admiraba su presencia física.

En una ocasión se anunció una audiencia relacionada con asuntos de litigio de la empresa. Ésta se llevaría a cabo en un tribunal federal al otro lado del país, así que Marshall y Lyn viajaron en el avión corporativo. Esa noche, durante la cena, ambos bebieron varias copias de vino de más y las inhibiciones se relajaron. Con Marshall, Lyn sentía el tipo de emoción que Denny ya no le provocaba en tiempos recientes. Una aventura con Marshall parecía perfectamente natural. La abogada se justificó con el razonamiento de que una aventura podría incluso mejorar su matrimonio.

Y así fue como se empezaron a desarrollar los sucesos.

Los amigos les contaron a los amigos que les contaron a más amigos y, de pronto, todo mundo estaba enterado de la infidelidad doble.

Denny siguió con su vida porque las cosas con Laura no funcionaron. Ella lo acusó de haber aprovechado su posición como médico, y la junta médica estatal comenzó a investigar esta grave declaración. La denuncia no detuvo a Denny, quien continuó atendiendo a una gran cantidad de pacientes.

La esposa de Marshall se enteró de la aventura, y como su familia era la dueña de la empresa de productos alimentarios, el gran cliente amenazó con buscar otro bufete de abogados si no se deshacían de Lyn.

Y el bufete despidió a Lyn.

Denny y Lyn se culparon entre sí por el repentino cambio en sus afortunadas vidas. A eso le siguió un espantoso y bastante publicitado divorcio, y los amigos y familiares se vieron forzados a tomar partido. Cuando esto sucedió, muchas amistades se perdieron. La reacción en cadena del divorcio sobrepasó por mucho la vida de la expareja y de sus hijos. Fue un suceso destructivo e inevitable que hizo que mucha gente deseara que jamás se hubieran casado.

Cuando el amargo y costoso proceso estaba en boca de todos, el tribunal de todas formas dividió todo más o menos a la mitad. Lyn se quedó con la casa y, como ambos ganaban casi lo mismo, el tribunal adjudicó una pensión de 5 000 dólares mensuales para Lyn, y Denny obtuvo permiso para visitar a sus hijos los fines de semana.

El hecho de que a Lyn la hubieran despedido del bufete le dificultó mucho la búsqueda de un nuevo empleo. Se había convertido en un artículo podrido del extraño mundo de los grandes bufetes de abogados. Pensó en trabajar por su cuenta, pero francamente estaba cansada de ejercer la abogacía. Después de todas las políticas de los bufetes y las exigencias de los clientes le parecía que necesitaba un descanso. Entonces recordó a un viejo abogado bromista que solía decir que la mejor práctica del derecho era en la que no había clientes.

Como Denny le daba 5 000 dólares al mes, a Lyn le pareció que podía cubrir los pagos de la hipoteca y hacerse cargo de los niños. Pero no pudo porque sus gastos ascendían a unos 6 000 dólares mensuales, en especial ahora que estaba saliendo con el asesor de tecnología de la información que había contratado para que trabajara con ella en su casa. El asesor era un joven de treinta y tantos años y necesitaba que lo mantuvieran contento.

Lyn llegó a la conclusión de que Denny tenía que darle más dinero para cuidar a los niños, así que usó la información de ambos para solicitar un nuevo crédito conjunto. Naturalmente, conocía todos los datos de Denny y, como ella no estaba trabajando, el historial laboral de él definitivamente ayudaría a garantizar que la tarjeta que le dieran tuviera un límite de crédito elevado.

Lyn cuidaba de los niños, pero también se estaba divirtiendo. Cuando sus hijos se quedaban con su exesposo los fines de semana, ella y el asesor volaban a San Francisco para hacer compras o a Reno para esquiar. Eran viajes sumamente disfrutables y costosos.

Poco después Lyn empezó a retrasarse con los pagos de la casa, pero eso no le preocupó porque el abogado de Denny olvidó tratar ese asunto durante el espantoso divorcio. El consejero de ella, por su parte, le dijo lo que ya sabía como abogada: si ambas partes permanecían como responsables de la hipoteca y el cónyuge que se quedaba con la casa dejaba de pagar las mensualidades, el otro seguiría siendo responsable del crédito.

Esto golpeó a Denny como una tonelada de ladrillos cuando trató de comprar una casa nueva.

Después de salir con todo un ejército de damas de todas partes de la ciudad, Denny se enamoró de Jennifer, una joven madre de dos niños que no tenía mucho tiempo de haberse divorciado. Denny y Jennifer tenían muchas cosas en común, como procesos de divorcio increíblemente disputados. A diferencia de la situación de Denny, el acuerdo al que llegó Jennifer la obligaba a vender o refinanciar la hipoteca de su casa. Como Denny necesitaba un lugar para sus dos hijos y ahora también para los dos niños de Jennifer, le parecía lógico buscar una casa grande.

Denny y Jennifer encontraron la casa perfecta para ellos y sus cuatro niños. Tenía un gran jardín y una linda alberca. Además, estaba lista para que la nueva familia se mudara y empezara a disfrutarla.

Pero entonces Denny se enteró de sus problemas de crédito. Lynn no había pagado la mensualidad de la hipoteca en tres meses y la casa ya estaba en proceso de prerremate. También había dejado de pagar dos mensualidades del crédito en común que obtuvo sin avisarle.

El crédito de Denny estaba en pésimas condiciones, así que no podría comprar una casa en un buen tiempo. Le pidió a Jennifer que fuera comprensiva, pero ella estaba furiosa. Como también había atravesado un divorcio difícil, Denny esperaba que su nueva pareja entendiera su situación, pero no fue así. Jennifer necesitaba una casa para sus hijos, así que le exigió a Denny arreglar su situación crediticia de inmediato.

Denny y Jennifer se reunieron con un abogado local especializado en asuntos de crédito. Lo primero que el ginecólogo preguntó fue si podría comprar su antigua casa en el remate. El valor del inmueble había aumentado bastante, y si él pudiera adquirirlo, ganaría una buena cantidad de dinero.

Jennifer se enojó en cuanto escuchó la idea. No quería que Denny se acercara ni un poco a su antigua casa.

Antes de que Denny pudiera siquiera enfadarse, el abogado les informó que, como la hipoteca no se había pagado en varios meses, el prestamista había llamado para decir que se le debía la cantidad total. Si Denny quisiera recuperar su casa, necesitaría arreglar su crédito. El abogado explicó que el primer asunto con que tendrían que lidiar sería la tarjeta de crédito conjunta que Lyn había solicitado sin su permiso. También le dijo a Denny que la mejor manera de lidiar con el asunto consistía en levantar un reporte de policía y declarar la actividad fraudulenta de Lyn. La única manera de hacer que la empresa emisora de la tarjeta comenzara a investigar el asunto y, finalmente, eliminara las calificaciones negativas de Denny sería con un reporte de policía.

Pero Denny dijo que no podía levantar un reporte de policía contra Lyn. Era la madre de sus hijos y los cuidaba 80% del tiempo. No iba a permitir que a sus hijos los criara una mujer con antecedentes penales.

Esto hizo a Jennifer estallar y ponerle un ultimátum a su pareja: O Lyn o ella. Denny volvió a pedirle que entendiera, pero ella se puso de pie y salió del despacho furiosa.

Denny y el abogado se quedaron sentados un momento en silencio, asombrados. Pero de pronto Denny empezó a reír aliviado. El abogado supo por qué y rio también.

Juntos diseñaron un plan para restaurar el crédito de Denny. El plan incluía usar parte del plan para el retiro del ginecólogo, pagar las penalizaciones por los retiros anticipados y usar el dinero para limpiar su historial. Pagaron la tarjeta de crédito de Lyn y la cancelaron. El emisor estuvo de acuerdo en asignarle una nueva edad a la cuenta y en eliminar los pagos retrasados a cambio de que Denny liquidara la deuda completa. Denny y su abogado también establecieron con el prestamista un acuerdo que pondría el adeudo de la casa al corriente, y luego solicitaron al tribunal que le exigiera a Lyn vender o refinanciar.

Todas estas acciones perturbaron profundamente a la abogada y la forzaron a asumir responsabilidad de nuevo, así que botó al asesor con el que salía y consiguió un empleo poco estresante pero suficientemente bien pagado, con un grupo legal de interés público. Vendió la costosa mansión que en realidad no necesitaba y encontró una casa linda y modesta en un vecindario decente donde había buenas escuelas para sus hijos.

Denny logró enderezar sus problemas de crédito en un periodo breve y se quedó con la satisfacción de saber que había evitado una especie de segundo divorcio con Lyn, y que a sus hijos no los criaría una mujer con antecedentes penales.

Si te vas a divorciar, es esencial que:

1. Cierres cuentas mancomunadas para evitar cargos adicionales.
2. Estipules que tu ex refinanciará la hipoteca de la casa o la venderá en cierto periodo de tiempo, si es que ambos están de acuerdo.
3. Transfieras cualquier saldo conjunto a cuentas independientes en caso de que sea posible.
4. Supervises tu reporte de crédito mensualmente para detectar cualquier fraude o problemas a futuro.

El matrimonio y el crédito

Algunos expertos financieros recomiendan que, antes de casarse, las parejas se muestren sus respectivos reportes de crédito, y a mí no me parece un mal consejo. Si no, por lo menos, entiende lo que el matrimonio le puede hacer a tu crédito. Si tienen historiales separados antes de casarse, no hay razón para unirlos.

El mero hecho de contraer matrimonio no va a fusionar los historiales. Para que la actividad de las cuentas aparezca en los re-

244

portes de ambos tienes que incluir a tu cónyuge en tus créditos o viceversa.

Te daré un ejemplo. Justin y Kayla se van a casar. Ella tiene algunos préstamos estudiantiles que siempre ha pagado a tiempo, y solamente posee una tarjeta. Él ya arruinó su crédito. Si ella lo añade a sus cuentas corre el riesgo de que incurra en deudas que ella tendrá que pagar. Si él la añade a las suyas, a ella le cargarán de inmediato toda esa actividad negativa a su historial. Lo menos peligroso sería que abrieran una cuenta conjunta con un límite bajo de crédito, pero sólo si ella estuviera dispuesta a correr el riesgo.

Mi recomendación es tener tal vez una cuenta conjunta que se use para los gastos del hogar y mantener el resto separado. Por supuesto, los préstamos automotrices o las hipotecas serán deudas en común, pero no tiene que ser así necesariamente. Si uno de ustedes necesita mejorar su calificación, puede usar la estrategia de "pedir prestado" el buen historial del otro que explicamos en la sección "Cómo fortalecer el crédito".

¡Una advertencia! Ten cuidado en los estados donde se maneje la propiedad mancomunada como Arizona, California, Idaho, Luisiana, Nevada, Nuevo México, Texas, Washington y Wisconsin porque ahí toda la deuda en que incurra cada cónyuge durante el matrimonio podría llegar a formar parte de la propiedad en común, lo cual significa que podrías quedarte estancado o estancada pagando las deudas de tu ex. En este caso, sin embargo, tus cuentas individuales tampoco aparecerán en el reporte de crédito de tu cónyuge ni las suyas en tu reporte.

Éste es un problema que Gerri Detweiler ha visto surgir cuando un cónyuge o excónyuge se declara en quiebra. Todas las cuentas conjuntas incluidas en la declaración podrían enlistarse en el reporte de crédito. Debido a una ley instituida hace algunos años, los burós han cambiado sus sistemas y ahora averiguan si el cónyuge que no se declaró en quiebra estuvo involucrado de alguna manera.

De no ser así, no incluirán la información sobre la quiebra en el reporte de crédito del cónyuge "inocente". Los acreedores, sin embargo, podrían hacerlo si no tienen cuidado.

Te daré un ejemplo. Kevin se declaró en quiebra pero su esposa Marta no. La pareja tenía una cuenta conjunta de una tarjeta de crédito que no habían usado por algún tiempo y que no se incluyó en la quiebra. Sin embargo, como Kevin presentó la declaración, el emisor canceló la cuenta y envió la información a los reportes de crédito de ambos como si formara parte de la quiebra a pesar de que no era así. Marta tuvo que solicitarle que eliminara la declaración de quiebra de su reporte porque la información era imprecisa.

Fallecimiento y deuda

Si tienes una cuenta en común con alguien y esa persona fallece tendrás que pagar las deudas. Si vives en un estado donde aplique la propiedad mancomunada y tu cónyuge fallece podrías resultar responsable de todas las deudas en las que se incurrió durante el matrimonio. De no ser así, no eres responsable. Esta situación incluye a los padres cuyos hijos obtuvieron sus propias tarjetas de crédito sin que ellos tuvieran que ser cofirmantes, así como a los adultos que fueron añadidos a las tarjetas de sus padres como usuarios autorizados para que pudieran ayudarles a manejar sus asuntos financieros.

El acreedor podría tratar de cobrarse del patrimonio si es que lo hay. Esto dependerá de la cantidad a la que ascienda la deuda y de si le parece que podría tener éxito. Pero no te presiones para cubrir esas facturas de inmediato, en especial si el pago pudiera tener un impacto negativo en tus finanzas familiares.

A veces los emisores de tarjetas de crédito tratarán de hacer sentir culpables a los hijos, cónyuges o padres, o incluso engañarlos para que paguen las cuentas individuales del fallecido. Como vimos en el caso de Elena, en el capítulo 4, podrían mentirle al familiar que sobrevive y decirle que la deuda es su responsabilidad u ofrecerle "transferir el saldo" a una nueva cuenta a su nombre. Por ejemplo, un estudiante universitario, abrumado por haber incurrido en una deuda enorme, se suicidó y, acto seguido, los emisores de las tarjetas de crédito involucradas persiguieron a su madre durante un par de años para que pagara la deuda. Como lo mencioné anteriormente, si llegas a estar en una situación de este tipo, no aceptes ni firmes nada hasta no hablar con un abogado. Quizá también debas considerar la posibilidad de quejarte con las instituciones que regulan a los bancos o levantar una queja en la oficina del procurador general de tu estado.

Confusión de cuentas

Es posible que encuentres cuentas que no recuerdas haber abierto. Tal vez debido a la fusión de un banco o la venta de algunas cuentas la tuya haya pasado a manos de un nuevo prestamista y por eso no reconoces el nombre. También es posible que te hayan confundido con alguien más, en especial si se trata de un homónimo. Contacta a tu acreedor para aclarar la situación. En el peor de los casos, la aparición de una cuenta que no reconoces podría ser indicador de un robo de identidad.

Saldos antiguos

El saldo que se reporta en una cuenta es el que está vigente el día que el acreedor envía su información a las agencias de reporte. Si tú liquidas tu pago para no pagar intereses cada mes, tu cuenta podría no necesariamente mostrar un saldo en ceros a menos que el envío de información se haga antes de que cargues algo más a la tarjeta. Cuando liquidas una cuenta, pueden pasar hasta 45 días aproximadamente para que la información aparezca en tu reporte.

Te daré un ejemplo. Richard viaja por negocios en todo el mundo. Tiene una tarjeta American Express que usa para sus viajes. Sus gastos mensuales llegan a ser de hasta 10 000 o 20 000 dólares, pero en cuanto le reembolsan los viáticos, él hace el pago completo para no pagar intereses. A pesar de que cubre las cantidades completas cada mes, su reporte de crédito muestra saldos elevados.

Si tienes una cuenta que fue eliminada por ser incobrable, el saldo podría seguir apareciendo hasta que se pague o se llegue a un acuerdo. Un gravamen fiscal o una cuenta por cobrar pagada debería mostrar un saldo en ceros. Pero por supuesto, si liquidaste una cuenta hace por lo menos tres meses y el reporte sigue mostrando saldo, levanta una aclaración sin dudarlo.

Consultas no autorizadas

Eliminar consultas del reporte de crédito suele ser difícil. Esto se debe principalmente a que la FCRA exige que los burós de crédito te muestren los nombres de las empresas que investigaron tu crédito en el último año, y en el caso de las consultas por razones de empleo, en los dos años recientes. Incluso si no autorizaste la revisión de tu reporte, el caso es que alguien tuvo acceso a tu expediente y se supone que el buró tendría que haberte avisado.

Si en tu reporte aparecen varias consultas no autorizadas, y en particular si eres víctima de fraude, puedes pedirle al buró de crédito que las bloquee. De esta manera las consultas no afectarán tu calificación crediticia y sólo tú podrás verlas. Sin embargo, si tienes algunas que no te esperabas, tendrás que decidir si vale la pena invertir tiempo y energía en tratar de levantar una aclaración.

Declaración de quiebra

Cuando te declaras en quiebra se enlista tanto la declaración como cada una de las cuentas en ella incluidas. Si bien la quiebra puede librarte de los adeudos y ofrecerte un "borrón y cuenta nueva", no elimina las cuentas originales que aparecieron en tu reporte. Si durante la quiebra una fue eliminada por ser incobrable, por ejemplo, podría aparecer como "incobrable" o como "ganancia y pérdida", pero una vez que el proceso de declaración de deuda termine, no debería mostrar ningún saldo. Si aparece algo, levanta una aclaración e incluye como prueba una copia de la lista de tus deudas eliminadas en los documentos de quiebra. Y si tu quiebra es desestimada o retirada, el saldo de todas formas seguirá reportándose por la misma cantidad de tiempo que lo habría hecho si hubieras continuado con el proceso de quiebra.

Te reitero que aunque todas las quiebras podrían reportarse durante 10 años a partir de la fecha de la declaración, las agencias de reporte de crédito eliminarán las quiebras bajo el Capítulo 13, siete años después de la fecha de registro.

Embargos automotrices

Cuando embargan tu auto, la información aparecerá en tu reporte de crédito y permanecerá ahí siete años a partir del embargo. Al hecho de entregar personalmente las llaves se le llama "embargo voluntario" y es una situación que podría aparecer en tu reporte por la misma cantidad de tiempo que un embargo ordinario, a menos que llegues a negociar algo distinto con el prestamista.

Una advertencia más: en la mayoría de los estados tu vehículo será vendido en una subasta y, si el precio es menor al saldo del préstamo (más los gastos por el embargo legal, los honorarios del abogado y otros costos aplicables), podrían demandarte por el monto de esa diferencia. En ese caso, el tribunal podría emitir una sentencia por la diferencia y ésta podría también aparecer en tu reporte de crédito.

Asesoría de crédito

Aunque inscribirse en un programa de asesoría de crédito lo afecta, tal vez no sea tan malo como imaginas. Para empezar, en cuanto entres al programa y realices tres pagos puntuales, la mayoría de los acreedores le asignarán una nueva edad a tus cuentas. Esto significa que borrarán tus pagos retrasados más recientes al momento de tu inscripción al programa.

Al hacer el cálculo de tu calificación, la FICO no tomará en cuenta la información que reporta que pagaste a través de un programa de asesoría.

Tus tarjetas de crédito, sin embargo, serán canceladas durante el programa para dificultarte la adquisición de nuevos préstamos. Muchos prestamistas hipotecarios considerarán que el programa de asesoría de crédito es algo muy negativo, pero hay otros que comprenden su valor y que están dispuestos a financiar un préstamo en cuanto hayas logrado pagar durante por lo menos uno o dos años, siempre y cuando cumplas con sus otros requisitos, claro.

Advertencia: si la agencia de asesoría les paga tardíamente a tus acreedores, tú serás responsable de esas facturas, y esos pagos retrasados se quedarán estancados en tu reporte de crédito. Hay gente a la que ya le ha sucedido, así que elige la agencia con sumo cuidado.

Cuentas por cobrar

Las cuentas por cobrar son algo delicado y merecen su propia sección en el libro. Una cuenta que ha sido enviada a cobranza se considera automáticamente información perjudicial, así que sólo pagarla podría no representar una gran diferencia en tu calificación de crédito.

En general hay dos cuentas que se reportan en el caso de una cuenta por cobrar: la original que permanece con el prestamista y la que fue enviada a cobranza. La excepción se daría si el acreedor original (la empresa de teléfonos celulares, tu proveedor médico, etcétera) no les envía información a las agencias de reporte de crédito de manera regular. En ese caso, la única cuenta por cobrar que aparecerá será la que fue enviada a la agencia de cobranza.

Si se reporta más de una cuenta por cobrar por la misma deuda debido a que no le pagaste a la primera agencia de cobranza y fue enviada a otra, sólo aparecerá enlistada la más reciente. Si la anterior sigue publicada, levanta una aclaración.

Los detalles respecto a la cuenta original son mucho más importantes que los de la cuenta por cobrar tan sólo porque ésta se vuelve perjudicial automáticamente. En sí mismo, es probable que el hecho de saldar una cuenta por cobrar no le ayude a tu calificación.

Si tienes una cuenta de una tarjeta de crédito importante que fue enviada a cobranza, por ejemplo, y ésta aparece en tu reporte, el acreedor original tal vez no esté dispuesto a hablar o negociar contigo. Sin embargo, si llegara a aceptar el diálogo, en general siempre será mejor lidiar con él que con la agencia de cobranza.

Dependiendo del momento en que se encuentre la prescripción, si la cuenta por cobrar no es pagada, el acreedor o la agencia tendrán cierta cantidad de años para demandarte por la deuda sin ningún impedimento. Evidentemente no quieres que en tu reporte aparezca una demanda, pero debes saber que antes de proceder, tienen que notificarte que te llevarán a tribunales. En ese momento tendrías la oportunidad de negociar con ellos una liquidación. Si la deuda ya prescribió, entonces no te pueden demandar y, además, tienes la oportunidad de usar la prescripción como defensa, así que no hay mucho que puedan hacer para cobrarte.

Como lo mencioné anteriormente, una cuenta por cobrar sólo se puede reportar durante siete años y medio a partir de la fecha en que originalmente dejaste de pagar. Incluso si no la cubres no puede mantenerse en el reporte más tiempo. Si la agencia de cobranza te dice lo contrario, anota la información. Afirmar que los datos pueden permanecer más de lo legalmente permitido o que el cobrador "tiene maneras" de mantenerlo en el reporte más tiempo podría ser una violación a la Ley de Prácticas Justas de Cobranza de Deuda, ya que ésta no permite declaraciones falsas.

Éstas son algunas cosas que deberías considerar respecto a tu reporte de crédito:

1. ¿Es probable que te demanden por la deuda? En ese caso, saldarla evitará que en tu reporte aparezca una sentencia judicial si llegaras a perder el caso. Pero por supuesto, es muy difícil saber si un acreedor o agencia de cobranza está hablando en serio cuando dice que te va a demandar.

2. Si la saldas, ¿puedes hacer que la agencia elimine la cuenta de tu expediente? Si están de acuerdo, deberás obtener su aceptación por escrito antes de pagar. Las agencias de cobranza suelen prometerte la Luna, pero en cuanto les depositas se olvidan del asunto. Nota: no pueden hacer nada respecto a la cuenta que permaneció con el acreedor original, lo cual podría resultar igual de delicado para tu crédito.

3. Si negocias una liquidación por un monto menor al que debes, tu cuenta aparece como "liquidada", pero no por todo lo que debías originalmente. En el caso de las cuentas por cobrar esto no es un problema porque, de todas maneras, ya son información negativa.

4. ¿Se trata de una cuenta antigua que de todas maneras ya no se puede reportar o que dentro de poco desaparecerá de tu reporte de crédito? Muchos consumidores se han quejado de que las agencias de cobranza dicen que reportarán las deudas de 10 años o más, pero ya sabes que eso es ilegal.

5. ¿Qué se incluye en la cuenta original? Si aparece la eliminación de una cuenta incobrable con un saldo en ceros, pagarla no será de gran ayuda. Si aparece con un saldo y pagándola puedes lograr que el acreedor original la actualice con el saldo en ceros, entonces tal vez tengas oportunidad de aumentar tu calificación un poco.

Si vas a solicitar una hipoteca, antes de autorizar el préstamo el prestamista podría solicitarte que liquides una cuenta por cobrar pendiente. Te reitero que tu objetivo debe ser eliminar la información si es posible. Si no, por lo menos consigue algo por escrito donde se indique que la deuda fue liquidada.

Recuerda que se supone que las agencias de cobranza reportan la fecha en que te atrasaste por primera vez y que condujo a la cuenta por cobrar. Si en tu reporte hay una cuenta así pero no incluye este dato, levanta la aclaración.

La revisión anual de tu crédito

Marca en tu calendario una fecha específica para llevar a cabo una revisión de crédito anual. Entra a AnnualCreditReport.com y ordena copias gratuitas de tus reportes de crédito de cada una de las tres agencias más importantes. De hecho, yo me adelantaría y pediría todos de una buena vez. Como las agencias no comparten la información, será bueno que revises todos los reportes para asegurarte de que sean correctos.

Si no has visto los reportes especializados que te corresponden y que se describen en el capítulo 9, también ordena ésos para asegurarte de que no habrá sorpresas.

Visita Credit.com y obtén una copia gratuita del reporte. Así te enterarás de qué partes de tu crédito se encuentran en buenas condiciones y cuáles necesitan mejorar. Si deseas más información respecto a otros servicios que ofrecen reportes, dirígete a la sección de Fuentes.

Ahora veamos qué debes hacer para evitar que te estafen.

Capítulo 17
ESTAFAS

Existe una tremenda ironía en el mercado. Entre más estadounidenses batallan con su crédito dañado debido a divorcios, declaraciones de quiebra, crisis médicas y otros sucesos perturbadores de vida, y entre más surgen individuos responsables que sinceramente desean trabajar en sus dificultades de crédito con integridad y resolución, más cínicos y ofensivamente fraudulentos se vuelven los estafadores en sus ataques a la gente vulnerable. El resultado más frecuente de esta situación es que un intento genuino por tratar de mejorar una situación de crédito pendiente se desmorona por culpa de un operador sin escrúpulos que sólo termina empeorando el reporte.

¿Cómo evitar convertirse en el blanco de un fraude?

En primer lugar, leyendo este capítulo y entendiendo los patrones y las carnadas de las estafas. Los estafadores aprovechan tus miedos y tu vulnerabilidad. Necesitas preguntarte: ¿Me están manipulando? No es difícil. Sólo da un paso atrás, aléjate de la carnada y analiza si te están presentando una opción que aprovecha tus miedos para manipular tu decisión. Trata de ver más allá del gancho, usa tu pensamiento crítico.

Otra manera de evitar convertirse en blanco es no aceptar de inmediato ofertas que parecen demasiado buenas para ser ciertas. Como todos sabemos, todo lo que suena demasiado bueno probablemente no lo sea. El problema es que nos encanta escuchar: "¡Resolvemos todos sus problemas de crédito por 199 dólares!" o "¡Crédito garantizado, no importa la situación!" La cura podría ser el cinismo puro. No te creas una palabra sino hasta que hayas verificado y analizado a fondo el problema. Después de eso, conserva tu actitud cínica.

Porque, después de todo, si nos pudieran resolver los problemas de crédito por solamente 199 dólares, nadie necesitaría leer este libro. Vaya, ¡ni siquiera habría razón para escribirlo!

Sin embargo, escribimos y leemos porque las panaceas no existen, porque no hay curas sencillas. Los problemas de crédito pueden superarse si se les aborda de una manera realista y sistemática. Estos obstáculos rara vez se pueden vencer pagándole a alguien que te ofrece el engaño de la redención instantánea.

En todos los estados, el procurador general aborda los problemas crediticios. En cada departamento estatal hay asistentes legales que trabajan para proteger a los ciudadanos de la miríada de estafas de reparación de crédito que existen, y no es una labor sencilla.

En la mayoría de los estados del país se exige que las empresas de reparación de crédito se registren y establezcan un vínculo con la División de Asuntos del Consumidor. De acuerdo con la legislación estatal, estas empresas no pueden solicitar ningún pago como anticipo por sus servicios, pero a pesar de este tipo de protección, no hay garantías. Jo Ann Gibbs, representante del procurador general para atender el fraude a consumidores en Las Vegas, Nevada, narró el caso de una empresa de reparación que tenía un historial legítimo de operaciones. Desafortunadamente, el dueño de la empresa desarrolló una fuerte adicción al juego y empezó a malversar el dinero de sus clientes. El fraude pasó inadvertido por algún tiempo, pero para cuando fue descubierto, los consumidores estaban en una situación mucho peor, tenían adeudos mayores y debían más por concepto de intereses moratorios que antes de contratar los servicios de la empresa.

La oficina del procurador general de Nevada, por ejemplo, ha investigado a varias empresas que ofrecen servicios de reparación de crédito por una cantidad de entre 200 y 500 dólares. Estos servicios sólo empeoraron la situación de los pobres e ingenuos consumidores. Las empresas enviaban una carta a cada uno de los tres burós más importantes en donde simplemente declaraban: "Esas deudas no son mías", o sólo escribían la palabra "fraude".

Las declaraciones no solamente estaban incompletas, también eran falsas en la mayoría de los casos. Lo peor es que al notificarles a las agencias que los consumidores podrían ser víctimas de fraude, lo único que lograban era que se lanzara una alerta y que las cuentas fueran marcadas para ser revisadas con mucho más detenimiento. Cuando soliciten crédito en el futuro, estos consumidores deberán proveer información adicional y pasar verificaciones, y quizá tengan más obstáculos para obtenerlo debido a la actividad fraudulenta que reportaron las empresas.

Otra de las estafas que ha investigado la oficina del procurador general de Nevada es la que tiene que ver con tarjetas usadas como carnada para engañar a la gente con mal crédito. Los defraudadores prometen una tarjeta de crédito a cambio de una cantidad importante de dinero, usualmente entre 299 y 399 dólares que retiran directamente de la cuenta bancaria de los consumidores. Luego, en vez de enviarles una tarjeta real, les mandan un folleto de mala calidad que habla sobre el crédito y un formulario para solicitar una tarjeta Visa o MasterCard. Las instrucciones dicen que el formulario se deberá llenar y enviar, no a Visa o a MasterCard, sino a la misma empresa. Los defraudadores incluso prometen un reembolso si su solicitud es rechazada tres veces, pero se trata de una promesa vacía y falsa porque la empresa nunca envía los formularios a los emisores legítimos de las tarjetas. Cuando los consumidores tratan de comunicarse no hay quien conteste porque los estafadores ya cerraron el negocio, tomaron el dinero y se fueron a buscar a sus siguientes víctimas.

Permitir que alguien retire dinero directamente de tu cuenta bancaria puede traer muchos problemas.

Ahora lo ves, ahora no lo ves

Jim estaba sentado en el sillón. Su rostro resplandecía y, al mismo tiempo, estaba que echaba chispas. Resplandecía porque esa tarde había metido dos tremendos goles durante el juego de futbol soccer de la empresa. Era el día de campo anual y algunas de sus compañeras más atractivas lo miraban coquetas, atraídas por los dos goles que metió hasta el fondo de la portería sin ayuda de nadie. Jim se sentía muy bien al respecto.

Pero por otra parte, estaba que echaba chispas y sentía que no valía nada. Cuando pateó el balón, su furia realmente provenía de su situación financiera, de la cual parecía que nunca podría librarse. Justo cuando todo empezaba a mejorar, volvía a recibir un golpe que lo obligaba a doblarse del dolor y a retirarse a la línea de banda.

El embate más reciente tenía que ver con la salud de su madre. El padre de Jim había fallecido cinco años antes y dejó a su madre en una situación económica poco favorable. Él sabía que su padre tenía la intención de dejarla protegida, pero siempre se distrajo con otro automóvil, otras vacaciones o con aquel atractivo trato del condominio de tiempo compartido.

La madre de Jim había sido operada recientemente. En el aspecto físico se encontraba bien, pero el proceso económico la colocó en una situación precaria. Como Jim no quería que ella se preocupara, se hizo cargo de las deudas, pero esto no sólo lo retrasó con su plan de ahorros para comprar una casa, también afectó profundamente su presupuesto mensual. Era un hombre soltero y no se estaba volviendo más joven. Quería tener familia, pero se negaba a criar niños bajo la nube de la incertidumbre financiera. Tristemente, cada vez se alejaba más de su objetivo; en los últimos tiempos se retrasó con algunos pagos y eso lo molestaba demasiado.

Jim supuso que si lograba obtener un poco de crédito adicional, la situación se enderezaría… y en ese momento sonó el teléfono.

258

La persona que llamaba le preguntó si le gustaría calificar para la obtención de una tarjeta de crédito de renombre, y él contestó que no tenía el mejor historial crediticio. La persona al otro lado de la línea le dijo que no debía preocuparse porque la tarjeta que ofrecía la otorgaban sin tomar en cuenta las dificultades del pasado.

Jim dijo que estaba interesado y la persona le preguntó si tenía una cuenta de cheques, Jim contestó afirmativamente y la persona dijo que entonces podían proceder.

La oferta sonaba demasiado buena para ser verdad. La tarjeta le permitiría relajarse un poco, pagar sus facturas mensuales y los gastos médicos de su madre. Jim estaba bastante seguro de que pronto le darían un aumento en el trabajo y sintió que a lo largo del siguiente año podría manejar los pagos adicionales.

La persona le solicitó la información necesaria para otorgarle la tarjeta de crédito. Jim contestó todas las preguntas y de pronto la persona le pidió que tomara uno de sus cheques y leyera en voz alta todos los números de la parte inferior. Jim le preguntó por qué necesitaba esa información, y la persona le dijo que eran datos indispensables para saber si realmente calificaría para recibir la espléndida oferta que le ofrecía. Jim proveyó todos los datos solicitados y la persona lo felicitó por haber mejorado su crédito en ese momento.

Jim colgó el teléfono y su pensamiento regresó a las compañeras de trabajo que lo habían mirado desde lejos ese día. Si fuera dueño de su propia casa les agradaría todavía más. Meter goles hasta el fondo de la portería era genial, pero tener un lugar propio era un objetivo aún mejor.

Pasaron varias semanas y Jim se empezó a preguntar qué habría sucedido con el asunto de la tarjeta de crédito, se suponía que se la enviarían en 15 días y no había recibido nada. Como no tenía el número de la empresa, supuso que tendría que esperar hasta que ellos lo contactaran.

Dos meses después, Jim recibió el aviso de que su cuenta de cheques estaba peligrosamente sobregirada. No entendía por qué, no había gastado en nada más que los artículos básicos y las facturas médicas de su madre. ¿Por qué estaría sobregirada?

Jim llamó al banco para averiguar qué sucedía y la representante de servicio a clientes indicó que recientemente se había presentado una solicitud de giro de 150 dólares a la semana.

Jim dijo que no sabía a qué se refería con una "solicitud de giro" y le pidió que se explicara. La representante le informó que la solicitud de giro tenía su nombre, la información de su cuenta y el monto, por esa razón, a diferencia del cobro ordinario de un cheque, esta operación no requería de su firma. Hasta ese momento se habían pagado 750 dólares a la empresa en cuestión, ¿acaso no estaba enterado?

Jim se enojó muchísimo y preguntó por qué el banco había permitido que alguien sacara tanto dinero de la cuenta sin su permiso.

La representante le informó amablemente que no era así, que el envío de la solicitud de giro contenía toda su información correcta y eso significaba que alguien tenía su permiso. Jim se molestó aún más y vociferó que él no había dado ningún permiso para que le robaran de su cuenta. La representante continuó tranquila porque ya había pasado por eso. Le preguntó si le había dado la información de su cuenta de cheques por teléfono a alguien.

Entonces recordó la llamada en que le ofrecieron la tarjeta de crédito. Claro, le había dado curiosidad que le pidieran los números de la cuenta de cheques; ahora entendía todo.

La representante del banco fue muy amable e hizo los arreglos necesarios para bloquear la cuenta. Le dio el número del procurador general del estado para que reportara el fraude y, si llegaban a atrapar a los delincuentes, para que tal vez recuperara su dinero. Luego confirmó lo que Jim acababa de aprender: nunca se debe dar información bancaria por teléfono.

La estafa del débito automático está presente en todo el país, empleados de telemercadeo sin escrúpulos acechan a consumidores ingenuos como Jim a diario. Las promesas van desde tarjetas para quienes tienen crédito malo, hasta valiosos premios para un "selecto grupo de ganadores". Lo único que se necesita es un poco de información, como los datos confidenciales de su cuenta de cheques, que los consumidores brindan gustosos durante la feliz llamada.

El hecho de que el vendedor pregunte en el primer minuto si el consumidor tiene cuenta de cheques es una señal clave de que se trata de una estafa. Si les dices que no tienes cuenta, pasarán de inmediato a su siguiente víctima en potencia, pero si admites que sí tienes, te ofrecerán el trato más dulce posible para sacarte la información que les permitirá enviar solicitudes de giro sin tu firma... y atracar tu cuenta.

Pero ¿las solicitudes de giro son ilegales en sí mismas? No. Mucha gente paga su hipoteca y sus préstamos automotrices con el sistema de débito automático de su cuenta de cheques. Desde la perspectiva de la conveniencia, se podría decir que, por lo menos, te ahorra el sello postal.

Incluso si estás seguro de estar tratando con una empresa de renombre, debes ser cauteloso porque una vez que tengan la información de tu cuenta podría ser muy difícil cancelar los retiros. La ley les permite a los agentes de ventas tratar de obtener tu autorización por teléfono para acceder a tu cuenta de cheques, sólo tienen que grabarte concediendo el permiso. No permitas que esto te suceda; si bien es una práctica legal, el margen para que te engañen es muy amplio.

Insiste en que sólo darás tu permiso por escrito y a través del correo, insiste en que te envíen los formularios necesarios. Léelos meticulosamente y comprende la transacción antes de devolverlos firmados.

Y recuerda: por ninguna razón des la información de tu cuenta de cheques por teléfono.

Cómo empezar de nuevo...

Ahora te hablaré de otra de las estafas que te apartan de tu dinero.

Gwen y Horace llevaban una vida interesante. Gwen nació y creció en Rhyl, un pequeño puerto y centro vacacional galés a 48 kilómetros al oeste de Liverpool. Su familia conocía a la de George Harrison cuando ella era niña y, por esa razón, en algún momento llegó a ser amiga de los Beatles cuando apenas comenzaban su carrera en los pequeños clubes de esa ciudad inglesa.

Gwen era buena para los números. En la escuela podía resolver todos los problemas matemáticos en un instante; conforme creció empezó a detectar inconsistencias y patrones matemáticos a una velocidad asombrosa. El consejero de su escuela deseaba que ella estudiara ciencias, matemáticas o quizá contabilidad, sin embargo su familia necesitaba que se quedara en el negocio de venta de *fish and chips* que tenía en un golfito. Naturalmente, Gwen se convirtió en la tenedora de libros.

La joven siguió de cerca la carrera de George y los Beatles en el periodo en que se convirtieron en la sensación musical de todo el mundo. Los veía en Liverpool o en Rhyl de vez en cuando, y estaba muy contenta por su éxito. Cuando los jóvenes tuvieron que lidiar con los asuntos de la banda como negocio, y su música se transformó en un activo que debía rastrearse, los Fabulosos Cuatro se quejaron de que necesitaban llevar registro de todo. George sabía que Gwen era buena para los números y le llamó para preguntarle si podría ir a Londres a ayudarles con su contabilidad. La familia de la joven se dio cuenta de que se trataba de una gran oportunidad, así que dejaron que se mudara a la capital y trabajara para Apple Corp., la empresa de los Beatles. Ahí se encargó de llevar el registro de todos los pagos por regalías.

Los resúmenes de las regalías de las empresas editoras y de medios estaban repletos de jeroglíficos que ocultaban datos amañados y distorsiones. Eran deliberadamente vagos y difíciles de descifrar, Ringo ni siquiera podía mirarlos, pero luego Gwen aprendió a leerlos y a lidiar con ellos, y de esa forma recuperó millones y millones de dólares que, de otra manera, la banda habría perdido. John la llamaba "el quinto Beatle".

Gwen conoció a Horace en Londres, en una pelea particularmente desagradable por las regalías de libros. Horace era estadounidense pero vivía en Inglaterra y representaba a una importante editorial de su país que había editado varios libros de los Beatles y tenido mucho éxito con ellos. Para los músicos, sin embargo, las regalías no lo reflejaban. Cuando Gwen cuestionó vigorosamente los resúmenes, Horace se sintió atraído, nunca había conocido una mujer así. Poco después se casaron.

Gwen y Horace se establecieron en las afueras de Londres; sus respectivos empleos eran difíciles y disfrutables a la vez. Los años pasaron rápidamente hasta que, un día, ambos se dieron cuenta de que habían trabajado lo suficiente y había llegado el momento de retirarse. Horace estaba cansado de la gris humedad de Inglaterra y quería mudarse a un lugar con clima soleado como Florida. Gwen estuvo de acuerdo, así que viajaron a Tampa para investigar las posibilidades.

Encontraron una casa en una agradable comunidad de retiro, pero los problemas comenzaron cuando trataron de comprarla.

Gwen y Horace no habían establecido un historial crediticio en Estados Unidos: ni los bancos ni los burós sabían quiénes eran.

A pesar de que su crédito en Inglaterra era excelente, no podía viajar con ellos a Estados Unidos, así que era imposible financiar la compra de la casa.

Gwen tomó una decisión ejecutiva, venderían la casa en Inglaterra y comprarían la de Florida con dinero en efectivo exclusivamente, ya después se preocuparían por establecer su crédito. Horace estuvo de acuerdo y los vendedores también, así que eso hicieron.

En cuanto se instalaron en su nueva casa en Florida, Gwen se dispuso a establecer su crédito. Abrió una cuenta de banco y solicitó una tarjeta de crédito. En el banco le indicaron que como no tenía historial tendría que empezar con una de débito, la cual no le proveería una referencia de crédito. La contadora salió resoplando del banco, y en los dos siguientes que visitó le dijeron lo mismo. No estaba nada contenta.

Más tarde, ese mismo día, vio en el periódico el anuncio de una tarjeta de crédito platino. Decía que participar en el programa permitía la obtención de una tarjeta Visa o MasterCard, mejores reportes de crédito y muchos otros beneficios. La tarjeta platino costaba 99 dólares, pero dado su nivel de frustración, Gwen supuso que era un precio razonable. Habló con un operador por teléfono y éste le propuso hacer el retiro automático de su cuenta; a ella no le agradó la idea y dijo que prefería enviar un cheque.

Una semana después llegó la tarjeta, pero la contadora sintió que algo andaba mal. Su antena contable y de detección de resúmenes amañados de regalías se encendió de inmediato. La tarjeta platino por la que había pagado 99 dólares sólo le permitía hacer compras a crédito de un catálogo de mercancía general y, para colmo, los precios casi duplicaban los de las tiendas ordinarias de descuento. Si eso era platino, entonces la alquimia sí existía, pensó Gwen refunfuñando. En el folleto publicitario también se explicaba la manera en que la tarjeta generaba el crédito. Al pagar 299 dólares adicionales, ya era posible obtener una tarjeta de crédito, pero era necesario depositar 2 000 para poder cargar hasta un límite de 1 000. La tarjeta más costosa era una con garantía que sólo le daba al usuario acceso a 50% del depósito. Para obtener una línea de crédito más amplia, tenía que depositarse más dinero. Gwen llegó a la conclusión de que eso no era un programa de tarjeta de crédito, ¡era un fraude!

Totalmente furiosa, llamó al número del folleto para quejarse. Tenía el prefijo 900, así que supuso que era algo parecido a la línea gratuita 800. Le contestó una grabación que indicaba que, debido al volumen de llamadas, tendría que esperar algunos minutos. Luego escuchó música suave de los Beatles en versión para elevador, lo que la hizo encolerizarse aún más: seguramente no estaban pagando regalías por los temas.

Después de una interminable serie de canciones, Gwen por fin pudo hablar con un operador humano. Le dijo que quería saber si se trataba de un fraude, pero el operador le contestó cada pregunta con otra pregunta y eso la frustró muchísimo. Tras una prolongada y confusa conversación, Gwen por fin pudo cancelar el servicio.

Cuando llegó su siguiente factura telefónica, se enteró del significado de la línea 900. Le habían cobrado 3.50 dólares el minuto para una llamada que, deliberadamente, prolongaron por 45. Cancelar el fraudulento servicio de la tarjeta platino le había costado 157.50 dólares.

Gwen aprendió a la mala que no había una manera rápida y fácil de establecer un historial en Estados Unidos, comprendió que tendría que hacerlo a través de una variedad de proveedores de crédito locales y nacionales que con el paso del tiempo le ayudarían a establecer un perfil crediticio decente.

Por desgracia, tener un perfil establecido y disponible no garantiza que estés protegido de la miríada de estafas que acechan por doquier.

Cuando entrevisté a gente de la oficina del procurador general de Nevada para este libro me enteré de otro esquema común de crédito: el préstamo automotriz tipo yo-yo. Casualmente, Kristy, una colaboradora nuestra que trabaja en nuestra oficina, acababa de sufrir este fraude "legal" tan sólo dos semanas antes.

Kristy siempre quiso tener un automóvil nuevo. Ella y Edwin, su esposo, decidieron que había llegado el momento y empezaron a buscar. Un sábado encontraron una opción excelente, se trataba de un vehículo todoterreno con un financiamiento de 6%. El distribuidor le dijo que no habría ningún obstáculo para conseguir el préstamo. "Lléveńselo manejando a casa —les dijo—, su crédito no tiene problemas." Sin embargo, el martes siguiente les llamó para darles las malas noticias, su crédito no era suficientemente bueno para obtener la tasa de 6%, lo mejor que podía ofrecerles era una de 14 por ciento.

Kristy y Edwin se molestaron mucho, ya habían manejado el automóvil nuevo por más de 600 kilómetros. El distribuidor les dijo muy entusiasmado que si querían podían devolverlo, ¿pero en realidad querían? Edwin preguntó cómo podían firmar un contrato con problemas respecto al crédito y luego retractarse del trato, y el distribuidor amablemente señaló que el documento le permitía a él rescindir la transacción en los primeros 15 días si no se llegaba a un acuerdo respecto al crédito. Cuando se enteró de que el financiamiento de 6% no procedería, les hizo el favor de conseguirles el de 14 por ciento.

Kristy se dio cuenta de que todo era un ardid para manipularlos, el auto ya era de ella, se manejaba bien y le agradaba conducirlo, no quería regresarlo en absoluto. Ella y Edwin tuvieron que aceptar un financiamiento más elevado.

Neil Rombardo trabajó en la oficina del procurador general en Carson City y tuvo que lidiar con los esquemas de financiamiento automotriz tipo yo-yo. El funcionario me explicó que esta estrategia es "legal" porque el contrato le permite al distribuidor darlo por terminado si no se encuentra un crédito aceptable, y la legislación estatal no prohíbe ese tipo de transacciones. Resulta interesante que, de acuerdo con la ley estatal, el distribuidor pueda rescindir el contrato en los primeros 15 días, pero el comprador no.

Rombardo señaló que aunque la mayoría de los consumidores acepta de mala gana el nuevo financiamiento, algunos se han molestado lo suficiente para amenazar con devolver el vehículo. Y claro, no resulta sorprendente que en esos casos los distribuidores les hayan devuelto la llamada al día siguiente para decirles que, milagrosamente, habían recuperado la tasa original y que el vehículo era de ellos.

Para evitar esta estafa tipo yo-yo, asegúrate de acordar un autofinanciamiento con tu banco o unión de crédito antes de comenzar la búsqueda del automóvil. Si por alguna razón te enfrentas a un fraude, reporta al distribuidor en la División de Asuntos del Consumidor de tu estado.

Robo de identidad

Así como hay muchos grupos organizados que se aprovechan de los consumidores y que van desde defraudadores que anuncian tarjetas de crédito a nivel nacional hasta distribuidores automovilísticos sin escrúpulos, también hay individuos que trabajan para tratar de robarte tu identidad y el impecable crédito que la acompaña.

El robo de identidad es un fraude muy personal y puede perpetrarlo gente cercana a ti.

Jeffrey tenía un problema de drogas y trataba de ocultárselo a toda la gente que lo rodeaba, pero como era adicto a la cocaína, sus amigos más cercanos y su familia lo sabían. No podían ignorar las señales evidentes: sus mejillas y ojos hundidos, el ligero tremor de sus manos y el constante resoplido.

Jeffrey era un hombre corpulento acostumbrado a hacer lo que se le daba la gana, era el mayor de tres hermanos y sabía cómo maltratar a otros para avanzar en la vida. En la universidad empezó a usar la cocaína de forma recreativa; en aquel tiempo todos estaban de acuerdo en que era una droga social aceptable, y muchas mujeres se sentían atraídas hacia él porque siempre traía consigo suficiente para una noche entera de fiesta. Él se sentía vivo cuando consumía, y como era muy parlanchín, tenía la sensación de que su habilidad para comunicarse se exacerbaba.

Pero luego sus amigos continuaron con su vida porque sintieron los efectos negativos de la mal llamada "droga buena". Notaron la ruina en que sumergía a los otros y la manera en que la gente desperdiciaba su vida.

Jeffrey, sin embargo, se había metido demasiado y ya no podía salir. Se encontraba en una caída en espiral constante porque cada vez necesitaba más dinero para sustentar su terrible hábito y, al mismo tiempo, ese hábito le impedía obtener un empleo y pagar su adicción.

Nadie lo confrontó porque estaba acostumbrado a salirse con la suya y a eludir las dificultades con su labia. La familia no estaba preparada para lidiar con un problema así, sólo tenía la esperanza de que lograra salir. Sus amigos, cansados de que les pidiera dinero que nunca les pagaba, empezaron a alejarse. Jeffrey se aisló más y más, justo en el momento en que más necesitaba ayuda.

Su empleo más reciente era como representante de reclamaciones de seguros. Hablaba con la gente por teléfono, así que los clientes nunca se enteraban de que tenía un problema, nunca lo veían en persona ni hablaban con él lo suficiente para darse cuenta de la triste verdad.

Pero fue imposible que sus compañeros de trabajo no lo descubrieran.

El empleo como representante de reclamaciones no le aportaba suficiente dinero; su adicción a la cocaína era más importante que la renta, los alimentos o cualquier otra necesidad básica. Necesitaba arreglárselas para salir adelante.

Jeffrey se enteró de que la mayoría de los representantes de reclamaciones usaba las computadoras de la oficina para hacer trabajo personal. Algunos comerciaban acciones para sus cuentas como corredores en el horario en que la bolsa de valores estaba abierta, y siempre bromeaban en el salón de descanso sobre sus pérdidas y ganancias más recientes.

Una noche, después de la jornada, Jeffrey se quedó tarde en la oficina. Necesitaba dinero desesperadamente para comprar unos cuantos gramos de cocaína. De pronto llegó a la conclusión de que los corredores estaban aprovechándose de la empresa porque usaban sus horas laborales para dedicarse a sus negocios personales. Con eso justificó su siguiente paso. Cuando todo mundo se fue, encendió la computadora de uno de sus colegas. Fue muy fácil entrar a la cuenta de corretaje porque estaba a un clic de la página de favoritos. La computadora estaba configurada para recordar automáticamente las contraseñas. Trabajó rápidamente en la primera y luego se pasó al siguiente cubículo. En menos de 10 minutos había robado delicada información de corretaje sacada de las cuentas de tres de sus compañeros de trabajo. Fue a casa de inmediato y comenzó a trabajar en su computadora. Una hora más tarde, pudo cobrar las cuentas desde la comodidad de su casa, y antes de que sus compañeros pudieran darse cuenta de lo que los golpeó, él ya estaba volando en lo alto con cocaína de la mejor calidad.

A Jeffrey le agradaba la sencillez de este tipo de recaudación de fondos. Al igual que decenas de miles de adictos, malvivientes y malas hierbas más, él se convirtió en un tipo de mala identidad o IDBG, por sus siglas en inglés, y empezó a buscar otras oportunidades. En una de las pocas ocasiones en que lo llegaron a invitar a una reunión familiar, mientras estacionaba su auto notó que la correspondencia estaba llegando a la modesta casa de su tío. Como era un sobrino muy considerado, tomó el correo y lo llevó a la casa. Así se dio cuenta de que a su tío le habían enviado del banco una caja con chequeras nuevas. Jeffrey sintió que se trataba de una oportunidad para recaudar fondos, así que guardó la caja en la cajuela de su auto sin que nadie lo viera.

Después de la reunión familiar se dispuso a satisfacer su adicción. Gracias a un amigo de su distribuidor de drogas había conocido a un hombre que falsificaba tarjetas de identificación. Era un mercado en expansión porque todos los IDBG estaban en el negocio. Así fue como pudo hacerse, con increíble facilidad, de una identificación con su foto y los datos de su tío. Armado con la identificación falsa, hizo cheques que cambió en un casino indio cercano, y así logró vaciar la cuenta de su tío.

La repentina pérdida de todos los recursos en su cuenta de cheques le provocó al tío una angustia financiera muy severa. Estuvo a punto de perder su casa porque casi llegó al remate, y le cobraron una cantidad masiva de penalizaciones por todos los cheques que rebotaron. La familia estaba furiosa porque al ver la escritura en los cheques supieron que se trataba de Jeffrey.

En ese momento la familia decidió confrontarlo finalmente y hablar de su problema de drogas. No pensaban gastar un dineral en una clínica elegante para adictos, así que lo hicieron a la antigua: usaron cloroformo para adormilarlo y luego sus dos hermanos menores lo llevaron al sótano de uno de ellos. Lo esposaron a una correa insertada en la pared que le permitía llegar hasta la cama y el baño. Su periodo de abstención no fue nada agradable, pero después de lo que le hizo a su tío, a nadie le importó el merecido dolor que atravesó.

Cuando todo terminó, Jeffrey se mantuvo limpio, pero nadie sabe por cuánto tiempo.

El robo de identidad es el delito de mayor crecimiento en Estados Unidos. Es muy probable que tu información o la de algún ser querido llegue a estar comprometida y que sea usada para solicitar crédito o incluso beneficios médicos a tu nombre. Lo más atemorizante es que cada vez hay más niños y jóvenes que son víctimas de este delito. En el caso de los niños, los miembros de la familia que tienen mal crédito usan su información para obtener crédito o servicios. Si las facturas no se pagan puntualmente, el niño paga las consecuencias porque se queda con el mal historial. En el caso de los universitarios, el hecho de que vivan con compañeros de cuarto y se muden con frecuencia facilita que alguien más use su información para obtener tarjetas u otro tipo de crédito.

La mayoría de las víctimas de robo de identidad se entera de una manera muy desagradable. Pueden, por ejemplo, solicitar un crédito, pero se los niegan porque en sus reportes hay información negativa. O quizá reciban la llamada de un recaudador de deuda que les habla para cobrarles una factura de la que no saben nada.

Dada la enormidad del problema, es fundamental saber qué hacer para no convertirse en víctima de este delito. A continuación te daré 11 consejos que pueden impedir que formes parte de las próximas estadísticas.

1. Guarda con recelo tu número de seguridad social, ya que puede darle las llaves de tu castillo a la persona incorrecta. No lo digas nunca por teléfono. En California hay una ley estatal que les prohíbe a muchos negocios solicitarte esta información. Si una empresa nacional te pide tu número, diles que están violando la ley de California, aunque vivas en Texas. No portes tu tarjeta de seguridad social, guárdala en una caja de seguridad o en otro lugar donde no corra peligro.

2. Firma tus tarjetas de crédito en cuanto te las entreguen. Que estén firmadas les dificulta a los criminales usarlas para comprar. Un IDBG puede firmar tu tarjeta, obtener la identificación necesaria e irse de día de campo con ella y tu identidad.

3. Incluso si eres la persona más olvidadiza del mundo, no le pegues tu número de seguridad social ni ningún otro número de identificación personal (NIP) a tu tarjeta y la traigas contigo. De hecho, tal vez sería mejor que te olvidaras del número por completo. Si pierdes la tarjeta o te la roban y trae

pegados los números, le habrás facilitado la vida a un IDBG y a ti te la habrás arruinado de paso. Por un rato o mucho más.

4. Asimismo, no escribas tu NIP ni tu número de seguridad social en un recibo o papelito que podrías tirar luego. Te sorprendería saber quién revisa la basura: gente que no vale nada.

5. Revisa tus recibos para asegurarte de que te entregaron tu información y no la de alguien más porque ese "alguien más" podría hacer mal uso de lo que acaba de recibir.

6. No compartas ningún tipo de información confidencial o número de cuenta con nadie, a menos que estés seguro de que puedes confiar en esa persona. E incluso entonces piénsalo dos veces. Como lo ilustran varios de los casos aquí presentados, hay gente que la última vez que fue inocente fue en la primaria y ahora anda por ahí pidiéndote cosas con mucha dulzura.

7. Elige contraseñas difíciles y originales para tus cuentas bancarias y de otros tipos, y para tus tarjetas de crédito. No uses información estandarizada, predecible y fácil de obtener como el nombre de soltera de tu mamá o una fecha de nacimiento. Tampoco uses el "1, 2, 3, 4" que forma parte de un número abrumador de contraseñas. Mejor piensa en el nombre de algún lugar agradable y desconocido en Australia, como Yarrawonga, Mullumbimby o Wagga Wagga. Saca tu Atlas y diviértete un poco. Después de todo, si el IDBG que te acecha es un aborigen sabelotodo, tal vez se te haya acabado toda la suerte que tenías.

8. Ten cuidado en el camino. Los viajeros de negocios son especialmente vulnerables al robo de identidad porque dependen de artefactos electrónicos que se pueden perder o piratear con facilidad. Las redes inalámbricas de los hoteles y los aeropuertos son la tierra fértil de sofisticados piratas cibernéticos.

9. Si no recibes tus estados de cuenta por correo como de costumbre, contacta de inmediato al acreedor porque alguien podría estar robando tu correspondencia. Asimismo, si el cartero no la deja en la ranura de tu puerta sino en algún buzón exterior expuesto, tal vez debas reconsiderar tu sistema de recepción de correo.

10. Verifica tu reporte de crédito con regularidad y busca cualquier señal de actividad delictiva en tu cuenta, apertura de cuentas nuevas y desconocidas, y cualquier otro indicio. Protege tu crédito y tu identidad de forma proactiva.

11. Compra una trituradora de papel, ¡y úsala!

Estos pasos reducirán la probabilidad de que te conviertas en la siguiente víctima de robo de identidad, sin embargo, piensa que a pesar de toda tu proactividad, todavía podría sucederte y deberías saber qué hacer en ese caso.

La Comisión Federal de Comercio ha estado involucrada en la detección de problemas de robo de identidad y sugiere dar los siguientes pasos de inmediato:

1. Notificar a los departamentos de fraude de Experian, Trans-Union y Equifax que has sido víctima de robo de identidad. Puedes "congelar" tu crédito, lo cual impide que tu información sea usada a menos que se "descongele" con un NIP, o solicita que en tu expediente se incluya una "alerta de fraude" para alertar a los acreedores de que sean súper cuidadosos antes de extender crédito. Si sabes que fuiste víctima de fraude, lo mejor es bloquear todo. Si sólo te inquieta haber extraviado tu cartera, el siguiente paso apropiado podría ser lanzar una alerta de fraude.

2. Llama a todos tus acreedores, incluyendo los de servicios, la empresa telefónica, las de tarjetas de crédito y similares. Soli-

cita hablar con un representante del departamento de fraude (o de seguridad). Averigua si alguien ha estado jugando con alguna de tus cuentas y ciérrala. Luego abre una nueva y usa como contraseña el original nombre de un lugar en Australia.

3. Levanta el reporte de policía en tu ciudad y, de ser necesario, en la ciudad donde se llevó a cabo el robo de identidad. Aunque sabemos lo útil que puede ser llenar un reporte de policía ("Oh, ya veo, no se trata de un caso de drogas. Nosotros le llamamos más tarde"), en uno de cada mil casos civiles las autoridades en realidad hacen algo, ¡y tú podrías ser el afortunado! Además, es posible que los acreedores soliciten el reporte si denuncias un uso no autorizado de tus cuentas o información.

4. Monitorea tus reportes de crédito y trata de detectar actividad inusual. Ésta es una situación en la que pagar por un servicio de supervisión que cuide tu información en las tres agencias principales podría valer la pena.

Como mencioné anteriormente, la Comisión Federal de Comercio está muy interesada en este enorme problema que no deja de crecer. De hecho tienen una línea específica para denunciar el robo de identidad: 1-877-IDTHEFT (1-877-438-4338). También puedes levantar una queja en internet, en el sitio consumer.gov/idtheft. En IdentityTheft911.com encontrarás más información sobre cómo prevenir este delito.

Por último, haz todo lo necesario para convertirte en un ganador en el juego del crédito.

Capítulo 18

CÓMO GANAR EN EL JUEGO DEL CRÉDITO

Hemos revisado mucha información sobre cómo funciona el sistema crediticio, ahora es momento de hacer uso de todo y poner manos a la obra. Hay varios principios básicos para aprovechar la deuda buena y usarla a tu favor, aprenderlos será un aspecto crucial para alcanzar la independencia financiera.

1. **Ten una meta positiva.** Salir de deudas es una meta sumamente negativa. Implica que hay algo que no quieres: estar endeudado. Construir y fortalecer, en cambio, son acciones que forman parte de una meta positiva y eso motiva mucho más. Así que mientras diseñes tu plan para salir de deudas, al mismo tiempo piensa en la manera en que éste liberará un flujo de efectivo para que puedas concentrarte en objetivos positivos de generación de riqueza. Mantén la mirada en el verdadero premio.

2. **Vive como rico aunque no lo seas.** El padre rico de Robert Kiyosaki nunca dijo que caería en comportamientos mezquinos para alcanzar sus metas, al contrario. De hecho, le comentó a Robert que no entendía por qué la gente "se abarataba". "Sí, puedes llegar a ser rico abaratándote, pero el problema es que, a pesar de que tienes dinero, sigues siendo corriente." Lo que le recomendó a Robert fue que averiguara

275

lo que deseaba y su precio, y que luego decidiera si estaba dispuesto a pagarlo.

Salir de deudas te enseñará mucho sobre ti mismo. Cuando tu objetivo de generar riqueza sea más importante que las cosas en las que gastas el dinero, encontrarás el camino.

Lee libros sobre cómo llegar a ser rico, echa a andar un grupo de ejercicio mental. Sumérgete en pensamientos sobre aquello que quieres alcanzar, y de esa manera dejarás de enfocarte en los aspectos negativos de tu situación actual. Aprender de gente más adinerada que tú te ayudará a elevar tu mirada aún mucho más.

3. **Aprende a reconocer cuando debes dejar las cosas por la paz.** A la gente buena le suceden cosas malas. La gente responsable y generosa se enferma, pierde el empleo, se divorcia e incluso se tiene que declarar en quiebra. En algún punto tendrás que dejar las cosas por la paz y seguir adelante. Me parece trágico ver a gente que se deshace hasta de los últimos centavos que logró juntar a lo largo de su vida en un fondo para el retiro, como el último esfuerzo por pagar su tarjeta de crédito o salvar su calificación de crédito. Es terrible ver a alguien perder su hogar por un remate debido a que no estuvo dispuesto a enfrentar la realidad de su situación.

Muchos de los grandes logros financieros de este país se han alcanzado gracias al fracaso personal, incluyendo la declaración en quiebra. La gente amasó enormes fortunas y contribuyó a causas valiosas. Declararte en quiebra, entrar a un programa de negociación de deuda o deshacerte de tu casa en una venta al descubierto para que no la rematen: no importa, si estás en una crisis haz lo que tengas que hacer y luego continúa avanzando en la vida.

4. **Sé inteligente respecto al crédito.** Empieza a leer las letras pequeñas de tus estados de cuenta y de tus contratos

como tarjetahabiente. Aprende a conseguir crédito con tasas bajas. Busca el significado de los términos que no comprendas. El dinero que ahorres podrías usarlo para generar muchos dólares en el futuro.

5. **Conoce la diferencia entre la deuda buena y la deuda mala:** La deuda buena te ayuda a apalancar tu vida financiera para generar activos que produzcan riqueza. La deuda mala succiona tu dinero porque terminas pagando mucho más por las cosas que compras, y en muchos casos éstas ya ni siquiera están ahí para cuando terminas de pagarlas. Antes de incurrir en nueva deuda, pregúntate si es realmente deuda buena o deuda mala.

6. **Aprende el negocio del crédito.** Aunque este libro es sobre el crédito personal, muchos de los temas son aplicables a los dueños de negocios. Sin embargo existe otro ámbito, el del crédito para negocios. Éste implica reportes de crédito empresariales, otras agencias de reporte como D&B, y estrategias y matices especiales. Si eres dueño de un negocio o planeas llegar a serlo, mi libro *Business Credit Success: Get On The Financial Fast Track* te mostrará cómo lograrlo.

Conclusión

Como lo aprendimos a lo largo de libro, es posible dejar la deuda atrás y ganar en el juego del crédito. Millones de estadounidenses lo hicieron antes que tú, y con suerte tú serás uno de los muchos millones que también lo logren en el futuro.

Para poder ganar necesitas una meta positiva, una idea de la diferencia entre deuda buena y deuda mala, y aprovechar la ventaja que te ofrecen las fuentes en la siguiente sección.

Buena suerte.

Ejemplo de carta para una agencia de cobranza
Solicitud de verificación de deuda

Tu nombre y dirección

Fecha

Nombre y dirección de la agencia de cobranza

REF: Número de cuenta (incluye el número de cuenta si lo tienes)

A quien corresponda:

Recientemente se me informó que tengo una deuda por (escribe a cuánto asciende la deuda).

Me parece que hay un error (o, no sé a qué corresponde esta deuda, etcétera). Por favor envíeme una verificación por escrito de la misma.

Atentamente,

Tu nombre

Ejemplo de carta para el cobrador de una agencia Solicitud para que dejen de contactarte

Tu nombre y dirección

Fecha

Nombre y dirección de la agencia de cobranza

REF: Número de cuenta (incluye el número de cuenta si lo tienes)

A quien corresponda:

He estado en contacto con su agencia respecto a una deuda por (escribe a cuánto asciende la deuda) con (escribe el nombre del acreedor original).

Le solicito que deje de contactarme para cobrar el dinero. (Puedes ofrecer una razón: Como ya mencioné, me parece que no debo ese dinero; en este momento no puedo pagar ni una fracción de esa deuda; me parece que es una deuda demasiado antigua para ser reclamada, etcétera.)

Gracias,

Tu nombre

Ejemplo de carta para el cobrador de una agencia respecto al acuerdo de una deuda

Tu nombre y dirección

Fecha

Nombre y dirección de la agencia de cobranza

REF: Número de cuenta (incluye el número de cuenta si lo tienes)

A quien corresponda:

He estado en contacto con su agencia respecto a una deuda por (escribe a cuánto asciende la deuda) con (escribe el nombre del acreedor original).

Hoy acordamos que si pago (cantidad acordada), la deuda será liquidada por completo. Usted le notificará al acreedor que no queda ningún saldo pendiente. También les notificará con prontitud a las agencias de reporte de crédito (ya sea que se llegó a un acuerdo sin saldo pendiente o que se eliminará de los registros del buró de crédito).

En cuanto reciba su confirmación por escrito de estos términos para nuestro acuerdo, realizaré el pago acordado.

Atentamente,

Tu nombre

Ejemplo de carta para el cobrador de una agencia para acuerdo de pago

Tu nombre y dirección

Fecha

Nombre y dirección de la agencia de cobranza

REF: Número de cuenta (incluye el número de cuenta si lo tienes)

Estimado (nombre del cobrador con quien has estado tratando):

He estado en contacto con su agencia respecto a una deuda por (escribe a cuánto asciende la deuda) con (escribe el nombre del acreedor original).

Como lo mencioné en nuestra conversación, me estoy esforzando al máximo para saldar esta deuda en cuanto mi situación financiera me lo permita.

Acordamos que pagaría (cantidad en dólares) cada (número de meses, semanas u otro). Anexo encontrará el primer cheque (o giro postal) conforme a lo que conversamos hoy. Si le parece que éstos no son los términos que acordamos, por favor envíe de vuelta el cheque y contácteme para definir otros.

Gracias,

Tu nombre

Ejemplo de carta para agencia de reporte de crédito para levantar aclaración por información incorrecta

Nota: si tu letra es legible, envía una nota manuscrita

Tu nombre y dirección

Cuatro últimos dígitos de tu número de seguridad social

Número de tu reporte de crédito

Fecha

Nombre y dirección de la agencia de reporte de crédito

A quien corresponda:

A continuación encontrará una cuenta incorrecta incluida en mi reporte de crédito.
(Incluye los detalles de la cuenta.)
Esta cuenta (elige una de las siguientes descripciones o modifícalas de acuerdo con tus necesidades: no me pertenece, es demasiado antigua para reportarse legalmente, muestra un saldo incorrecto, nunca se pagó tardíamente, fue liquidada en su totalidad, etcétera).
Le solicito investigar este asunto y enviarme una respuesta lo antes posible.

Gracias,

Tu nombre

EL ABC PARA SALIR DE DEUDAS

Ejemplo de carta para prestamista en la que se levanta aclaración por información incorrecta en reporte de crédito

Nota: si tu letra es legible, envía una nota manuscrita

Tu nombre y dirección

Tu número de seguridad social

Número de cuenta (si lo hay)

Fecha

Nombre y dirección del prestamista o proveedor

A quien corresponda:

Por medio de la presente quisiera levantar una aclaración por la siguiente cuenta enlistada en mi reporte de crédito (Experian, Equifax o TransUnion):
    (Incluye los detalles de la cuenta.)
    Esta cuenta (elige una de las siguientes descripciones o modifícalas de acuerdo con tus necesidades: no me pertenece, es demasiado antigua para reportarse legalmente, muestra un saldo incorrecto, nunca se pagó tardíamente, fue liquidada en su totalidad, etcétera).

Por favor investigue este asunto y envíeme una respuesta lo antes posible.

Gracias,
Tu nombre

Apéndice B
Hojas de trabajo

Hoja de trabajo para llevar registro de gastos

ARTÍCULO DE GASTO	CANTIDAD PRESUPUESTADA	REAL
Ingreso mensual		
Fuente		
Fuente		
Fuente		
Ingreso total		
Impuestos		
Federales		
Estatales		
Bienes personales		
Otros		
Total de impuestos		
Vivienda		

Hipoteca o renta		
Impuesto predial		
Seguro de propietario/casero		
Electricidad		
Gas o petróleo		
Agua		
Recolección de basura		
Otros servicios		
Cuota asociación/condominio		
Jardinería		
Limpieza		
Mantenimiento/reparaciones		
Sistema de alarma		
Teléfono – servicio local		
Teléfono – larga distancia		
Celular		
Otros		
Otros		
Total vivienda		
Automóvil (barco o motocicleta)		
Mensualidad automóvil 1		

Gasolina automóvil 1		
Mantenimiento automóvil 1		
Reparaciones automóvil 1		
Mensualidad automóvil 2		
Gasolina automóvil 2		
Mantenimiento automóvil 2		
Reparaciones automóvil 2		
Mensualidad automóvil 3		
Gasolina automóvil 3		
Mantenimiento automóvil 3		
Reparaciones automóvil 3		
Estacionamiento		
Transporte público		
Otros		
Otros		
Total automóviles		
Alimentación		
Abarrotes		
Almuerzo/comidas en el trabajo		
Botanas		
Almuerzos de los niños		
Pizza a domicilio/para llevar		

Comida rápida		
Comidas fuera		
Café/bebidas		
Otros		
Otros		
Total alimentación		
Educación		
Colegiaturas		
Libros		
Útiles		
Otros		
Otros		
Total educación		
Salud		
Consultas médicas/copagos		
Servicios de bienestar		
Recetas médicas		
Medicinas sin receta médica		
Dentista		
Optometría (incluyendo lentes/ lentes de contacto)		
Suplementos		

Otros		
Total de salud		
Entretenimiento		
Cine/conciertos		
Renta de películas		
Televisión por cable		
Servicio de internet		
Eventos deportivos		
Libros		
Suscripciones revistas		
Discos compactos/música		
Fiestas de cumpleaños		
Fiestas de temporada		
Otros		
Otros		
Total entretenimiento		
Seguros		
Por discapacidad		
De vida		
Crédito		
Automóvil		

Salud		
Propietario inmueble		
Para hipoteca privada		
Cobertura excedentaria		
Para la embarcación		
Garantías extendidas		
Otros		
Total seguros		
Mascotas		
Alimentos		
Gastos médicos		
Suministros		
Peluquería		
Otros		
Total mascotas		
Ropa		
Ropa para el trabajo		
Ropa esparcimiento		
Medias/calcetines		
Ropa interior/lencería		
Zapatos/accesorios		

Joyas		
Lavado en seco/modificaciones		
Total ropa		
Cuidado personal		
Cortes/permanentes/coloración		
Manicura/pedicura/depilación		
Membresía gimnasio/clases de ejercicio		
Maquillaje		
Artículos de baño		
Otros		
Otros		
Total cuidado personal		
Cuidado de los niños		
Cuidado de día/colegiaturas		
Actividades extracurriculares		
Niñera		
Juguetes		
Regalos		
Campamento de verano		
Ropa		
Mesada		

Otros		
Otros		
Total cuidado de los niños		
Vacaciones		
Boletos de avión/gasolina		
Hospedaje		
Alimentos		
Recuerdos		
Regalos		
Otros		
Otros		
Total vacaciones		
Temporada navideña		
Regalos		
Decoración		
Entretenimiento		
Otros		
Otros		
Total temporada navideña		
Caridad		

Iglesia/sinagoga/lugar de alabanza		
Otros		
Otros		
Otros		
Total caridad		
Misceláneos		
Cigarros		
Pasatiempos		
Otros		
Otros		
Otros		
Otros		
Total misceláneos		

Fuente: Ultimate Credit Solutions Inc. Reproducido con autorización.

Hoja de trabajo de deuda

Acreedor

¿Es deuda buena?

Tasa de porcentaje anual

Nueva tasa de porcentaje anual

Saldo

Pago mínimo

Pago mensual total de deuda: _____

Cómo usar esta hoja de trabajo

Haz varias copias de esta hoja, porque tendrás que actualizarla periódicamente.

Acreedor: En la primera columna haz una lista de todos los acreedores.

¿Deuda mala o deuda buena? Escribe "Buena" junto a las deudas buenas y "Mala" junto a las deudas malas. Tu prioridad deberá ser liquidar las deudas malas.

Tasa de porcentaje anual o APR, por sus siglas en inglés: A continuación haz una lista de las tasas de interés. Si tu tarjeta de crédito tiene saldos con distintas tasas de interés, deberás enlistar una tasa efectiva. Úsala aquí.

Nueva tasa de porcentaje anual o APR: Cuando llames para negociar una disminución en tu tasa de interés, deberás anotar aquí la tasa que te dé el emisor. Si no tienes éxito en la negociación, sólo usa una palomita para indicar que por lo menos lo intentaste. Vuelve a llamarles cuando hayas bajado algunos saldos.

Saldo: Escribe aquí tu saldo actual. En el caso de las deudas malas, deja de hacer cargos a las tarjetas.

Pago mínimo: Anota aquí el pago mínimo requerido.

En cuanto hayas completado la lista, decide qué estrategia de eliminación de deuda aplicarás: *1)* eliminar primero la deuda mala con intereses elevados para ahorrar lo más posible en pagos de intereses durante el periodo de duración de dichas deudas, o *2)* el método de Robert y Kim Kiyosaki, que consiste en liquidar la deuda con el saldo total menor para anotarte rápidamente un éxito en tu plan de eliminación (ve el capítulo 4). Ahora destaca la deuda objetivo que liquidarás primero. Cuando la hayas liquidado, marca la siguiente deuda mala en la lista y liquídala también. Continúa así hasta que estés libre de deudas. Ahora empieza a generar riqueza.

Apéndice C
Fuentes

Fuentes para el éxito

Visita CorporateDirect.com/credit para conocer fuentes actualizadas que te ayudarán a implementar los consejos que se ofrecen en este libro.

Fortalecimiento del crédito empresarial

Aprende a establecer un sólido historial de crédito empresarial y a armar una estrategia ganadora de acuerdo con las necesidades financieras de tu negocio. Lee *Business Credit Success: Get On The Financing Fast Track*. Este libro te mostrará cómo hacerlo.

Asesoría

Servicio de asesoría crediticia: Si deseas la referencia de una agencia de asesoría crediticia, visita CorporateDirect.com/credit.

Deudores Anónimos: Deudores Anónimos, o DA, opera bajo los mismos principios de Alcohólicos Anónimos y ayuda a los deudores crónicos a dejar de deber. Para encontrar un grupo en tu área o recibir más información, escribe a Debtors Anonymous, General Service Office, P.O. Box 920888, Needham, MA 02492-0009. Teléfono 781-453-2743; Fax 781-453-2745, o visita debtorsanonymous.org.

Negociación y acuerdos de deuda: Si deseas la referencia de una agencia de negociación o acuerdos de deuda, visita CorporateDirect.com/credit.

Instituto de Recuperación Financiera: La asesoría de Financial Recovery™ es un proceso estructurado que les ayuda a sus clientes a transformar su relación con el dinero. Su objetivo es tratar a "la persona completa", lo cual incluye atender la historia y las emociones del cliente en relación con el dinero. Visita financialrecovery.com.

Ayuda para vivienda: Si deseas la referencia de una empresa que te pueda ayudar con opciones para atender una hipoteca que ya no puedes pagar o para refinanciar un inmueble con muy poco o nulo valor neto, visita CorporateDirect.com/credit.

Agencias de reporte de crédito
A todas las agencias nacionales de reportes de crédito les puedes solicitar una copia de tu reporte una vez al año a través de AnnualCreditReport.com.

Cobradores de deuda
Debt Collection Answers: How to Use Debt Collection Laws to Protect Your Rights es un libro electrónico escrito por las educadoras del consumo Gerri Detweiler y Mary Reed. Para más información, visita DebtCollectionAnswers.com.

Debt Blaster
A través de CorporateDirect.com puedes obtener una copia del programa informático Debt Blaster.

Agencias del gobierno
La Oficina de Protección Financiera del Consumidor (CFPB, por sus siglas en inglés) regula muchos productos y servicios financieros, y ejerce las regulaciones para la protección financiera del consumidor. Visita ConsumerFinance.gov.

Comisión Federal de Comercio (FTC, por sus siglas en inglés): Contacta a la FTC en FTC.gov o en 1-877-FTC-HELP para solicitar ayuda con quejas respecto a internet, telemercadeo, robo de identidad y otro tipo de fraudes. Aprovecha su amplio sitio de internet para descargar los folletos de información para los consumidores o para leer una copia de las leyes de protección al consumidor.

Los niños y el dinero

A pesar de que el alfabetismo financiero es una habilidad esencial para los niños, la mayoría aprende sobre este tema gracias a los fuertes golpes de la vida. Visita jumpstart.org para saber cómo puedes apoyar la educación financiera.

Radio

Escucha el programa Talk Credit Radio en GerriDetweiler.com. Ahí encontrarás información actualizada sobre crédito, así como estrategias para manejar la deuda.

Préstamos estudiantiles

El servicio del vocero del Departamento de Educación te puede proveer ayuda en caso de que hayas agotado todas tus opciones y no puedas pagar tu préstamo estudiantil. Visita Ombudsman.ed.gov.

Asimismo, Finaid.org y StudentLoanBorrowerAssistance.org ofrecen información excelente sobre préstamos estudiantiles, incluyendo opciones en caso de que llegues a una situación en la que no puedas seguir pagando.

ForgiveStudentLoanDebt.com y StudentLoanJustice.org son dos iniciativas locales que están captando la atención nacional y redirigiéndola a la problemática de la deuda por préstamos estudiantiles.

IBRinfo.org ofrece útiles calculadoras y herramientas que te ayudarán a averiguar si eres elegible para un programa de repago con base en tus ingresos.

Project on Student Debt es una iniciativa del Institute for College Access & Success, organización sin fines de lucro independiente para la investigación y la creación de políticas. Esta organización trabaja para que las oportunidades de asistir a la universidad sean accesibles y económicas para gente de todos los estratos sociales y orígenes. Visita projectonstudentdebt.org.

Sitios de internet

A continuación encontrarás más sitios de internet útiles. Si deseas información actualizada y conocer los nuevos sitios, visita CorporateDirect.com/credit para ponerte al día.

CallAction.org es una red internacional sin fines de lucro de líneas telefónicas para el consumidor, afiliadas a socios locales de transmisión. Profesionales voluntarios atienden a los consumidores a través de la mediación y la educación para ayudarles a resolver sus dificultades con negocios y con agencias del gobierno.

CardRatings.com: Ofrece información gratuita respecto a tarjetas de crédito con tasas bajas de interés, tarjetas con garantía y tarjetas de otros tipos.

Consumer-Action.org: Te ofrece una lista gratuita de tarjetas de crédito con garantía, una lista de tarjetas con tasas bajas de interés y una variedad de útiles publicaciones en varios idiomas. (Nota: para llegar al sitio correcto debes incluir el guion entre las palabras "Consumer" y "Action".)

ConsumerFed.org: Consumer Federation of America realiza una labor de cabildeo a favor de los derechos de los consumidores y también ofrece panfletos sobre cómo ahorrar, cómo comprar una casa, cómo manejar deudas, cómo resolver quejas del consumidor, etcétera.

ConsumerWorld.org es un sitio muy extenso con mucha información útil para ayudarles a los consumidores a ahorrar dinero.

Credit.com es un sitio gratuito de internet que te ayudará a encontrar la tarjeta de crédito adecuada, a monitorear tus calificaciones y reportes de crédito, y a obtener la respuesta a muchas de tus preguntas sobre el crédito.

DebtConsolidationCare.com es la primera comunidad de internet para salir de la deuda. Moderadores con experiencia ayudan a resolver miles de preguntas enviadas por los miembros de la comunidad que están tratando de librarse de la deuda, y lo hacen gratuitamente.

FinancialRecovery.com: ¿Necesitas ayuda personalizada para superar tu deuda o para volver a encarrilar tus finanzas? Financial Recovery Institute te puede poner en contacto con un consejero entrenado. No se trata de planeamiento financiero ni de asesoría de crédito, sino de un servicio que atiende el vacío entre estas dos actividades.

Fraud.org: Sitio de National Fraud Information Center. Les ofrece a los consumidores la información que necesitan para evitar ser víctimas de fraude de telemarketing y de internet, y les ayuda a hacer llegar sus quejas a las agencias de aplicación de la ley de una manera rápida y sencilla. Si sospechas que estás siendo víctima de un fraude de telemarketing o de internet, visita de inmediato su sitio y llena un formulario de queja.

GerriDetweiler.com ofrece podcasts gratuitos sobre una variedad extensa de temas relacionados con el crédito. La anfitriona y experta Gerri Detweiler dirige este sitio y también es colaboradora de este libro.

GetOutOfDebt.org es un sitio dirigido por Steve Rhode, quien solía dirigir una importante y exitosa agencia de asesoría de crédito. Steve le ayuda a la gente de forma gratuita señalando estafas de deuda y respondiendo preguntas sobre las opciones existentes para lidiar con la deuda.

NCLC.org. El National Consumer Law Center publica útiles libros y manuales legales para abogados especializados en las leyes de protección al consumidor, así como para los asesores dedicados

301

a ayudar a los consumidores. Su libro, *Surviving Debt*, es una útil guía para quienes enfrentan problemas financieros serios.

Stretcher.org. The Dollar Stretcher ofrece una enorme cantidad de información para ahorrar dinero y es uno de los primeros sitios que se enfocaron en estrategias bien documentadas para "ahorrar hasta los últimos centavos".

TheCollegeSolution.com les ofrece consejos a padres y estudiantes que no quieren acumular una enorme deuda por los préstamos estudiantiles.

AskLizWeston.com ofrece los consejos de Liz Weston, la escritora número 1 de internet en el campo de las finanzas personales. Weston también es autora de *Your Credit Score: How to Improve the 3-Digit Number That Shapes Your Financial Future*.

DebtProofLiving.com es una comunidad que ofrece apoyo y herramientas para salir de la deuda. Fue fundada por Mary Hunt, quien pagó 100 000 dólares de deuda en tarjetas de crédito.

Si deseas una lista actualizada de sitios útiles, visita CorporateDirect.com/credit.

PAGARÉ[1]

$[CANTIDAD]
[FECHA DEL PAGARÉ]

Por la cantidad recibida, [nombre de la persona que debe pagar], (de aquí en adelante "el Deudor"), un individuo [o una corporación (estado de registro de la corporación)] se compromete a pagar, a solicitud de [nombre de la persona o empresa que presta el dinero], ubicado en [dirección del individuo o persona que presta el dinero] (de aquí en adelante "el Acreedor"), la suma de [cantidad del préstamo] de dinero legítimo de los Estados Unidos de Norteamérica en la fecha [fecha de pago en meses/semanas, etcétera] a partir de la fecha indicada en este pagaré, [OPCIONAL junto con el interés sobre la suma principal estipulada anteriormente, con una tasa de interés de ___% al año, con interés compuesto anual]. El Deudor se reserva el derecho de pagar con anticipación sin ser penalizado.

Como garantía de este pagaré, el Deudor se compromete a cederle al Acreedor un gravamen sobre toda la propiedad real y personal, que pertenezca actualmente o de ahora en adelante al Deudor [o cualquier otra garantía que se presente como colateral para el préstamo]. A solicitud del Acreedor, el Deudor también aportará evidencia de dicho gravamen en una forma registrable de acuerdo con el Código Comercial Uniforme.

Todos los remedios a continuación o permitidos por ley serán acumulativos y estarán disponibles para el Acreedor en relación con este pagaré hasta que el compromiso del Deudor aquí creado se haya pagado por completo. En caso de cualquier disputa, la parte

---

[1] Éste es un ejemplo de pagaré. Te sugiero que cuando prepares este tipo de documentos solicites la asesoría de un abogado.

que prevalezca tendrá derecho a cobrar todos los costes y tarifas legales. El sitio exclusivo de aplicación será [distrito, condado, estado, etcétera].

EN FE DE ELLO, el Deudor ha ejecutado este pagaré el día y año señalados anteriormente.

DEUDOR

_____

Firma

Referencias y fuentes

Te sugerimos los siguientes sitios de internet
para mayor información:
Libros e información para inversionistas y empresarios

www.BZKPress.com

Bienes raíces
www.Ken.Mcelroy.com
www.mccompanies.com

Protección de activos y formación de corporaciones de responsabilidad limitada
www.sutlaw.com
www.corporatedirect.com

Planeamiento fiscal
www.TaxFreeWealthBook.com

Estrategias de ventas
www.salesdogs.com

The Rich Dad Company
www.RichDad.com

Acerca del autor

Garrett Sutton es el autor de los bestsellers *Inicia tu propia corporación, Dirige tu propia corporación, El ABC para salir de deudas, Cómo diseñar planes de negocios exitosos, Buying and Selling a Business* y *The Loopholes of Real Estate*, publicados en la serie Rich Dad Advisors de Robert Kiyosaki. Garrett tiene una experiencia de más de 30 años en asesorar individuos y negocios para determinar la estructura corporativa adecuada para cada uno, limitar su responsabilidad, proteger sus activos y progresar en el éxito de sus metas financieras, personales y de crédito.

Sutton Law Center, la firma de Garrett, tiene oficinas en Reno, Nevada, y Jackson Hole, Wyoming. Esta firma representa a muchas corporaciones, sociedades de responsabilidad limitada, sociedades limitadas e individuos en todo lo referente a bienes raíces y legislación comercial, incluyendo incorporaciones, contratos y asesoría legal permanente relacionada con los negocios. La firma continúa aceptando clientes nuevos.

Garrett también es dueño de Corporate Direct, una empresa que desde 1988 ha ofrecido protección accesible de activos y servicios de formación corporativa. Es el autor de *How to Use Limited Liability Companies and Limited Partnerships*, libro publicado por Success DNA para educar aún más a los lectores respecto al uso adecuado de las entidades.

Garrett estudió en Colorado College y en la Universidad de California en Berkeley, donde recibió su título de licenciatura en administración de empresas en 1974. En 1978 se graduó con un *juris doctor* de Hastings College of Law, la escuela de leyes de la Universidad de California en San Francisco. Ha aparecido en *The Wall Street Journal, The New York Times* y otras publicaciones.

Garrett es miembro de la Barra Estatal de Nevada, la Barra Estatal de California y la American Bar Association (Asociación Americana de Abogados). Ha escrito numerosos artículos y también ha formado parte del Comité de Publicación de la Barra Estatal de Nevada.

Garrett disfruta de conversar con los empresarios y los inversionistas en bienes raíces sobre las ventajas de formar entidades de negocios. Con frecuencia ofrece conferencias para pequeños grupos de negocios así como para los eventos de la serie de Asesores de Rich Dad.

Garrett forma parte de las juntas directivas de la American Baseball Foundation ubicada en Birmingham, Alabama; en la Kids Foundation y el Nevada Museum of Art, ambos situados en Reno, Nevada.

Si deseas más información sobre Garrett Sutton y el Sutton Law Center, por favor visita sus sitios de internet: www.sutlaw.com y www.corporatedirect.com.

CORPORATE
DIRECT

¿Cómo puedo proteger mis activos personales, de negocios
y de bienes raíces?

Si requieres de mayor información para formar corporaciones,
sociedades de responsabilidad limitada y sociedades limitadas para
proteger tus bienes personales, de negocios y de bienes raíces en los
50 estados, visita el sitio de internet de Corporate Direct en
www.CorporateDirect.com

o llama sin costo al 1-800-600-1760

Menciona este libro y recibe un descuento en la tarifa
de información básica.

SUTTON
LAW CENTER
UNA CORPORACIÓN PROFESIONAL

Para más información sobre Garrett Sutton y su bufete legal,
visita www.sutlaw.com

SUCCESS DNA

Para más información gratuita y fuentes para empresarios, visita
www.successdna.com

RICH DAD
ADVISORS

La serie de libros de Rich Dad Advisors fue creada para transmitir contenidos educativos que apoyan la serie de bestsellers internacionales de Robert Kiyosaki, *Padre Rico, Padre Pobre*, y las series de Rich Dad. En *Padre Rico, Padre Pobre*, el libro número 1 de finanzas personales de todos los tiempos, Robert presentó los principios y la filosofía de padre rico y preparó el escenario para los mensajes que han cambiado el contexto y la manera en que el mundo piensa respecto al dinero, los negocios y las inversiones.

La serie de libros de Rich Dad Advisors ha vendido más de dos millones de copias en todo el mundo. Pronto se publicarán nuevos títulos que buscan extender su alcance y profundidad.

Padre Rico, Padre Pobre es el libro más exitoso sobre finanzas personales de nuestra generación. En los últimos 15 años sus mensajes han inspirado a millones de personas y han influido en decenas de millones de vidas en más de 100 países. Los libros de Rich Dad continúan formando parte de las listas internacionales de bestsellers porque sus mensajes siguen haciendo eco en lectores de todas las edades. *Padre Rico, Padre Pobre* ha logrado levantar el velo de la confusión, el miedo y la frustración respecto al dinero, y lo ha remplazado con claridad, verdad y esperanza para toda persona dispuesta a comprometerse con el proceso de educarse en el aspecto financiero.

Para cumplir con la promesa del alfabetismo financiero y de la libertad última, Robert Kiyosaki formó su propio equipo de confiables asesores personales, todos ellos expertos en sus respectivos campos. Este equipo produce la única serie completa de libros didácticos y programas que llevan los mensajes de Rich Dad al mundo y que les brindan a todos los lectores los procesos detallados para generar riqueza e ingresos en los negocios, la inversión y la actividad empresarial.

El ABC para salir de deudas de Garret Sutton
se terminó de imprimir en octubre de 2021
en los talleres de
Litográfica Ingramex, S.A. de C.V.
Centeno 162-1, Col. Granjas Esmeralda, C.P. 09810
Ciudad de México.